L'intégralité de votre livre* accessible en ligne

W0304741

Votre livre en ligne :
- un sommaire interactif
- un surlignage en couleurs
- l'ajout de notes personnelles

Pour ACTIVER votre livre en ligne

- Rendez-vous sur www.nathan.fr/livre-en-ligne .
- Créez un compte **Nathan** en suivant les indications en ligne.
- Cliquez sur « Activer un livre », saisissez votre clé d'activation personnelle puis le mot du livre qui vous sera demandé.

Votre clé d'activation personnelle :

1NDDMS-EQB-B24G

Pour toute CONNEXION ULTÉRIEURE

Connectez-vous sur www.nathan.fr/livre-en-ligne avec vos identifiants **Nathan**.

IMPORTANT

Votre clé d'activation est unique et personnelle : une fois utilisée, elle ne sera plus valide. Elle offre un accès de 24 mois à compter de la date d'activation. Elle est réservée à un seul utilisateur et ne peut être partagée.
Configuration minimale requise : Internet Explorer 8, Mozilla Firefox 3.4, Chrome, Safari, Opera toutes versions.
Retrouvez les conditions générales d'utilisation sur www.nathan.fr/livre-en-ligne.

*Service disponible à partir du 10/09/2021

Nathan

Concours Assistant médico-administratif 978-2-09-167415-5

INTÉGRER LA FONCTION PUBLIQUE

CONCOURS 2022/2023

CATÉGORIE B

Assistant médico-administratif

Externe, interne
Branche « secrétariat médical »

Annie Godrie
Certifiée en Sciences médico-sociales
Conseillère en formation continue

carrieres-publiques.com

Nathan

Sommaire

Responsable d'édition : Géraldine de Saint Palais
Conception maquette : Marc et Yvette
Coordination artistique : Vincent Rioult
Fabrication : Emmanuelle Perrier
Composition : CGI

ISBN 978-2-09-167415-5

Présentation du concours

1. Un nouveau concours

ATTENTION !

Si le générique masculin est utilisé dans cet ouvrage pour désigner les candidats et les secrétaires médicaux, il est destiné uniquement à alléger le texte et en aucun cas discriminatoire vis-à-vis de celles qui passent le concours ou exercent la profession.

• Une nouvelle grille indiciaire revalorisée pour la catégorie B de la fonction publique – dont font partie les secrétaires médicaux – a été adoptée en 2010 dans le cadre du « **Nouvel Espace Statutaire** » (NES) de cette catégorie.

• Cette nouvelle grille comprend trois grades ; on accède directement par concours aux deux premiers grades (pour le premier avec le baccalauréat et pour le second avec un niveau Bac + 2).

• Le **décret du 14 juin 2011** portant statuts particuliers des personnels administratifs de la catégorie B de la fonction publique hospitalière indique que cette catégorie regroupe les adjoints des cadres hospitaliers et le corps des assistants médico-administratifs.

• Le corps des assistants médico-administratifs est composé des secrétaires médicaux et des assistants de régulation médicale, anciens « permanenciers de régulation médicale » qui sont donc intégrés dans la catégorie B. Les articles 11 et 12 du décret précisent les charges de travail respectives des deux branches ainsi que les modalités de recrutement, prévoyant un concours spécifique « secrétariat médical ».

• L'**arrêté du 27 septembre 2012** fixe les modalités du concours et indique le programme dédié à chacune des deux branches instituées. Partant du principe « qui peut le plus, peut le moins » – le programme du second grade prévoit des connaissances élargies – nous traiterons dans cet ouvrage de l'ensemble des connaissances requises pour ce grade. Par ailleurs, ce nouveau concours distingue les candidatures externes et les candidatures internes tant pour l'inscription que pour les épreuves. L'**arrêté du 12 novembre 2012** permet l'accès au corps des assistants médico-administratifs grâce à un examen professionnel réservé aux adjoints administratifs « justifiant de sept années de services publics inscrits sur une liste d'aptitude établie dans chaque établissement après avis de la commission administrative paritaire » pour le premier grade et de 11 ans pour le second grade. Le programme de cet examen est similaire à celui du concours.

• Le **décret du 6 février 2013** détermine l'accès à l'emploi titulaire des agents contractuels de la fonction publique hospitalière. L'**arrêté du 18 juin 2013** fixe ensuite la nature des épreuves des examens professionnels pour l'accès au corps des personnels administratifs de catégorie B de la fonction publique hospitalière. Soit une seule épreuve de 3 heures pour l'admissibilité composée de la rédaction d'une note à partir d'un cas pratique et de réponses à des questions. Le programme est similaire à celui du concours initialement évoqué. L'épreuve orale d'admission est identique à celle de l'autre concours : nous l'évoquons plus loin.

2. Les conditions d'inscription

• Pour le **recrutement externe**, les candidats au corps des assistants médico-administratifs de premier grade doivent être titulaires d'un baccalauréat ou d'un diplôme de niveau IV au moins ou d'une qualification reconnue équivalente en référence au décret du 13 février 2007. Les candidats concourant pour l'accès au second grade doivent justifier d'un diplôme au moins « Bac +2 » ou d'un titre sanctionnant deux années de formation classée au moins au niveau III.

• Pour le **concours interne**, les candidats doivent être fonctionnaires et agents de l'État, des collectivités territoriales et des établissements publics qui en dépendent, ou militaires ou agents en fonction, dans une organisation internationale intergouvernementale à la date de clôture des inscriptions. Ils doivent compter au moins quatre ans de services publics au 1er janvier de l'année au titre de laquelle le concours est organisé. Les candidats doivent remettre lors de l'inscription un dossier de « reconnaissance des acquis de l'expérience professionnelle » (RAEP) dans lequel ils pourront valoriser leur carrière professionnelle (*cf.* p. 8).

3. Les épreuves du concours

Les épreuves du concours d'assistant médico-administratif « secrétaire médical » distinguent nettement le concours externe de l'interne. Le concours externe est un concours « sur titres » alors que le concours interne reste un concours sur épreuves.

A. Concours externe sur titres

• Une **phase d'admissibilité** qui se résume à la sélection, par le jury, des dossiers des candidats qui seront autorisés à présenter l'épreuve d'admission. Cette sélection s'opérera selon des critères fixés par chaque jury mais tenant toujours compte de l'adéquation entre la formation du candidat et la fonction de secrétaire médical. Il est donc important de soigner l'élaboration du dossier (*cf.* Conseils méthodologiques p. 214).

• Une **épreuve orale d'admission** consistant en un entretien à caractère professionnel avec le jury. Cet entretien comprend deux temps : d'abord, votre présentation et celle, motivée, de votre projet professionnel (5 min) ; ensuite un moment plus long d'échange pendant lequel le jury évaluera vos connaissances du système de santé, celles de la réglementation relative aux droits des malades, celles qui concernent directement vos missions. Votre potentiel en qualité d'assistant médico-administratif « secrétaire médical » sera bien sûr objet d'évaluation. Au cours de cet entretien, un moment important sera consacré à une **mise en situation** à laquelle vous aurez pu réfléchir préalablement, seul, pendant **15 minutes.**

- Pour cette épreuve, le jury dispose du *curriculum vitae* du candidat.
- Cette épreuve s'étendra sur **45 minutes** (préparation comprise), sera notée sur 20 et affectée du **coefficient 4.** Aucune admission ne pourra être prononcée pour une note inférieure à 40/80. La liste des candidats admis sera établie par le jury par ordre de mérite.

B. Concours interne

- L'**admissibilité** comporte **deux épreuves écrites** et anonymes à travers lesquelles le jury appréciera les qualités de réflexion et de synthèse du candidat.
- Pour la **première épreuve**, vous disposez d'un dossier documentaire comportant des données administratives et médicales relatives aux patients : plusieurs questions vous sont posées à partir d'une mise en situation y afférant et dans laquelle la connaissance de termes médicaux, placés dans un contexte professionnel, est requise. Cette épreuve dure **3 heures**, est notée sur 20 et affectée du **coefficient 3.**
- La **seconde épreuve** écrite consiste en une série de questions qui permettront d'évaluer vos connaissances du système de santé et celles de la réglementation relative aux droits des malades. Cette épreuve ne requiert pas de votre part un devoir organisé mais chaque question nécessite une réponse courte, précise et argumentée. Cette épreuve dure **3 heures**, est notée sur 20 et affectée du **coefficient 2.**
- Une note inférieure à 05/20, quelle que soit l'épreuve, est éliminatoire. Le jury fixe le nombre de points requis pour l'admissibilité : celui-ci ne pourra pas être inférieur à 50/100.
- L'**admission** comprend une seule épreuve orale. Elle consiste en un entretien avec le jury. Le candidat se présente, détaille sa formation et son parcours professionnel pendant une dizaine de minutes. Le jury évalue ensuite ses connaissances au regard de son expérience, il apprécie son aptitude à exercer les fonctions d'assistant médico-administratif « secrétaire médical ». Pour cette épreuve, le jury dispose du dossier RAEP du candidat et il doit pouvoir établir un lien entre les activités rapportées et le poste d'assistant médico-administratif. Au total, cette épreuve dure **30 minutes**, est notée sur 20 et affectée du **coefficient 4.** Le dossier n'entre pas en ligne de compte dans la notation.
- Le jury fixe le nombre de points requis pour être admis, celui-ci ne pouvant être inférieur à 90/180 (admissibilité + admission).

C. Et après ...

L'arrêté du 24 octobre 2014 détaille le contenu d'une formation obligatoire d'« **adaptation à l'emploi** » que les établissements hospitaliers doivent mettre en place dans l'année qui suit les résultats du concours. Vingt jours de formation, dont cinq en stage de terrain, sont prévus par ce texte.

4. Le programme du concours

A. Concours externe et interne de premier grade

Arrêté du 27 septembre 2012 fixant la composition du jury et les modalités d'organisation des concours externe et interne permettant l'accès au premier grade du corps des assistants médico-administratifs de la fonction publique hospitalière.

Programme : branche « secrétariat médical »
1. Organisation du système de santé et organisation hospitalière : – les missions de service public et l'organisation régionale de l'offre de soins ; – le statut juridique de l'établissement public de santé (EPS) ; – l'organisation et le fonctionnement interne des établissements publics de santé ; – les organes de décision à l'EPS : directoire, directeur, conseil de surveillance ; – l'organisation médicale : pôles d'activité, services, unités fonctionnelles ; – la place de l'usager dans le système de santé.
2. Réglementation relative au droit des malades : – le statut du malade ; – le malade hospitalisé en hôpital général et en psychiatrie ; – la charte de la personne hospitalisée ; – l'éthique en milieu hospitalier ; – la CRUQPC (Commission des relations avec les usagers et de la qualité de la prise en charge) ; – le malade non hospitalisé ; – les consultations externes.
3. Traitement et coordination des opérations et des informations médico-administratives relatives au patient dans un secrétariat médical : – les outils : les termes médicaux ; – les règles de la correspondance médicale ; – le fonctionnement du secrétariat médical : circuit des documents (réception, traitement et transmission) ; – les secret professionnel et secret médical ; – le dossier du patient ; – le dossier informatisé du patient, organisation du dossier médical au sein de l'établissement ; – le classement et archivage des dossiers médicaux : réglementation ; – les règles de communication du dossier du patient.
Reconnaissance des acquis de l'expérience professionnelle (RAEP)

B. Concours externe et interne de deuxième grade

Arrêté du 27 septembre 2012 fixant la composition du jury et les modalités d'organisation des concours externe et interne permettant l'accès au deuxième grade du corps des assistants médico-administratifs de la fonction publique hospitalière.

Programme : branche « secrétariat médical »
1. Organisation du système de santé et organisation hospitalière : – les missions de service public et l'organisation régionale de l'offre de soins ; – le statut juridique de l'établissement public de santé (EPS) ; – organisation et fonctionnement interne des établissements publics de santé ; – les organes de décision à l'EPS : directoire, directeur, conseil de surveillance ; – l'organisation médicale : pôles d'activité, services, unités fonctionnelles ; – la place de l'usager dans le système de santé ; – l'évaluation des soins : la Haute Autorité de santé (HAS), la certification des établissements de santé ; – la contractualisation interne.
2. Réglementation relative au droit des malades : – les droits du patient (loi n° 2002-303 du 4 mars 2002 relative aux droits des malades et à la qualité du système de santé ; loi n° 2005-370 du 22 avril 2005 relative aux droits des malades et à la fin de vie) ; – le malade hospitalisé en hôpital général et en psychiatrie ; – la charte de la personne hospitalisée ; – l'éthique en milieu hospitalier ; – la CRUCPC : commission des relations avec les usagers et de la qualité de la prise en charge ; – le malade non hospitalisé ; – les consultations externes.
3. Traitement et coordination des opérations et des informations médico-administratives relatives au patient dans un secrétariat médical : – les outils : les termes médicaux ; – les règles de la correspondance médicale ; – le fonctionnement du secrétariat médical : circuit des documents : réception, traitement et transmission ; – secret professionnel et secret médical ; – dossier du patient ; – dossier informatisé du patient, organisation du dossier médical au sein de l'établissement ; – classement et archivage des dossiers médicaux : réglementation ; – les règles de communication du dossier du patient – le programme de médicalisation du système d'information (PMSI) : les données de l'information médicale relative au patient et ses finalités ; – PMSI et secret professionnel.
Reconnaissance des acquis de l'expérience professionnelle (RAEP)

5. Le dossier de reconnaissance des acquis de l'expérience professionnelle (RAEP)

A. Identification du candidat

Ce dossier est à compléter par le candidat.

Session (année) :
Branche : secrétariat médical
Branche : assistance de régulation médicale

M. / Mme
Nom d'usage : …………
Nom d'époux ou d'épouse : …………
Premier prénom : …………
Autres prénoms : …………

•••

• • •

Date de naissance : ....
Commune de naissance : ....
Département de naissance : ....
ou pays de naissance : ....
Nationalité française ou ressortissant européen
Adresse : ....
Code postal : ....
Commune : ....
Pays de résidence : ....
Téléphone domicile (facultatif) : ....
Téléphone mobile (facultatif) : ....
Téléphone travail : ....
Courriel professionnel : ....
Courriel personnel (facultatif) : ....

Je soussigné(e) (prénom, nom) .... atteste que toutes les informations données dans le présent document sont exactes et reconnais être informé(e) du fait que toutes fausses déclarations de ma part entraîneraient l'annulation de toute décision favorable prise à mon égard dans le cadre de la présente procédure.

La loi n° 78-17 du 6 janvier 1978 relative à l'informatique, aux fichiers et aux libertés s'applique au présent dossier. Elle garantit aux personnes concernées un droit d'accès et de rectification pour les données les concernant hormis celles qu'elles ont elles-mêmes introduites concernant leur expérience professionnelle.

À ...., le ....

Signature
(signature de l'agent précédée de la mention « Lu et approuvé »)

B. Renseignements concernant votre expérience professionnelle

1) Parcours professionnel

Fonction actuelle (joindre relevé de situation)

Nom et adresse de l'employeur ainsi que type d'activité de l'établissement	Période (du... au....)	Catégorie/ corps/ cadre d'emplois/ métier	Temps plein ou pourcentage temps partiel	Principales activités ou fonctions exercées	Principales compétences/ connaissances/ savoir-faire développés

Fonctions antérieures (joindre justificatifs)

Nom(s) et adresse (s) de(s) (l') employeur(s) ainsi que type(s) d'activité(s) de(s) (l') établissement(s)	Période (du... au....)	Catégorie/ corps/ cadre d'emplois/ métier	Temps plein ou pourcentage temps partiel	Principales activités ou fonctions exercées	Principales compétences/ connaissances/ savoir-faire développés

2) Formations en lien avec parcours professionnel et/ou projet professionnel (joindre justificatifs)

Inscrire les formations supérieures à deux jours.

Souligner les formations qui vous semblent en lien avec la fonction recherchée.

Période (du... au...) et durée totale	Domaine/ spécialité/ thème	Durée totale de la formation (dont heures de théorie/ stage)	Organisme de formation	Intitulé et date du diplôme obtenu

3) Acquis professionnels

À compléter par le candidat.

Conseils pour une préparation efficace

1. Les connaissances requises

• Les épreuves de ce concours nécessitent des connaissances dans des domaines variés. En effet, vous devez connaître l'**organisation du système de santé** et l'**organisation hospitalière** mais également la réglementation relative aux droits des malades. Les textes législatifs et réglementaires s'y rapportant vous permettront de comprendre votre environnement professionnel et vous aideront à mieux percevoir et analyser, notamment, l'évolution des conceptions des pratiques hospitalières eu égard aux patients.

• Parallèlement à cela, vous devrez témoigner de **compétences administratives et techniques**. En effet, les secrétaires médicaux doivent adopter une réelle démarche professionnelle et le jury attend des candidats des savoir-faire de qualité, s'inscrivant ainsi dans le respect dynamique du Service Public Hospitalier.

• Se présenter à un concours implique de savoir **rédiger correctement** pour les épreuves écrites, de savoir vous exprimer dans un **langage soutenu** pour les épreuves orales. Une bonne maîtrise des outils du langage est indispensable. L'orthographe fait partie de ces outils.

2. Comment se préparer aux différentes épreuves ?

• Quelles que soient les caractéristiques de l'épreuve, les membres du jury attendent des candidats qu'ils possèdent des connaissances solides de l'environnement sanitaire, du milieu dans lequel ils seront amenés à exercer. Ils désireront aussi se rendre compte de leur aptitude à exercer dans un secteur administratif qui fait appel à des qualités humaines, celles-ci s'insérant dans un cadre technique réellement réglementé. Tout ceci implique donc que vous devez vérifier vos connaissances après une **lecture attentive du programme** (*cf.* p. 7). Vous ne devez pas faire fi de la législation qui concerne l'usager du système de santé, le patient, etc. et il serait vain d'imaginer accéder à un poste de catégorie B de la fonction publique hospitalière sans en connaître les règles organisationnelles qui s'inscrivent dans le champ plus large du système de santé français.

• Selon votre positionnement personnel, il faudra donc consacrer du temps à l'apprentissage (ou à son renforcement) de la gouvernance des établissements publics de santé (EPS) et faire le lien avec les objectifs sanitaires poursuivis par les autorités centrales. La lecture de **documents législatifs** est indispensable : c'est la source même des dispositions adoptées ici ou là. Dans un premier temps, cette approche vous paraîtra peut-être ardue mais un travail régulier vous permettra vite de repérer l'essentiel, c'est-à-dire ce qu'il convient d'analyser et de retenir. Dans le dossier documentaire de l'épreuve écrite du concours interne, des textes de cette nature peuvent tout à fait vous être proposés. Mieux vaut ne pas être surpris par leur rédaction. Dans la mise en situation ou encore dans les questions orales, rien n'empêche les membres du jury d'évoquer un texte réglementaire ou un article de loi.

• Si vous faites déjà « fonction de... », vous êtes habitué à entendre, à lire, à écrire des termes médicaux dans les comptes rendus ou autres documents professionnels. Toutefois, novice ou « chevronné », le candidat doit bien maîtriser l'orthographe et la signification de cette terminologie qui ne se limite pas aux mots fréquemment rencontrés dans un service. Le vocabulaire médical compte plus de 20 000 termes et il ne saurait être question de tous les connaître par cœur. Cependant, vous devez vous intéresser aux racines latines ou grecques, connaître les variations d'un mot grâce à l'ajout de préfixes ou de suffixes, et savoir ensuite **conceptualiser une définition**. Vos efforts porteront sur une réflexion autour de votre expression quotidienne, afin de vous approprier – ou de vous réapproprier – une gymnastique intellectuelle de découpage des termes. Vous pourrez ainsi les posséder, les comprendre réellement, c'est-à-dire être capable de les expliquer simplement à autrui. Alors vous pourrez écrire une définition.

• L'épreuve orale constituera pour certains candidats l'unique épreuve de ce concours. Vous pouvez aisément imaginer combien le jury sera sensible à votre expression mais aussi à la manière dont vous vous présenterez, à votre aisance et à la richesse de votre vocabulaire, de votre syntaxe. En interne comme en externe, il reste essentiel que vous vous appropriez un registre plus élaboré que celui, plus familier, du quotidien.

3. Pour terminer

• Pour être efficace, votre préparation devra s'étendre régulièrement dans le temps et ne pas se résumer à une sorte de « bachotage » effréné de dernière minute. Comme pour n'importe quel examen ou concours, un travail régulier étalé sur un laps de temps raisonnable reste une valeur sûre.

• Si vous passez le concours interne, faites le point sur vos connaissances en expression écrite et répondez sincèrement à des questions aussi simples qu'essentielles comme :
– Est-ce que je connais les règles de **ponctuation** ?
– Est-ce que je respecte bien les règles usuelles d'**orthographe** et de **grammaire** ?
– Est-ce que je maîtrise les règles d'écriture pour une **correspondance professionnelle** ?
– Qu'évoque pour moi la « formulation d'une problématique » ?
– Que sont les mots de liaison, les connecteurs logiques ?

Cette liste n'est évidemment pas limitative, elle permet seulement de vous faire prendre conscience de vos connaissances. Elle a pour but de vous inciter à les parfaire si nécessaire : vous trouverez pour cela des outils dans cet ouvrage.

- N'oubliez pas l'actualité ! C'est une source incontournable de connaissances. En effet, un suivi régulier de l'actualité sociale peut se révéler indispensable et, en tout état de cause, vous apporter des informations nouvelles sur les thèmes du programme, sur l'actualité des institutions sanitaires, des pistes de réflexion, une habitude à synthétiser, etc. Lisez donc régulièrement une presse de qualité.

Remarque

Certains sujets corrigés, en fin d'ouvrage, ont été donnés en 2016/2017, ce qui nécessitera parfois de votre part de les reconsidérer légèrement en tenant compte de l'évolution des textes législatifs ou réglementaires.

Connaissances transversales

Formation et compréhension du vocabulaire

• Travailler dans un secrétariat médical requiert la connaissance d'un **vocabulaire médical de base**. En plus de celui-ci, vous utiliserez évidemment des termes plus spécifiques à telle ou telle pathologie selon le service dans lequel vous exercerez. L'épreuve du concours d'assistant médico-administratif prévoit une interrogation sur des « *termes médical d'usage courant* » pour le premier grade, et sur des « *termes médicaux* » pour le second grade.

• Notre objectif est que vous connaissiez un maximum de mots médicaux fréquemment utilisés. Le but poursuivi est de vous faire comprendre comment décomposer un terme médical afin d'accéder à son sens. Cela vous imposera d'abord l'apprentissage des **affixes** puis il vous faudra pratiquer une sorte de gymnastique mentale régulière pour acquérir une « formation-réflexe » pour la construction/le découpage des termes.

1. Le vocabulaire médical

• Le vocabulaire médical s'inscrit dans un registre scientifique de notre langue. Il ne s'agit donc pas de l'apprentissage d'une langue étrangère aux origine et construction très différentes de notre vocabulaire quotidien.

• La langue française connaît beaucoup de racines d'origine grecque ou latine, notamment dans le vocabulaire médical. Tout comme la formation des mots du quotidien, la formation des termes médicaux recourt souvent à la « dérivation ». La dérivation d'un terme consiste à en créer un autre par ajout d'**affixes** (préfixes et/ou suffixes).

2. La formation d'un terme médical

A. Les racines

La **racine** d'un terme (encore appelée **radical**) est son élément de base, son « signifiant ». Ainsi les racines grecques *chole* et *cyst(o)* signifient bile et vessie : nous obtenons une double racine *cholecyst(o)* qui désigne la vésicule biliaire, organe « réservoir » de la bile. Il faut donc se souvenir que la racine, ou « radical », d'un mot constitue sa partie centrale, mais qu'un terme médical peut être composé de plusieurs racines simples juxtaposées.

B. Les préfixes

Le **préfixe** est un affixe qui précède le radical dans un terme. C'est une sorte de particule grammaticale dont l'adjonction à une racine permettra de créer un mot nouveau. Le terme « préfixe » est lui-même un mot dérivé grâce à la racine « fixe » précédée de la syllabe *pré*, qui signifie « avant, antérieur à ».

C. Les suffixes

- Le **suffixe** est aussi un affixe, mais qui est positionné à l'opposé du préfixe. En effet, il s'agit d'un élément de formation d'un mot dérivé qui se trouve après la racine ou le radical.
- Certains suffixes particuliers comme *-ique*, *-isme*, *-mateux*, permettent aussi de déterminer la nature du mot : nom ou adjectif. Ainsi, si vous ajoutez le suffixe *-ique* au mot « alcool », vous obtenez l'adjectif « alcoolique », alors que le mot dérivé devient le nom « alcoolisme » en ajoutant le suffixe *-isme*.

3. Décomposer et définir un terme médical

- Pour bien comprendre et donc définir un mot médical, il faut chercher à identifier, s'ils existent, les différents affixes. Ensuite, plusieurs questions sont utiles pour conceptualiser la définition : Quel est le sens de chacun ? Comment ces affixes sont-ils articulés ? Quelle est la nature grammaticale du mot ?
- Bien sûr, un mot dérivé peut comprendre un préfixe, une racine, un suffixe. C'est le cas, par exemple, du terme « hypercholestérolémie » (*hyper/cholestérol/émie*).

PRÉFIXE/RADICAL/SUFFIXE
hyper/cholestérol/émie

hyper	cholestérol	émie
indique une augmentation	cholestérol	dans le sang

- Parfois deux radicaux se succèdent. C'est le cas, par exemple, du terme « hystérosalpingographie » (*hystér(o)-/salping(o)-/graphie*).

RADICAL 1/RADICAL 2/SUFFIXE
hystero/salpingo/graphie

hystero	salpingo	graphie
racine 1 « utérus »	racine 2 « trompe »	indique un résultat écrit

- De manière générale, pour définir un terme médical, il est nécessaire de rédiger des phrases claires et précises.

Termes médicaux génériques et spécialités médicales

• Le corps humain est un assemblage organisé selon plusieurs niveaux : les **appareils** (nommés aussi systèmes) constitués d'organes qui sont composés de tissus. Chaque **organe** est une structure anatomique individualisée qui a des spécificités structurelles et fonctionnelles et contribue à la réalisation des fonctions organiques. Les tissus (*histo*) sont des ensembles de **cellules** (cyto). On retiendra les notions de :
– tissu épithétial qui est un tissu de revêtement recouvrant la surface corporelle et les cavités internes de l'organisme ;
– tissu conjonctif qui est un tissu de soutien, de fixation, de protection (cartilages (*chondro*) par exemple) ;
– tissu nerveux qui comprend des cellules spécialisées (neurones par exemple) ;
– tissu musculaire (*myo*).

• Le corps humain constitue le principal objet d'étude de la médecine : **l'anatomie** (*ana* : de nouveau, en sens contraire, en haut, en arrière, à l'écart/*tomie* : inciser/couper) s'intéresse à la structure organique mais aussi au fonctionnement des organes. L'objectif d'un médecin est avant tout de soigner (traitement curatif) les maladies de l'homme mais aussi de les prévenir : c'est la prophylaxie (*pro* : devant, avant, favorable à/*phylaxie* : protection).

• Dès qu'un **examen clinique** est effectué, on retrouve de façon générale, un certain nombre de termes médicaux communs, quelles que soient l'affection et la spécialité considérées.

1. Terminologie médicale commune à toute pathologie

• Le **diagnostic** consiste à reconnaître, à identifier la maladie dont souffre un patient. On pose un diagnostic à partir de l'étude clinique (interrogatoire et examen physique) du malade.

• La **thérapeutique** désigne un traitement. Le terme **thérapie** se retrouve souvent en fin de mot pour désigner des traitements particuliers, par exemple la radiothérapie.

• Une **prescription** est une ordonnance médicale.

• La **posologie** indique le dosage, le rythme et le mode d'administration d'un médicament.

• Le **pronostic** est la prévision de l'évolution d'une maladie.

2. Orientation des organes et des structures du corps humain

• Des adjectifs permettent de désigner précisément le lieu (*topo*), le siège des différentes parties de l'organisme, dès lors que l'on imagine la personne en position anatomique de description, traversé de haut en bas par un axe médian. La position anatomique de description est celle d'un individu debout, pieds joints, avec la face, les yeux et les paumes des mains tournés vers le médecin situé devant lui :
– on nommera externe ou latéral ce qui est éloigné de l'axe imaginaire ;
– on qualifiera interne ou en dedans ce qui se situe à proximité de cet axe ;
– la position médiane correspond au milieu ;
– les positions superficielle et profonde renvoient à la situation par rapport à la surface du corps. Par exemple, dans le thorax, les côtes sont superficielles par rapport aux poumons.

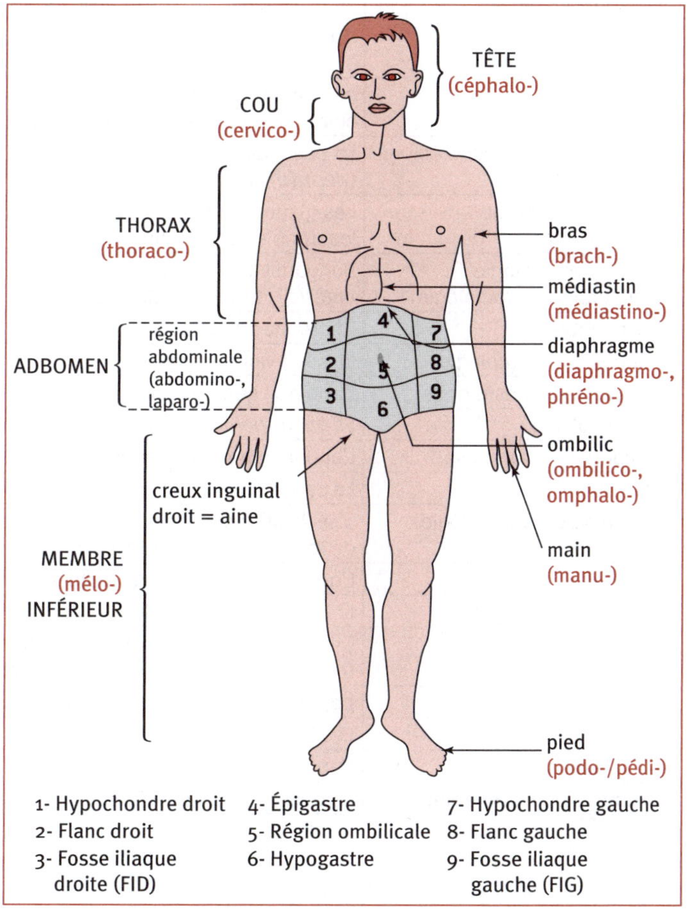

Fig. 1 - Position anatomique de description et régions de l'organisme

• Quand on décrit un membre, **proximal** désigne la proximité de la racine du membre et **distal**, son éloignement. Par exemple, le genou est *proximal* par rapport au pied, mais il est *distal* par rapport à la hanche. La face antérieure de la main est la face **palmaire**. La face intérieure du pied est la face **plantaire**.
• Lorsqu'on parle de **plan transversal**, on désigne une coupe perpendiculaire à l'axe vertical du corps. La partie supérieure est nommée **craniale** et la partie inférieure est désignée par l'adjectif **caudale** (queue).

3. Les spécialités médicales

Spécialité	Appareils, champs et organes concernés
Addictologie	La dépendance psychique et psychologique
Allergologie	Allergies
Anesthésiologie réanimation	Anesthésie (*a/an* : manque de ; *esthésie* : sensibilité)
Biologie médicale	Sang, exsudats, tissus et cellules… (*bio* : le vivant)
Cardiologie/Angiologie/ Maladies cardiovasculaires	Appareil circulatoire (*angi(o)* : vaisseau)
Chirurgie	Intervention physique manuelle et instrumentale sur les tissus : chirurgie cardiaque, orthopédique, thoracique…
Dermatologie et vénéréologie	La peau, les infections sexuellement transmissibles (*derm(o)/dermato* : la peau)
Endocrinologie et métabolisme	Les glandes endocrines (*endo* : à l'intérieur ; *crino* : sécréter), les troubles de la nutrition
Gastro-entérologie (hépatologie/proctologie)	L'appareil digestif avec des spécificités (*gastr(o)* : estomac ; *enter(o)* : intestin grêle ; *hepat(o)* : le foie ; *proct(o)* : l'anus)
Génétique	L'hérédité : phénotype, génotype (*gen(o)* : qui a trait à l'hérédité)
Gériatrie/Gérontologie	Le sujet vieillissant (*ger(i)/ger(o)* : vieillard)
Gynécologie obstétrique	L'appareil génital féminin (*gynec(o)/gyn(o)* : femme)
Hématologie	Le sang (*hemat(o)/hem(o)* : sang)
Néphrologie/Urologie	L'appareil urinaire (*nephr(o)* : rein)
Neurologie	Le système nerveux, le cerveau (*neur(o)/nevr(o)* : nerf)
Oncologie/Cancérologie	Tous les tissus : glandulaires, lymphoïdes, osseux, vasculaires…) de tous les organes (*onco* : cancer)
Ophtalmologie	L'œil (*ophtalm(o)/ocul(o)* : qui concerne l'œil)
Oto-rhino-laryngologie	La sphère ORL : l'oreille, le nez, la gorge
Pédiatrie	L'enfant, de la naissance à la puberté ; la néonatologie (*neo* : nouveau) s'occupe du nouveau-né
Pneumologie	L'appareil respiratoire (*pneum(o)* : poumon)
Psychiatrie	Les troubles mentaux
Rhumatologie	L'appareil locomoteur
Stomatologie/odontologie	La bouche, les dents, la mâchoire (*stomat(o)* : bouche)

4. À retenir, étymologie

À la fin de chaque fiche, vous trouverez ce tableau regroupant plusieurs affixes à connaître. N'oubliez pas toutefois d'apprendre également les différentes racines que vous avez rencontrées dans les paragraphes qui précèdent.

Racines/affixes	Sens	Exemples
Chondr(o)...	cartilage	chondroblaste
Clin(o)...	lit	clinique
Cyt(o)...	cellule	cytotoxique, lymphocyte
Éti(o)...	cause	étiopathe
Géne...	engendrer, créer, produire	génétique, embryogenèse
Gnos(o)...	connaissance	diagnostic, pathognomonique
...logue, ...logie	science, étude de	biologie, géologie
Mnés(o)..., mném(o)...	mémoire	amnésique, mnémotechnique
My(o)...	muscle	myocarde
Nos(o)...	maladie	nosocomial, nosographie
Path(o)..., ...pathie	souffrance, maladie	pathologie
Phylaxie	protection	anaphylactique
Pr(o)...	en avant	procéder, pronostiquer
Sémi(o)..., séméi(o)...	signe	sémiotique
...tomie	couper, inciser	neurotomie
Top(o)...	lieu, espace	topographie

Fiche 1

Le système de santé français

En France, de nombreuses autorités administratives ont compétence dans le secteur de la santé, pilotées par les pouvoirs publics. Le système de santé français regroupe :
– des institutions sanitaires et sociales centralisées, des administrations décentralisées ;
– des agences et instituts ;
– des établissements de soins et de prévention, publics et privés ;
– l'ensemble des professionnels médicaux et paramédicaux ;
– le système de protection sociale à travers l'assurance maladie obligatoire qui participe au financement du système de santé.

1. Les administrations sanitaires et sociales

A. L'échelon national

Annuellement, le Parlement vote la **loi de finances de la Sécurité sociale** qui elle-même définit l'objectif national de dépenses d'assurance maladie (ONDAM).

1) Les ministères

En 2021, le secteur de la santé relève du ministère des Solidarités et de la Santé. D'autres ministères sont concernés par les questions sanitaires comme par exemple le ministère de l'Agriculture et de l'Alimentation (contrôles alimentaires), celui de la Transition écologique et solidaire (pollutions) ou celui de l'Europe et des Affaires Étrangères (risques sanitaires des voyageurs). Le ministère des Solidarités et de la Santé compte plusieurs directions et/ou services.

• La **direction** générale de la **santé** (DGS) élabore et met en œuvre la politique relative aux risques sanitaires et organise notamment la **formation des professions médicales et paramédicales**.

• La **direction générale de l'offre de soins** (DGOS) appréhende globalement l'offre de soins (ville et hôpital) avec pour objectif de répondre aux besoins de prise en charge des usagers et des patients. Son organisation s'inscrit dans le cadre de la loi « Hôpital, Patients, Santé, Territoires » (HPST) et de la réforme de la gouvernance du système de santé. Elle s'occupe de l'organisation des établissements hospitaliers et des investissements hospitaliers et elle a en charge la gestion des statuts et de la formation des personnels hospitaliers. Elle exerce un réel rôle de pilotage stratégique, de contrôle, d'évaluation et d'animation.

- La **direction générale de la cohésion sociale** (DGCS) créée en 2010 par le regroupement de différents services, notamment celui du droits des femmes et de l'égalité et celui de la délégation interministérielle aux personnes handicapées.

- La **direction de la Sécurité sociale** a en charge l'élaboration et la mise en œuvre de la politique relative à la sécurité sociale.

- La **direction de la recherche, des études, de l'évaluation et des statistiques** (DREES) date de 1998 ; c'est un organisme interministériel qui fournit aux pouvoirs publics des statistiques, des informations et analyses sur les populations et politiques sanitaires et sociales.

- L'**inspection** générale des **affaires sociales** (IGAS) est un service interministériel assurant une mission de contrôle et d'évaluation de la mise en œuvre de l'ensemble des politiques publiques dans les domaines de la santé, de la protection.

2) Le Haut Conseil de la santé publique

Le **Haut Conseil de la santé publique** (HCSP) a été créé par la loi du 9 août 2004 relative à la politique de santé publique et mis en place en 2007. La loi du 26 janvier 2016 de modernisation de notre système de santé a modifié ses missions, il doit :
– contribuer à l'élaboration, au suivi annuel et à l'évaluation pluriannuelle de la Stratégie nationale de santé ;
– fournir aux pouvoirs publics, en lien avec les agences sanitaires, l'expertise nécessaire à la gestion des risques sanitaires ainsi qu'à la conception et à l'évaluation des politiques et stratégies de prévention et de sécurité sanitaire ;
– fournir aux pouvoirs publics des réflexions prospectives et des conseils sur les questions de santé publique ;
– contribuer à l'élaboration d'une politique de santé de l'enfant globale et concertée.

3) La Conférence nationale de santé

La **Conférence nationale de santé** est également un organe consultatif qui formule des avis sur l'amélioration du système de santé et élabore notamment un rapport annuel sur le respect des droits des usagers du système de santé.

4) Les organismes de sécurité sanitaire

- La **Haute Autorité de santé** (HAS), créée le 13 août 2004, constitue un instrument de régulation dans le cadre de la maîtrise des dépenses de santé. C'est une autorité à caractère scientifique qui élabore des référentiels de **bonne pratique médicale** et évalue le niveau de qualité et la sécurité des soins en établissements. Depuis 2011, cet organisme évalue le service médical rendu (SMR) des médicaments et des actes professionnels. Elle assure la **certification** des établissements de santé. Le décret du 2 octobre 2012 relatif aux missions médico-économiques de la HAS précise « *les cas dans lesquels une évaluation médico-économique est requise pour les produits de santé, en raison notamment de l'amélioration du service médical rendu par le produit ou la technologie et des coûts prévisibles de son* *utilisation ou de sa prescription* ». La HAS rédige notamment des rapports synthétiques de certification qui sont publiés sur le Net afin que le grand public en soit informé.

La **certification des établissements** (*cf.* p. 41) est la concrétisation de l'ordonnance du 24 avril 1996 qui porte réforme hospitalière. La certification est une procédure d'évaluation externe des établissements de santé tant publics que privés (ESPIC) qui se renouvelle tous les 4 ans ; mise en œuvre par l'HAS, elle est assurée par des experts-visiteurs qui travaillent à partir d'indicateurs de qualité. Si besoin, des recommandations et/ou des réserves sont formulées par une commission qui suivra aussi la conduite des changements de l'organisation effectués par les établissements.

- L'Agence nationale de santé publique créée par l'ordonnance n° 2016-462 du 14 avril 2016 a fusionné avec l'Institut de veille sanitaire (InVS), l'Institut national de prévention et d'éducation pour la santé (Inpes) et l'Établissement de préparation et de réponse aux urgences sanitaires (Eprus) et devient « **Santé publique France** » qui a pour mission de protéger efficacement la santé des populations.

- L'**Agence nationale de sécurité du médicament et des produits de santé** (ANSM) a été créée par la loi du 29 décembre 2011 relative au renforcement de la sécurité sanitaire des médicaments et des produits de santé. C'est un organisme qui assume un **rôle d'expertise** au regard des produits de santé et de cosmétologie, elle délivre notamment les **autorisations de mise sur le marché** (AMM) et contrôle le circuit de distribution des médicaments.

- L'**Agence nationale de sécurité sanitaire, de l'alimentation, de l'environnement et du travail** (ANSES) est un établissement public sous tutelle interministérielle. Cette agence évalue les propriétés nutritionnelles et fonctionnelles des aliments, ainsi que l'ensemble des risques auquel l'Homme peut être exposé au travers du travail, de l'environnement et de l'alimentation.

- L'**Établissement français du sang** (EFS) détient le monopole de la transfusion sanguine ; il est garant de la sécurité transfusionnelle.

- L'**Agence de la biomédecine** a été créée en 2004 par **la loi de bioéthique**. Ses missions se situent autour du prélèvement et des greffes d'organes, de tissus, de cellules. Elle gère la liste des patients en attente d'une greffe ; elle contrôle les activités biologiques relevant de ses compétences.

5) Les organismes de prévention

- La prévention se définit comme l'ensemble des mesures et actions visant à éviter l'apparition, le développement ou l'aggravation des maladies ou des accidents.

- L'**Institut national de prévention et d'éducation pour la santé** (Inpes) a été créé par la loi du 4 mars 2002 en tant qu'établissement public administratif, sous tutelle du ministère de la Santé. La loi du 9 août 2004 a élargi ses missions. Cet organisme propose des conseils en matière de promotion de la santé, met en œuvre des actions d'éducation sanitaire en fonction des priorités de santé publique (nutrition, addiction, accidents domestiques…).

• L'**Institut national du cancer** (INCa) a été créé par la loi du 9 août 2004. Sous la tutelle des ministères de la Santé et de la Recherche, cette agence est le référent en matière de pathologies malignes et consacre une large partie de son budget à la recherche qui fait partie de ses missions au même titre que la santé publique et les soins.

REMARQUE

À l'échelon national, les textes les plus récents concernant la **santé publique** sont :

• **la loi du 9 août 2004** qui a pour objectif d'améliorer le système de santé français, de développer la prévention, de déterminer des plans nationaux de moderniser la veille sanitaire, de lutter contre la mortalité prématurée et des inégalités de santé ;

• la **loi HPST du 21 juillet 2009** qui a pour objectifs de permettre aux institutions et structures de soins de s'adapter aux nouveaux besoins de la population, d'améliorer la coopération des établissements de santé, de réorganiser administrativement les établissements de santé et de créer des Agences régionales de la santé.

• La **loi de santé du 26 janvier 2016** a pour objectif la modernisation de notre système de santé en renforçant la prévention, en développant les droits des patients et en axant ses effets vers l'accès de chacun à des soins de qualité.

• Le plan « Ma santé 2022 » est relatif à l'organisation et à la transformation du système de santé. La loi relative à l'organisation et à la transformation du système de santé (OTSS) du 24 juillet 2019 fixe notamment les mesures opérationnelles en faveur du décloisonnement des secteurs hospitalier, médico-social et l'articulation avec la médecine de ville.

B. L'ÉCHELON RÉGIONAL

• Les **agences régionales de santé** (ARS) ont été instaurées par la loi du 21 juillet 2009. Ce sont de grosses structures sanitaires qui sont en charge de « *la conduite des politiques de prévention, l'organisation de la permanence des soins pour la médecine de ville et l'hôpital, la répartition des professionnels de santé, le maillage de l'offre de soins, la coopération entre professionnels de santé et établissements de santé et la gestion du risque* ». Concrètement, leurs missions au sein de la région recouvrent :
- la promotion de la santé et la prévention ;
- la veille et la sécurité sanitaire ;
- l'organisation des soins hospitaliers et ambulatoires ;
- les pratiques soignantes et les modes de recours aux soins ;
- l'accompagnement médico-social.

Les ARS garantissent une organisation très ancrée dans les territoires avec un accompagnement des professionnels de santé et une évaluation précise des besoins des patients.
Depuis 2015 (loi NOTRe) il existe 17 ARS : 13 en France métropolitaine et 4 en outre-mer (Guyane, Guadeloupe, Martinique, Océan Indien).

Dans le cadre de la révision générale des politiques publiques – les DRASS ont été absorbées par les ARS, tandis que les DDASS sont regroupées avec d'autres administrations sociales locales et deviennent, selon la taille du département, des directions départementales de la cohésion sociale (DDCS) ou des directions départementales de la cohésion sociale et de la protection des populations (DDCSPP).
Les compétences du **directeur de l'ARS** sont définies dans l'article L. 1432-2 du CSP :
– il arrête le projet régional de santé ;
– il signe le contrat pluriannuel d'objectifs et de moyens (CPOM) outil privilégié de déploiement de la politique de santé publique et de dialogue entre les EPS et l'ARS. Il contient les orientations des établissements pour l'amélioration en continu de la qualité et de la sécurité des soins, du service rendu aux usagers et l'efficience de la dépense publique ;
– il rend compte aux organes techniques et de concertation (conseil de surveillance et conférence régionale de la santé et de l'autonomie) de la mise en œuvre de la politique régionale de santé.

• Les **Cellules de l'Institut de Veille Sanitaire** (Cire) relaient les missions de veille et d'alerte de l'InVS.

POUR ALLER PLUS LOIN

Un projet régional de santé **(PRS)** est arrêté par chaque ARS pour 10 ans après une procédure consultative. Il est constitué :
– d'un cadre d'orientation stratégique sur 10 ans (**COS**) ;
– d'un schéma régional de santé unique (**SRS**) établi pour 5 ans, sur la base d'une évaluation des besoins sanitaires, sociaux et médico-sociaux ;
– du programme régional relatif à l'accès à la prévention et aux soins des personnes les plus démunies (**PRAPS**).

C. L'échelon local

• Les **départements** interviennent essentiellement dans la gestion des centres de protection maternelle et infantile (PMI) et au regard de la lutte contre le cancer ou les IST. C'est le préfet qui décide du déclenchement des mesures d'urgence à prendre en cas de crise sanitaire. Les conseils départementaux ont également compétence au titre de l'aide et de l'action sociale en faveur des personnes âgées (allocation personnalisée d'autonomie).

• Les **communes** gèrent un service communal d'hygiène et de santé dont l'action est orientée vers les vaccinations, la désinfection et la surveillance des règles d'hygiène, sous l'autorité du maire. Les centres communaux d'action sociale (CCAS) constituent la première marche de l'aide médicale puisqu'ils instruisent les dossiers.

2. Les établissements de santé

• Des **structures de soins** aux statuts différents cohabitent dans le paysage hospitalier français depuis la loi de juillet 2009. Les établissements de santé sont des personnes morales de droit public ou privé.

• Les **établissements publics de santé** (EPS) sont dotés d'une autonomie administrative et financière. Leur ressort peut être communal, intercommunal, départemental, régional, interrégional ou national. Depuis la loi HPST, les hôpitaux locaux n'existent plus. La loi du 26 janvier 2016 attribue à ces centres hospitaliers, « hôpitaux de proximité », une fonction de soins de premiers recours.

• Les **établissements de santé privés d'intérêt collectif** (ESPIC) sont gérés par une association, une mutuelle, un mouvement caritatif… Ils n'ont pas de but lucratif (leurs bénéfices sont réinvestis pour l'établissement). La notion d'ESPIC implique un engagement vis-à-vis du public quant à l'accès aux soins (pas de limitation et continuité du service), au tarif des consultations (pas de dépassement d'honoraires). L'article L. 6161-5 du CSP prévoit que les centres de lutte contre le cancer seront ESPIC « de droit ». Le décret du 20 mai 2010 impose aux ESPIC d'élaborer un « projet institutionnel » quinquennal. Les ESPIC peuvent conclure des accords avec des EPS ou des communautés hospitalières de territoire en vue de s'associer à une stratégie répondant à des missions de service public.

• Les **établissements de santé privés**, à but lucratif, sont des sociétés commerciales. Souvent dénommés cliniques, leur financement est assuré par des subventions et par les investissements des actionnaires.

• D'après la dernière publication de la direction de la recherche, des études, de l'évaluation et des statistiques (DREES), au 31 décembre 2017, on comptait 3 046 établissements de santé (1 364 EPS, 680 ESPIC, 1 002 but lucratif) offrant 399 865 lits d'hospitalisation. L'hospitalisation partielle permet une prise en charge hospitalière, de jour ou de nuit, inférieure à 24 heures : ce peut être par exemple, le cas d'une chirurgie ambulatoire pour de petites interventions ou une réalisation de dialyse nocturne. L'hospitalisation de nuit constitue aussi une alternative à l'hospitalisation conventionnelle en psychiatrie pour des patients qui peuvent travailler le jour.

• Depuis 20 ans, les réformes s'efforcent de favoriser des coopérations hospitalières afin de décloisonner les différents secteurs sanitaires (hôpital, médecine urbaine…), de rationaliser les équipements et les moyens, d'adapter et d'optimiser l'offre de soins aux besoins de la population. La loi HPST de 2009 a permis l'émergence des **communautés hospitalières de territoire** (CHT) et des **groupements de coopération sanitaire** (GCS) fonctionnant sur la base du volontariat.
La loi Santé du 26 janvier 2016 maintient le projet régional de santé (PRS) créé par la loi HPST mais l'organisation régionale et territoriale des soins évolue. Les GCS continuent d'exister : il s'agit de regroupements d'établissements publics et privés mais aussi par association avec des maisons de santé ou

des professionnels médicaux libéraux. Ils peuvent être constitués pour « *réaliser des équipements d'intérêt commun (ils peuvent, le cas échéant, être titulaires à ce titre de l'autorisation d'installation d'équipements matériels lourds) et permettre les interventions communes des professionnels médicaux et non médicaux exerçant dans les établissements ou centres de santé membres du groupement* ».

Le plan « Ma santé 2022 » envisage une labellisation de 500 « hôpitaux de proximité » : établissements qui devraient répondre aux besoins de premier recours de la population en appui aux professionnels libéraux en ville ; ils fonctionneront en collaboration avec les **Communautés Professionnelles Territoriales de Santé** (CPTS).

• La loi Santé 2016 (cf. p. 25) a imposé l'intégration de chaque EPS au sein d'un Groupement Hospitalier de Territoire (GHT). Il s'agit d'un mode de coopération conventionnel obligatoire pour tous les EPS à l'échelle d'un territoire depuis juillet 2016. C'est le projet médical partagé qui est la référence de ce mode de **coopération entre les établissements de santé à l'échelle d'un territoire,** il doit permettre aux établissements de santé de mieux soigner, à moindre coût. Il existe aujourd'hui 135 GHT, dont 13 spécialisés en santé mentale. Le GHT n'est pas doté de la personnalité morale, il n'a donc pas d'autonomie financière et juridique et chaque établissement membre conserve ses instances propres ; cependant, l'« établissement support » du GHT assure des **fonctions mutualisées** (CSP, art. L. 6132-3) :
– la stratégie, l'optimisation et la gestion commune d'un **système d'information hospitalier (SIH)** convergent, en particulier la mise en place d'un dossier patient ;
– la gestion d'un département de l'**information médicale** de territoire ;
– la fonction **achats** ;
– la coordination des **instituts et écoles de formation paramédicale** ainsi que des plans de **formation continue** et de développement professionnel continu des personnels.

3. Les professionnels médicaux et paramédicaux

Le Code de la santé publique distingue :
– **les professions médicales** : médecins, sages-femmes/maïeuticiens et odontologistes ;
– **les professions de la pharmacie et de la physique médicale** : pharmaciens, préparateurs en pharmacie, préparateurs en pharmacie hospitalière, physiciens médicaux ;
– **les professions d'auxiliaires médicaux** : infirmiers, masseurs-kinésithérapeutes, pédicures-podologues, ergothérapeutes et psychomotriciens, orthophonistes et orthoptistes, manipulateurs d'électroradiologie médicale et techniciens de laboratoire médical, audioprothésistes, opticiens-lunetiers, prothésistes et orthésistes, diététiciens, aides-soignants, auxiliaires de puériculture et ambulanciers.

A. Les médecins

• Les données ministérielles (DREES) indiquent 226 859 médecins en activité au 1er janvier 2019 (+ 10 000 depuis 2012) soit une densité de 339/100 000 habitants ; la répartition de ces professionnels dans l'hexagone reste très inégale.

• Parmi les médecins actifs en 2017, on répertoriait 102 000 médecins généralistes et 124 000 médecins spécialistes. Deux modes d'exercice coexistent : libéral et salarié ; 57 % des médecins sont des libéraux, parmi eux, 46 % ont une activité libérale exclusive et 12 % un exercice « mixte » (cumul d'une activité salariée et d'une activité libérale).

1) La médecine libérale

• La médecine libérale s'exerce en cabinet, en hôpital privé ou en laboratoire. Le médecin peut être généraliste (« omnipraticien ») ou spécialiste (il existe 38 spécialités médicales).

• Le patient peut choisir librement son médecin : depuis le 1er janvier 2005, la réforme de l'assurance maladie de 2004 impose toutefois que chaque patient indique un médecin traitant à sa caisse primaire d'assurance maladie. La finalité de cette mesure est double :
– fidéliser le duo médecin/patient pour assurer une meilleure prise en charge médicale sur le long terme ;
– réduire le déficit de la Sécurité sociale en limitant le nombre de consultations et d'actes. Le médecin traitant désigné par l'assuré social peut être un spécialiste, il est en tout cas un médecin pivot. Ce changement a pour but d'éviter un nomadisme des assurés sociaux. Les consultations de spécialistes (hors pédiatre, ophtalmologiste et gynécologue) seront remboursées au taux normalement prévu seulement si elles ont été souhaitées par le médecin traitant : c'est le parcours de soins coordonnés. La loi santé 2016 étend ce parcours de soins aux mineurs.

• Le praticien libéral peut être conventionné ou non. La convention entre syndicats de médecins et la Sécurité sociale fixe les tarifs « de responsabilité » ; ceux-ci sont soumis ensuite à l'approbation du ministre de la Santé. Les médecins conventionnés peuvent choisir entre deux secteurs tarifaires :
– Le secteur I, dit « à honoraires opposables », dans lequel les médecins s'engagent à appliquer les tarifs conventionnels (en 2021, 25 € pour une consultation chez le généraliste pour les plus de 6 ans). Le patient sera remboursé à 70 % par l'asurance maladie, sa mutuelle prenant, en charge la part restante c'est-à-dire le « ticket modérateur ». Depuis 2005, un euro reste cependant à sa charge pour chaque acte médical effectué. La loi Santé 2016 a généralisé le tiers payant qui permet au patient de ne pas avancer le montant de la consultation qui sera réglé directement au praticien par les organismes de protection sociale. Cette loi de modernisation de notre système de santé impose cette obligation (art. 83) à tous les professionnels de santé exerçant en ville ; depuis 2017, les patients en ALD bénéficient de cette mesure. Aujourd'hui, les pouvoirs publics ont suspendu cette mesure face aux réactions négatives des professionnels de santé.
– Le secteur II ou « à honoraires libres » concerne les médecins conventionnés mais autorisés à fixer eux-mêmes leurs honoraires. Les patients ne seront remboursés par l'assurance maladie que sur la base des tarifs du secteur I. Lorsque le médecin n'est pas conventionné, le coût de la consultation reste à la charge du patient.

2) La médecine salariée

• La médecine salariée s'exerce à l'hôpital ou dans divers organismes publics ou privés. Le médecin perçoit un salaire, le même quel que soit le nombre d'actes effectués. Le médecin salarié conserve son indépendance professionnelle quant à ses devoirs (secret professionnel) mais se trouve dans une situation de subordination administrative devant son employeur. Il n'a pas de clientèle personnelle.

B. Les professions paramédicales

• Selon le Code de la santé publique, les professionnels paramédicaux sont des auxiliaires médicaux. Ils agissent sur prescription médicale, leurs actes étant prescrits par le médecin. Ils exercent également à titre libéral ou salarié.
On classe ces professionnels en trois grandes catégories : les métiers des soins (infirmier, puéricultrice, etc.), les métiers de la rééducation (masseur-kinésithérapeute, orthophoniste, etc.), les métiers de l'appareillage et de l'assistance technique (prothésiste dentaire, manipulateur en électroradiologie médicale, etc.).

• La loi du 21 septembre 2009 institue « *un ordre national des infirmiers groupant obligatoirement tous les infirmiers habilités à exercer leur profession en France, à l'exception de ceux régis par le statut général des militaires* ».

• La loi du 9 août 2004 a porté création de l'ordre professionnel des masseurs-kinésithérapeutes. Le décret du 15 mai 2007 a instauré une instance de réflexion compétente pour les questions communes à plusieurs professions paramédicales : le Haut Conseil des professions paramédicales.

Remarque

« Ma santé 2022 » réforme la formation des futurs médecins à dater de septembre 2020 et fait apparaître de nouveaux métiers dans le secteur de la santé.

4. Les dépenses de santé

Les politiques de santé publique sont les principaux instruments de l'État pour assurer la santé des populations. La France connaît, à l'instar des pays développés, une forte croissance des dépenses de santé, celle-ci est en partie liée à des phénomènes structurels : progrès des techniques médicales, apparition de nouvelles pathologies, vieillissement de la population, élévation du niveau de vie…

A. La consommation médicale

Les frais engagés pour mettre en œuvre les politiques de santé publique s'appellent la dépense courante de santé. Elle recouvre les dépenses de soins et de biens médicaux (soins hospitaliers, ambulatoires, transports sanitaires, médicaments, prothèses…) ainsi que le coût des services de médecine préventive (PMI, services de santé scolaire et du travail…) et le montant des indemnités journalières versées aux assurés sociaux en arrêt de travail. L'augmentation de l'offre de soins est une cause essentielle de la progression de la consommation des soins et des biens médicaux (CSBM). Ceci s'explique notamment par les progrès médicaux sans précédent (nouvelles techniques de diagnostic, médicaments innovants dans certaines affections...). La demande de soins en hausse résulte également du vieillissement de la population, du traitement de nouvelles pathologies (maladie d'Alzheimer...), de l'élévation du niveau de vie et enfin de la généralisation de la couverture maladie avec augmentation du nombre d'individus sans reste à charge (ALD, complémentaire santé solidaire...) ; ceci est d'autant plus évident depuis le 1er janvier 2021 avec le « 100 % Santé ». En 2018, la Dépense courante de santé (DCS) s'élevait à 275,9 milliards d'euros dont 203,5 milliards à destination de la consommation des soins et bien médicaux (CSBM).

B. Le financement des dépenses de santé

Les trois quarts de la dépense courante de santé sont financés par la branche maladie de la Sécurité sociale. Le quart restant étant à la charge des organismes de protection sociale complémentaire et des ménages (de plus en plus mis à contribution). La Drees indique une consommation de soins et de biens médicaux autour de 3 000 €/ habitant en 2018 .

C. La maîtrise des dépenses de santé

- Les pouvoirs publics cherchent à rationaliser les dépenses de santé. La question majeure reste : comment dépenser moins sans répercussion sur l'état de santé des personnes ?
- Depuis 1991, l'ouverture des établissements de soins, leur extension et leurs équipements lourds doivent être compatibles avec les documents de planification sanitaire élaborés sur le plan national et régional afin d'adapter les structures aux besoins réels et prévisibles de la population.
- Depuis la loi de janvier 1993, les prescriptions des médecins, pour certaines pathologies doivent correspondre aux « références médicales opposables » (RMO) sous peine de sanctions de la caisse d'assurance maladie.
- Les dépenses de santé sont encadrées par le Parlement depuis 1996. Celui-ci vote en octobre de chaque année la loi de financement de la Sécurité sociale qui fixe le taux d'évolution des dépenses maladies (objectif national des dépenses d'assurance maladie : ONDAM). Le gouvernement répartit ensuite ces taux entre les dépenses hospitalières et les dépenses de médecine de ville : les dépenses doivent rester dans le cadre fixé.
- Toujours dans l'objectif de réduire le déficit de l'assurance maladie (4,9 milliards d'euros pour 2017), des plans de redressement se succèdent depuis 1982 (forfait hospitalier, CSG, CRDS, génériques, parcours de soins coordonnés...). Aujourd'hui, les professionnels de santé sont incités à moins prescrire et les usagers à moins consommer dans le cadre des mesures de rationalisation des dépenses de soins de ville. En 2019, la perte de certaines recettes liées à la mise

en œuvre des mesures d'urgences économique et sociale a entraîné une dégradation de la situation financière des branches maladie (déficit de 1,4 milliard) et retraite (déficit de 1,6 milliard) alors que les autres branches étaient en excédent.

• La participation de l'usager est régulièrement accrue : ticket modérateur, déremboursement de certains médicaments (depuis le 17 avril 2010, il y a quatre taux de remboursements des médicaments selon la gravité de la pathologie et le « service médical rendu » (SMR), franchise sur les actes coûteux (18 €). Depuis janvier 2008, 0,50 € par boîte de médicaments et par acte paramédical ainsi que 2 € par transport sanitaire sont déduits des remboursements effectués par la caisse d'assurance maladie. De plus, une participation forfaitaire de 1 € s'applique pour toutes les consultations et analyses avec franchise plafonnée à 50 € par an pour chaque assuré. Les médecins sont incités à prescrire des médicaments génériques moins coûteux que les médicaments de marque. En cas de refus par le patient, celui-ci sera moins bien remboursé. Au 1er janvier 2020, le forfait journalier hospitalier est de 20 € en EPS et de 15 € pour un patient hospitalisé dans le service psychiatrique d'un EPS.

Pour aller plus loin

• Les ordonnances instituant la sécurité sociale datent du 4 octobre 1945. Elles s'inscrivaient dans un esprit de solidarité nationale entre les différentes générations, de protection de tous face à la maladie. La loi du 13 août 2004 réaffirme le caractère solidaire de l'assurance maladie.

• La caisse nationale de l'assurance maladie des travailleurs salariés (CNAMTS) gère la branche maladie (qui recouvre les risques maladie, maternité, invalidité et décès) et, dans le cadre d'une gestion distincte, la branche accidents du travail-maladies professionnelles. La CNAMTS définit les orientations et pilote le réseau des organismes chargés de les mettre en œuvre :
– **au niveau local et départemental :** 101 caisses primaires d'assurance maladie (CPAM) en France métropolitaine et 4 caisses générales de sécurité sociale (CGSS) dans les départements d'outre-mer ;
– **au niveau régional :** 14 caisses d'assurance retraire et de la santé au travail (CARSAT) et 2 caisses régionales d'assurance maladie (CRAM) interviennent en matière d'action sociale et de prévention-tarification des risques professionnels.

• Une partie de la population ne pouvait pas être assujettie à la Sécurité sociale. De ce constat a découlé la loi du 27 juillet 1999 instituant la **couverture maladie universelle** (CMU). Pour les personnes qui ont de très faibles revenus, un accès gratuit à une protection complémentaire fut mis en place (CMU-c). La loi de financement de la Sécurité sociale de 2016 a créé la **protection universelle maladie** (PUMa), entrée **en vigueur le 1er janvier 2016**. Elle permet de simplifier les démarches et garantit à toute personne qui travaille ou réside en France de manière stable et régulière, un droit à la prise en charge de ses frais de santé à titre personnel et de manière continue tout au long de la vie. Depuis novembre 2019, la CMU-C est remplacée par la **complémentaire santé solidaire** (CSS).

Fiche 2

Connaissance de l'hôpital

• La loi cadre du 31 décembre 1970 a prévu que le service sanitaire français soit assuré par des établissements de soins publics et des établissements privés. Pour ces derniers, la loi « Hôpital, Patients, Santé, Territoires » du 21 juillet 2009 – loi HPST – a créé le label « établissement de santé privé d'intérêt collectif » (ESPIC) dès lors qu'ils exercent des missions de service public hospitalier (SPH).

• L'hôpital est une structure sanitaire complexe, aux fonctions diversifiées où on repère des logiques variées : soins, économie, formation… **Établissement public de santé (EPS), il doit accueillir tout individu, sans aucune discrimination, dès lors que celui-ci requiert des soins, se retrouve dans une situation de détresse ou de précarité.**

1. Le statut de l'hôpital public en France

• L'hôpital est un **établissement public de santé** depuis la réforme hospitalière du 31 juillet 1991. À ce titre, il a un statut de personne morale de droit public. Les salariés (titulaires) de l'hôpital sont recrutés sur concours car ils sont agents de la **fonction publique hospitalière** (FPH) : ce sont donc des fonctionnaires.

• Les établissements publics de santé sont généralement classés en fonction de la durée des soins, ils sont souvent rattachés à des territoires communaux et bénéficient d'une autonomie de gestion :
– Les **centres hospitaliers** (CH) assurent les soins de courte durée (aigus) en médecine, chirurgie, obstétrique (MCO). On parlera de moyen séjour pour les soins de suite ou de réadaptation (SSR) par exemple et de long séjour pour les unités de soins de longue durée (USLD). Des centres hospitaliers spécialisés en psychiatrie assurent la prise en charge des patients en matière de santé mentale.
– Les **centres hospitaliers universitaires** ou centres hospitaliers régionaux universitaires (CHU/CHRU) assurent également les soins courants pour la population locale mais constituent un lieu de soins de second degré pour les autres établissements de la région. Ils sont aussi le lieu des formations médicales.

• L'établissement de santé public est en premier lieu une structure de soins qui doit répondre à des missions de **service public**. Il doit « *être en mesure d'accueillir les patients de jour et de nuit, éventuellement en urgence, ou d'assurer leur admission dans un autre établissement* ». Le Code de la santé publique précise d'autres missions :
– l'enseignement et la recherche : formations initiale et continue des médecins, recherche biomédicale… La France compte 32 CHRU. La formation continue

des agents de la FPH est prévue par le *décret n° 2008-824 du 21 août 2008 relatif à la formation professionnelle tout au long de la vie des agents de la FPH* ;
– l'éducation et la prévention sanitaires ;
– la sécurité sanitaire grâce à une vigilance quant à l'état de santé de la population.

Établissement public, l'hôpital est doté d'une **autonomie financière et administrative**.

• Les **personnels de la fonction publique hospitalière (FPH)** :

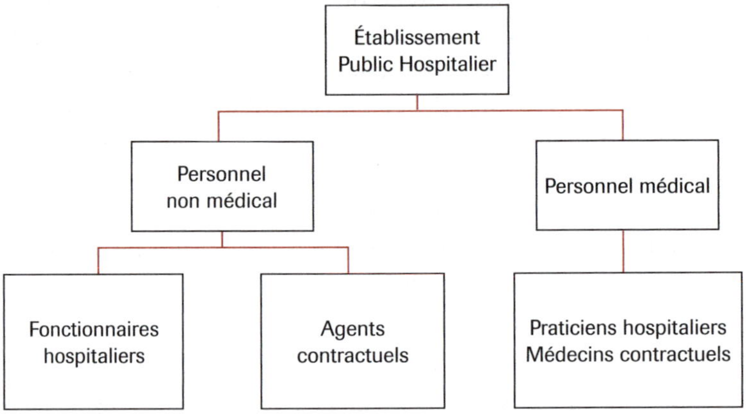

Un **fonctionnaire** est une personne **titularisée** dans un **grade** appartenant à un **corps** de la fonction publique (ici FPH). Le corps désigne le groupe d'emploi c'est-à-dire un ensemble de personnes exerçant des fonctions comparables et soumises au même statut particulier. Chaque corps comprend plusieurs grades qui eux-mêmes sont pourvus d'**échelons**.

2. Le fonctionnement de l'hôpital

• La politique hospitalière vise à assurer une médecine de grande qualité, adaptée aux besoins de la population sur l'ensemble du territoire. Depuis les années 1970, de nombreux textes et plans législatifs ont été adoptés pour essayer de remédier aux problèmes répertoriés : accueil et vie à l'hôpital, dépenses hospitalières en augmentation et difficultés budgétaires lourdes, services d'urgence surchargés, infections nosocomiales, normes de sécurité obsolètes… (liste non exhaustive).

• L'**ordonnance du 2 mai 2005** réforme la gouvernance de l'hôpital et prévoit une nouvelle organisation administrative, médicale et financière de l'EPS. La **loi du 21 juillet 2009** portant « réforme de l'hôpital et relative aux patients, à la santé et aux territoires » modifie profondément l'organisation interne des établissements de santé. L'objectif primordial de cette disposition législative était de « préserver notre système de santé ». Ci-après, nous reprenons les informations essentielles fournies sur le site du ministère de la Santé à destination du grand public :

– La loi est un projet d'**organisation sanitaire** et non de financement. Elle doit permettre de mettre en place une offre **de soins graduée de qualité**, accessible à tous, satisfaisant à l'ensemble des besoins de santé.
– La loi acte le principe général de **complémentarité** et de **coopération** entre acteurs du système de santé (renforcement des liens entre hôpital et médecine de ville).
– La réforme porte sur la **modernisation** des établissements de santé.
– Le patient est inscrit dans un parcours de soins cohérent et continu, intégrant la **prévention** et la santé publique. L'éducation thérapeutique est une priorité.
– Les ARS constituent une **institution administrative régionale unique** (*cf.* p. 25).

3. La gouvernance de l'hôpital public

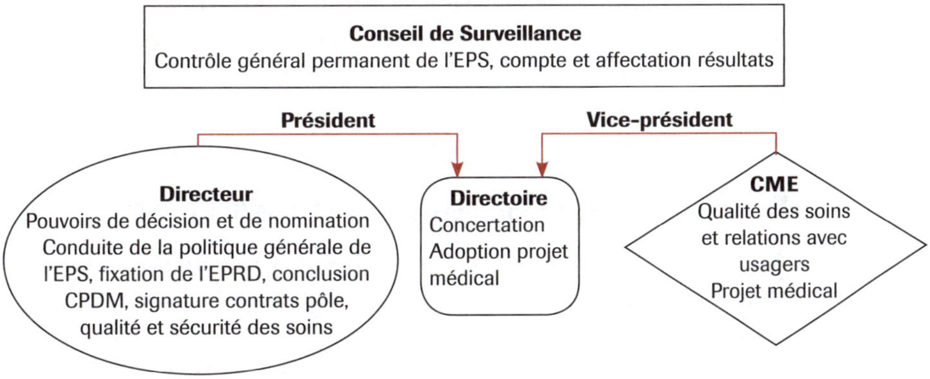

A. Les instances décisionnelles

La gouvernance des établissements publics de santé correspond à leur organisation interne. Celle-ci permet d'associer les praticiens hospitaliers à la gestion des établissements et à la mise en œuvre de leurs orientations.

De nouvelles instances de pilotage ont été mises en place :
– Le **conseil de surveillance** remplace le conseil d'administration depuis la loi HPST de 2009. Il est composé paritairement d'élus, de représentants du personnel et d'usagers (de 9 à 15 membres au total selon les établissements). Ses attributions sont centrées sur les orientations stratégiques de l'établissement ; il exerce un contrôle permanent sur la gestion de l'établissement et communique au directeur de l'ARS un rapport annuel sur la gestion de l'établissement. Il délibère sur le projet d'établissement, le compte financier et l'affectation des résultats ainsi que sur le rapport annuel d'activité. Le conseil de surveillance donne un avis sur la politique d'amélioration continue de la qualité, la sécurité des soins, la prise en charges des risques et celle des usagers ainsi que sur le règlement intérieur.
– Le **directeur** est cadre A de la fonction publique hospitalière. Cette fonction a été créée par la loi du 21 décembre 1941 et n'a cessé d'évoluer vers de plus amples compétences. **Les directeurs de CHU** sont nommés par décret pris sur le rapport des ministres chargés de la santé et de l'université et de la recherche.

Les **directeurs de CH** sont nommés par le directeur général du centre national de gestion (CNG) après proposition du directeur général de l'ARS.
Le directeur est le représentant légal de l'établissement qu'il dirige. Depuis la loi HPST, son rôle est renforcé (article L.6143-7 du CSP) : il conduit la politique générale de l'établissement hospitalier, **préside le directoire** avec lequel il participe au projet d'établissement qu'il mettra en œuvre. Le directeur fixe l'état des prévisions, ordonne les recettes et les dépenses, il a autorité sur l'ensemble du personnel dont il est le responsable hiérarchique. C'est lui qui conclut le CPOM et arrête l'organisation interne de l'établissement, après avis de la commission médicale d'établissement. Il signe les contrats de pôle avec les chefs de pôles qu'il nomme.
– Le **directoire** est une nouvelle instance collégiale concertative et de légitimation (loi HPST) de 7 à 9 membres nommés par le directeur pour 4 ans. Ce sont en majorité des membres du personnel médical, maïeutique et odontologique. Le directoire remplace le conseil exécutif. Il approuve le projet médical, prépare le projet d'établissement ; il est consulté pour la conduite de l'établissement. C'est une instance au « *service de la transparence de l'information au sein et hors de l'établissement* ». Le directoire est présidé par le directeur de l'établissement. Le vice-président du directoire est le président de la commission médicale d'établissement.

B. Les organes représentatifs et consultatifs

À côté des trois instances décisionnelles, se trouvent des **organes représentatifs et consultatifs** : des commissions représentent le personnel, donnent leur avis sur la politique d'accueil des usagers qui peuvent être entendus et dont les droits doivent être respectés, sur les projets et la structure de l'établissement, etc.

1) La commission médicale d'établissement

- La **commission médicale d'établissement** (CME) est l'organe représentatif du personnel médical, pharmaceutique et odontologique. Le décret du 27 janvier 2011 est relatif à la composition des CME dans les établissements publics de santé. La commission élit son président qui a vu son rôle renforcé par la loi de juillet 2009 : il est le n° 2 de l'établissement de santé. Le président de la CME est de droit le vice-président du directoire et siège avec voix consultative au conseil de surveillance. « *La CME contribue à l'élaboration de la politique d'amélioration continue de la qualité et de la sécurité des soins et à l'élaboration de projets relatifs aux conditions d'accueil et de prise en charge des usagers* » (décret du 30 avril 2010).
- Cette commission donne un avis sur le projet médical de l'établissement et sur tous les grands programmes d'investissement, sur l'organisation des activités médicales, sur les services qui participent à la qualité des soins, etc.
- La commission délibère également sur les choix médicaux de l'exercice à venir. Elle constitue l'organe consultatif le plus important d'un établissement hospitalier. Ses compétences sont centrées sur la sécurité et la qualité. L'article L. 6143-7-1 du CSP indique qu'elle est l'organe d'élaboration du projet médical d'établissement.
- C'est le président de la CME qui propose la nomination des chefs de pôle. Il émet aussi un avis lors de la désignation des membres du directoire.

Remarque

Dans le cadre du plan « Ma santé 2022 », la loi du 24/07/2019 instaure au sein des GHT une « **commission médicale de groupement** » obligatoire qui dispose d'une compétence consultative réglementaire (les CME des établissements parties sont maintenues). Cette instance contribue au projet médical partagé du GHT. Elle est investie de la gestion territoriale des ressources humaines médicales.
L'ordonnance du 17 mars 2021 relative aux **groupements hospitaliers de territoire** et à la médicalisation des décisions à l'hôpital ouvre la possibilité de fusionner toutes les CME en une commission médicale unifiée de groupement si les instances concernées sont d'accord.

2) La commission des soins infirmiers, de rééducation et médico-techniques

La commission des soins infirmiers, de rééducation et médico-techniques (CSIRMT) émane de l'ordonnance du 2 mai 2005 qui a étendu l'organisation de la commission du service des soins infirmiers (CSSI), instituée dans chaque établissement par la loi du 31 juillet 1991, aux activités de soins médico-techniques et de rééducation. Le décret du 30 avril 2010 en a modifié composition et compétences. Elle est composée collégialement d'un maximum de 30 membres dans les CH et 40 dans les CHU. Son président est membre de droit du directoire. Cette commission est consultée et informée sur toutes les questions liées à l'organisation des soins.
L'ordonnance du 17 avril 2021 rend possible la fusion de toutes les commissions des soins infirmiers, de rééducation et médico-techniques en une seule CSIRMT unifiée de groupement.

3) Le comité social d'établissement : nouvel organe de consultation

- La loi du 6 août 2019 relative à la modernisation de la fonction publique prévoit dans son article 4 la **fusion du comité technique d'établissement et du comité d'hygiène, de sécurité et des conditions de travail** en une seule instance : le comité social d'établissement. Celui-ci sera mis en place après les élections professionnelles de 2022.
- Cette nouvelle instance est présidée par le directeur de l'établissement et demeure représentative du personnel. Ses membres sont élus, comme prévu dans la loi du 13 juillet 1983 portant droits et obligations des fonctionnaires. Elle sera compétente – comme l'étaient le CTE et le CHSCT – sur les questions relatives à la réorganisation des services et à leurs impacts sur les conditions de travail des fonctionnaires, ainsi que sur la prévention des risques psycho-sociaux.

Également, la même loi lui donne compétence consultative dans les domaines suivants :

– orientations stratégiques de l'établissement et celles inscrivant l'établissement dans l'offre de soin au sein de son territoire ;
– organisation interne de l'établissement ;
– lignes directrices de gestion en matière de parcours professionnels ;
– politique d'égalité professionnelle et de lutte contre les discriminations ;

– protection de la santé physique et mentale, hygiène, sécurité des agents ;
– organisation du télétravail, enjeux liés à la déconnexion et aux dispositifs de régulation de l'utilisation des outils numériques.

• Il sera possible pour les établissements de créer une commission santé et conditions de travail (CSSCT). La loi précise aussi que les CSE pourront disposer d'une « formation spécialisée » qui se substituera au comité social lorsqu'il s'agira d'exercer des compétences « relatives à la protection de la santé physique et mentale, à l'hygiène, la sécurité des agents dans leur travail, ou à l'organisation du travail ». Cependant, celle-ci ne sera pas compétente dans le cadre de projets de réorganisation de services examinés directement par le comité social.

4) Le comité de lutte contre les infections nosocomiales

• Le **comité de lutte contre les infections nosocomiales (CLIN)** était obligatoire dans chaque établissement hospitalier depuis 1988. Il est composé de personnels médical et paramédical et de directeurs. L'objectif de ce comité reste la lutte contre les maladies nosocomiales. Pour cela, des actions de formation sont proposées. Le CLIN est chargé d'organiser et de coordonner tout ce qui concerne la prévention et la lutte contre les pathologies contractées à l'hôpital.

• Cependant, avec la loi HPST de 2009, les établissements peuvent s'organiser librement. Les articles R 6144-2 ou R 6164-3 du CSP précisent que la commission médicale d'établissement contribue à « l'élaboration de la politique d'amélioration continue de la qualité et de la sécurité des soins ainsi que des conditions d'accueil et de prise en charge des usagers ».

Une équipe opérationnelle d'hygiène (EOH), obligatoire dans chaque hôpital, intervient en matière de prévention du risque nosocomial qui constitue un « événement indésirable associé aux soins dans les établissements de santé ». Cette instance est composée de personnel médical et infirmier qui reçoit une formation adaptée à l'exercice de sa mission.

5) De la CRUQPC à la CDU (commission des usagers)

• **La commission des relations avec les usagers et de la qualité de la prise en charge** (CRUQPC) est une instance prévue par la loi du 4 mars 2002 (art. 16) et mise en œuvre grâce au décret du 2 mars 2005.

• La loi santé de 2016 l'a fait évoluer en élargissant ses missions et son positionnement au sein des établissements. La CDU contribue par ses avis et ses propositions à l'amélioration de la politique d'accueil et de la prise en charge des malades et de leurs proches. Un représentant des usagers pourra désormais la présider, elle prend la dénomination de **commission des usagers**. La loi a souhaité renforcer la place et la parole des usagers au sein du système hospitalier et des établissements de santé. Sa composition et ses missions sont précisées par le décret du 1er juin 2016.

• La commission est composée notamment et *a minima* :
– du représentant légal de l'établissement ou la personne qu'il désigne à cet effet ;
– d'un médiateur médecin et d'un médiateur non médecin, et de leurs suppléants, désignés par le représentant légal de l'établissement ;
– de deux représentants des usagers, et leurs suppléants, désignés par le directeur général de l'Agence régionale de santé (ARS).

Le Président de la CDU est élu et peut être soit le directeur, soit un représentant des usagers, soit un médiateur. Il désigne un vice-président, qui ne fait pas partie de la même catégorie que lui.
« **Les membres de la commission sont astreints au secret professionnel dans les conditions définies par les articles 226-13 et 226-14 du Code pénal** ».

- Selon l'article R.1112-88 du CSP, la CDU « *se réunit sur convocation de son président au moins une fois par trimestre et aussi souvent que nécessaire pour procéder à l'examen des plaintes et réclamations qui lui sont transmises…* ».
La CDU doit être informée des événements indésirables graves (EIG), leur analyse et les mesures correctrices devront être mises en œuvre.
La CDU recueille les observations des associations de bénévoles intervenant au sein de l'établissement de santé.
La CDU peut proposer un projet des usagers.
L'article L1112-3 du Code de la santé publique, relatif à la commission des usagers, prévoit notamment que la CDU transmet chaque année un rapport de son activité à l'ARS.

4. Les pôles

- Dans le cadre de la concertation entre direction et médecins, le plan « hôpital 2007 » initié en 2002 a prévu la création de **pôles d'activités**. Il s'agit d'un regroupement d'unités fonctionnelles, de services, de secteurs (psychiatrie) qui ont des activités de soins, de prophylaxie, de recherche communes. Ces pôles sont définis par une « *logique de simplification et de déconcentration* ». Les pôles sont la structure de base de l'établissement de santé et le cadre de gestion de référence. C'est le directeur, après avis de la CME, qui a compétence pour l'organisation en pôles d'activités de l'EPS en conformité avec le projet médical.
- Avec la loi HPST, le pôle devient en 2009 une structure obligatoire, formé à partir d'un même projet entre les équipes et répondant à des logiques multiples (organes, prestations, pathologies, âges…). Le **pôle** constitue le support d'organisation interne de l'établissement de santé.
- Ces pôles d'activité clinique et médico-technique sont définis en conformité avec le projet d'établissement. Une démarche contractuelle est finalisée pour 4 ans avec la direction en ce qui concerne les objectifs et les moyens. **Le contrat de pôle** définit les objectifs, notamment en matière de politique et de qualité des soins assignés au pôle ainsi que les moyens qui lui sont attribués. Le contrat de pôle fixe aussi les indicateurs permettant d'évaluer la réalisation de ces objectifs.
- Les responsables de pôle deviennent « **chefs de pôles d'activités** » avec un renforcement de leur rôle, des compétences et des responsabilités accrues. Les médecins chefs de pôle voient leur rôle et leurs responsabilités renforcés : ils sont à la fois médecin et manageurs, ils disposent d'une autorité fonctionnelle sur les agents du pôle et reçoivent une délégation de gestion, parfois de signature dans des domaines précis. Les chefs de pôle sont nommés par le directeur à partir d'une liste proposée par le président de la CME (art. L. 6146-1 du CSP).

• L'arrêté du 11 juin 2010 prévoit une formation interne pour ces responsables :
– gestion budgétaire et financière ;
– pilotage médico-économique et performance hospitalière ;
– systèmes d'information hospitaliers ;
– management des ressources humaines ;
– qualité, sécurité et gestion des risques liés aux activités de soins ;
– management d'équipe et conduite du changement.

• Les pôles n'excluaient pas la pérennité des structures internes (services, départements...) avec des chefs de services nommés par le directeur de l'établissement. Le plan « Ségur de la santé » envisage de réhabiliter le rôle et la place du service avec des prérogatives « propres » au chef de service qui serait nommé par décision conjointe du directeur et du président de la CME (après avis du chef de pôle), exercerait en étroite collaboration avec le cadre de santé, et pourrait, par exemple, recevoir délégation de signature du chef de pôle pour mise en œuvre du contrat de pôle.

5. Le budget

L'hôpital public n'a pas de but lucratif et ses recettes doivent équilibrer ses dépenses. Ces dernières se répartissent en deux groupes : les dépenses d'équipement et les dépenses de fonctionnement (rémunérations, dépenses de soins…).

• Depuis 2004, la **tarification à l'activité** (T2A) s'est progressivement substituée au financement de l'hôpital par un budget global. La tarification à l'activité consiste à fixer **un prix codifié** pour chaque maladie et les soins apportés. Le nombre et le type de pathologies traitées l'année précédente induisent le montant financier alloué à l'EPS. La T2A rémunère l'activité de soins produite en médecine, chirurgie, obstétrique et odontologie (MCO) quels que soient le statut de l'établissement et son activité. À terme, toutes les spécialités médicales (psychiatrie, SSR…) seront concernées : depuis mars 2017, cela se fait de manière progressive pour les SSR. Aujourd'hui, on ne parle plus de « budget » mais d'un état prévisionnel des recettes et des dépenses (EPRD). La tarification à l'activité s'appuie sur le département d'information médicale (DIM) qui reçoit et traite les informations codées concernant les séjours des malades. Le DIM détermine des groupes homogènes de malades (les GHM identifient les différentes prestations de soins offertes à un même profil de patients) et des groupes homogènes de séjour (GHS) permettant ainsi de définir un forfait par patient atteint d'une pathologie donnée. La mise en pratique de la T2A vise à améliorer l'efficience et la transparence dans le financement des soins. Toutes les prestations ne sont pas concernées par cette tarification, ainsi l'hospitalisation à domicile (HAD), les médicaments onéreux et les dispositifs médicaux innovants (DMI), les missions d'intérêt général et d'aide à la contractualisation (MIGAC), les prélèvements d'organes et les interruptions volontaires de grossesse (IVG) bénéficient toujours d'un financement forfaitaire.

• Le plan « Ma santé 2022 » comprend un chantier consacré à la réforme du financement de l'hôpital. L'objectif est de limiter à 50 % la part financée à l'activité avec en parallèle une montée en charge de forfaits « pathologies chroniques » (paiement au suivi des patients) et d'une extension du financement lié à la qualité et à la pertinence.

• Les **frais de séjour** des patients hospitalisés sont pris en charge par les organismes de protection sociale (Sécurité sociale, MSA…). D'une manière générale, le taux de remboursement par l'assurance maladie est de 80 % pendant le premier mois et s'élève à 100 % à partir du 31e jour d'hospitalisation. Toutefois, restent à charge (éventuellement supportés par un organisme complémentaire) :
– le « forfait hospitalier » de 20 €/jour ou 15 €/jour en service psychiatrique ;
– la franchise de 24 € sur les actes lourds ou affectés d'un coefficient supérieur à 60 (décret du 19 juin 2006).

• Néanmoins, le « ticket modérateur » (ce qui reste à charge après remboursement par l'assurance maladie) n'est pas imposé :
– aux femmes enceintes hospitalisées pendant les quatre derniers mois de grossesse, pour l'accouchement et pendant les douze jours après l'accouchement ;
– aux victimes d'un accident du travail ou d'une maladie professionnelle ;
– à l'enfant hospitalisé dans les trente jours suivant sa naissance ;
– aux bénéficiaires de la **complémentaire santé solidaire (CSS)** ou de l'aide médicale d'État (AME) ;
– la loi de financement de la sécurité sociale pour 2021 instaure le « forfait patient urgences » (FPU) de 18 € qui doit s'appliquer à partir du 1er septembre 2021 pour tout passage aux urgences hospitalières non suivi d'une hospitalisation.

6. La certification

• Procédure d'évaluation des établissements de santé, l'accréditation a été introduite dans le système de santé français en 1996 et remplacée en 2004 par la certification qui « concerne la **qualité et la sécurité des soins** au sein des établissements de santé ». Procédure obligatoire pour tous les établissements publics ou privés, elle est renouvelée tous les quatre ans.

• La HAS (cf. p.23) mandate des professionnels de santé, indépendants de l'établissement, qui lors des visites évaluent le fonctionnement de l'établissement. Un **référentiel de certification** et une procédure définie par la HAS leur permettent de mesurer le niveau de qualité atteint au sein de l'EPS. Un rapport de certification informe les autorités de tutelle sur la dynamique développée par l'établissement de santé et sur le niveau de qualité et de sécurité des soins. Cette **évaluation des pratiques professionnelles** (EPP) porte donc sur l'organisation, le fonctionnement général, les pratiques de soins et l'information du patient. Un certain nombre de critères, les **pratiques exigibles prioritaires** (PEP), indiquent un niveau d'exigence renforcée et des attentes particulières. La version « V2020 » est mise en œuvre depuis novembre 2020 (voir texte en marge).

Pour aller plus loin
• **La qualité définie par l'OMS :** « *délivrer à chaque patient l'assortiment d'actes diagnostiques et thérapeutiques qui lui assurera le meilleur résultat en termes de santé, conformément à l'état actuel de la science médicale, au meilleur coût pour un même résultat, au moindre risque iatrogène et pour sa plus grande satisfaction en termes de procédures, de résultats et de contacts humains à l'intérieur du système de soins* ».
• Plusieurs référentiels de certification se sont succédé : il faut retenir **l'audit de processus** et méthode du **patient traceur**. Depuis novembre 2020, est mise en œuvre une 5e version de la procédure de certification plus médicalisée (certification v2020), se concentrant davantage sur le soin et porte son attention sur le **résultat pour le patient**, son expérience dans l'établissement de santé. Elle évalue le résultat atteint par les **équipes** grâce à leur organisation dans l'amélioration de leurs **pratiques de soins**. Enfin, la certification valorise ce que les établissements mettent en œuvre pour améliorer la qualité et la sécurité du parcours de santé du patient au sein de son **territoire**.

Fiche 3

L'usager du système de santé, le malade à l'hôpital

1. Quelques définitions

- L'organisation mondiale de la santé (OMS) définit le **système de santé** comme « ***toutes les activités***, *officielles ou non, qui portent sur les services de santé, mis à la disposition d'une population, et sur l'utilisation de ces services par la population* ».

- **L'usager** se voit défini comme une personne qui utilise un service public. Dans notre système de santé, tout individu, tout citoyen est acteur/usager puisque l'ensemble de la population est potentiellement utilisatrice du système de santé pour ses soins, sa prévention… mais également parce qu'elle participe à son financement (impôts, cotisations sociales). Nous sommes donc **usagers d'un système de santé** qui nous octroie des droits mais devant lequel nous avons aussi des devoirs.

- Le **malade** est une personne qui souffre de troubles organiques ou fonctionnels, quelqu'un dont la santé est altérée (Le Robert). L'hôpital est « *une structure de soins qui accueillent des patients de jour comme de nuit…* » (*cf.* p. 33). Les **consultations externes** à l'hôpital permettent à toute personne le souhaitant de consulter un praticien hospitalier sur rendez-vous. Ces consultations, reconnues par la loi du 21 décembre 1945, sont encadrées par l'article R. 162-51 du Code de la Sécurité sociale : « *[…] les établissements de santé peuvent organiser des consultations et actes externes mentionnés à l'article L. 162-26 pour permettre aux malades, blessés et femmes enceintes en état de se déplacer soit de venir recevoir des soins, soit de faire établir le diagnostic d'une affection et prescrire le traitement approprié* ».

- Le **patient** est défini comme « *une personne qui subit ou va subir une opération, ou qui est l'objet d'un traitement* ». Il s'agit, pour simplifier, d'une personne qui souffre, qui reçoit des soins, « en attente » d'une meilleure santé, d'une guérison… Un patient peut avoir recours à plusieurs types d'hospitalisations. À côté de l'hospitalisation complète, on trouve les hospitalisations à temps partiel qui permettent des « séances de soins » sur une journée ou quelques jours de la semaine (dialyse, chirurgie ambulatoire, etc.). L'**hospitalisation à domicile** (HAD) est, depuis la loi HPST, désignée comme une hospitalisation à part entière, elle nécessite une prescription et un projet thérapeutique. Le forfait hospitalier n'est pas appliqué bien sûr mais cette forme d'hospitalisation est soumise aux mêmes conditions qu'une hospitalisation complète en établissement.

• Les **droits individuels** sont les droits fondamentaux reconnus à toute personne, ce sont des « droits-libertés » tels ceux affirmés par la Déclaration des droits de l'homme et du citoyen en 1789.

• Les **droits collectifs** sont des droits reconnus à des groupes, à une entité, c'est-à-dire à une personnalité juridique différente de la personne physique individuelle. Le préambule de la Constitution de 1946 accorde une place importante à cette catégorie en reconnaissant, par exemple, la famille comme un « être collectif ». Le droit de grève et la liberté d'association y apparaissent aussi comme tels.

2. Les droits des malades et des usagers du système de santé

Après la Seconde Guerre mondiale, l'hôpital perd peu à peu sa fonction asilaire (accueil des personnes indigentes), les salles communes disparaissent petit à petit et les établissements entrent dans une dynamique de soins pour tous. Des textes législatifs vont, au fil des années, reconnaître puis affirmer plus spécifiquement les droits des malades. Aujourd'hui, le **Code de la santé publique** distingue les droits individuels et les droits collectifs de la personne prise en charge par le système de santé.

A. Les principaux textes fondateurs

• **27 octobre 1946 :** le préambule de la Constitution de la quatrième République dispose que la Nation « *garantit à tous, notamment à l'enfant, à la mère et aux vieux travailleurs, la protection de la santé, la sécurité matérielle, le repos et les loisirs* ».

• **10 décembre 1948 :** la Déclaration universelle des droits de l'homme postule dans son article 25 que « *Toute personne a droit à un niveau de vie suffisant pour **assurer sa santé**, son bien-être et ceux de sa famille, notamment (…) pour les soins médicaux ainsi que pour les services sociaux nécessaires…* ».

• **5 décembre 1958 :** première circulaire ministérielle « *relative à **l'humanisation** des hôpitaux* ».

• **31 décembre 1970 :** la loi n° 70-1318 portant réforme hospitalière affirme le **droit du malade au libre choix de son praticien et de son établissement de soins.**

• **20 septembre 1974 :** publication de la première **charte du malade hospitalisé**, qui reconnaît les droits et les devoirs des patients.

• **20 décembre 1988 :** loi « Huriet » sur la **protection des personnes se prêtant à des recherches biomédicales**. Elle accroît la protection de ces volontaires en ce qui concerne leur dignité, leur sécurité et leur dédommagement en cas d'incident ou d'accident au cours de la recherche.

• **27 juin 1990 :** la loi n° 90-527 relative aux personnes hospitalisées pour des troubles mentaux affirme les **droits des patients en milieu psychiatrique**. Des commissions départementales des hospitalisations psychiatriques veillent à la protection de ces droits.

• **31 juillet 1991 :** la loi n° 91-748 portant réforme hospitalière affirme que « *le droit du malade au libre choix de son praticien et de son établissement de santé est un principe fondamental de la législation sanitaire* ». Le **droit du malade à l'information** est aussi reconnu : « *les établissements de santé, publics ou privés, sont tenus de communiquer aux personnes recevant ou ayant reçu des soins, sur leur demande et par l'intermédiaire du praticien qu'elles désignent, les informations médicales contenues dans leur dossier médical* ».

• **29 juillet 1994 :** trois lois de bioéthique sont publiées. Le principe du **consentement « libre et éclairé »** de la personne, préalablement à toute intervention thérapeutique, est posé.

• **4 mars 2002 :** loi n° 2002-303 du 4 mars 2002 relative aux droits des malades et à la qualité du système de santé. La loi formalise les droits des malades, elle octroie à l'usager plus de place et de considération (voir ci-dessous).

• **22 avril 2005 :** loi relative aux droits des patients en fin de vie, dite **loi Léonetti** (voir p. 45-46).

• **2 mars 2006 :** la circulaire n° 2006-90 relative aux droits des personnes hospitalisées instaure une charte de la personne hospitalisée. La première charte de 1974 avait déjà été rénovée en 1995.

B. Les lois les plus récentes

Les textes législatifs les plus récents placent régulièrement l'usager « *au centre de dispositifs...* ». Dans le secteur de la santé, l'usager a trouvé sa place et une nouvelle vision de la citoyenneté grâce aux différents textes ci-dessus et notamment la loi du 4 mars 2002 qui fixe les modalités de sa participation aux choix publics. Un axe prioritaire veut placer l'usager au centre du dispositif et adapter la qualité des services rendus aux besoins et attentes des usagers/malades/patients/citoyens.

1) La loi du 4 mars 2002 relative aux droits des malades et à la qualité du système de santé

• Au-delà des missions de service public auxquelles sont tenus les établissements de santé (*cf.* Fiche 2), la loi du 4 mars 2002 rappelle le principe du respect de la **dignité de la personne** humaine et celui de la « **non-discrimination**, notamment en raison des caractéristiques génétiques ». Le texte insiste sur le droit du malade au respect de sa **vie privée**. Il prévoit également un droit aux soins les plus appropriés et sans risque disproportionné : « *les actes de prévention, d'investigation ou de soins ne doivent pas, en l'état des connaissances médicales, faire courir au patient des risques disproportionnés comparés au bénéfice escompté* ».

- Le médecin a l'obligation d'**informer** son patient sur son état de santé. Il lui incombe de recueillir le **consentement de son patient** préalablement aux décisions concernant sa santé. L'objectif du législateur est de permettre au malade de connaître tout ce qui lui est nécessaire pour décider librement et de manière éclairée, pour consentir aux actes et aux traitements qui lui sont proposés. Le cas des mineurs et des majeurs sous tutelle est exposé. Il est indispensable là aussi de privilégier la recherche de leur volonté, de leur consentement à l'acte. Si un mineur souhaite garder le secret quant à son état de santé, le médecin est tenu de respecter ce choix.

- La loi consacre le droit d'accès direct du patient à son dossier médical.

- L'article L. 1111-6 de la loi 2002-303 du 4 mars 2002 mentionne la notion de « **personne de confiance** ». Lors d'une hospitalisation, le patient désigne une personne qui sera consultée en cas de besoin s'il n'est pas en mesure d'exprimer sa volonté. Cette désignation est facultative mais sera toujours proposée au malade entrant.
Le décret du 18 octobre 2016 étend et réglemente la désignation d'une personne de confiance pour les personnes accueillies en maison de retraite ou dans un établissement social, ou médico-social.

- La **prise en charge de la douleur** est inscrite dans le Code la santé publique : « *les établissements de santé doivent se doter d'un comité de lutte contre la douleur (Clud), chargé de coordonner l'action en matière de prise en charge de la douleur.* »

- Les **représentants des usagers** (RU) participent aux « *conférences régionales de la santé et de l'autonomie (CRSA), ils contribuent à l'élaboration des politiques de santé. Dans le cadre des missions de ces conférences, le représentant des usagers participe aussi à la préparation des rapports annuels sur le respect des droits des malades. Plus globalement, il contribue à la production de recommandations pour améliorer le système de santé* ». Le représentant des usagers est un bénévole d'une association agréée, à laquelle il doit rendre compte ; depuis 2016, il bénéficie d'une formation adaptée obligatoire (voir CDU, p. 38).

- « *Le représentant des usagers est présent à tous les échelons et sur tous les sujets relatifs à la santé. En siégeant dans des instances sanitaires et médico-sociales très diverses et en étant l'interlocuteur de la médecine hospitalière comme de la médecine de ville, dans la médecine publique comme dans la médecine privée, il exerce la fonction la plus transversale qui soit, véritable réponse au cloisonnement du système de santé* ». CISS Rhône-Alpes

2) La loi du 22 avril 2005 relative aux droits des patients en fin de vie et la loi du 2 février 2016 créant de nouveaux droits en faveur des malades et des personnes en fin de vie

- La loi de 2005 est l'aboutissement d'une proposition de loi déposée par le député Jean Léonetti, ce qui lui confère souvent d'être connue sous l'expression « loi Léonetti ». L'objectif essentiel de ce texte a été d'encadrer éthiquement la relation médecin-malade en fin de vie, sans autoriser l'euthanasie.

• Interdiction de toute « obstination déraisonnable » et obligation de dispenser des soins palliatifs : cette disposition remet donc en cause l'acharnement thérapeutique ; le principe de dignité du patient est ici rappelé en quelque sorte puisqu'on ne doit pas prolonger sa vie dans des conditions inhumaines et des souffrances.
L'article L. 1110-5 du CSP énonce : « *Ces actes ne doivent pas être poursuivis par une obstination déraisonnable. Lorsqu'ils apparaissent inutiles, disproportionnés ou n'ayant d'autre effet que le seul maintien artificiel de la vie, ils peuvent être suspendus ou ne pas être entrepris. Dans ce cas, le médecin sauvegarde la dignité du mourant et assure la qualité de sa vie en dispensant les soins visés à l'article L. 1110-10 [...]* ». Au-delà d'un droit du malade, il y a ici une obligation du médecin : la loi de 2016 renforce pour chacun le droit à une fin de vie digne et accompagnée du meilleur apaisement possible de la souffrance. Ce droit est mentionné clairement dans l'article L. 1110-5-3 CSP : « *Le médecin met en place l'ensemble des traitements analgésiques et sédatifs pour répondre à la souffrance réfractaire du malade en phase avancée ou terminale, même s'ils peuvent avoir comme effet d'abréger la vie. Il doit en informer le malade, la personne de confiance, la famille ou, à défaut, un des proches du malade. La procédure suivie est inscrite dans le dossier médical.* ». Le texte prévoit également le développement des soins palliatifs pour lesquels tous les personnels paramédicaux devront suivre une formation spécifique.

• Des droits sont renforcés pour le malade en fin de vie par la loi 2016 : le malade peut opposer un **refus de soins** que le médecin est tenu de respecter, et l'art. 1111-4 fait disparaître l'obligation pour le médecin de tout mettre en œuvre pour convaincre son patient d'accepter les soins indispensables. L'article L. 1110-5-2 est celui qui reste le plus significatif de l'évolution de la loi en ouvrant droit à une **sédation profonde et continue** jusqu'au décès afin de ne pas souffrir « *[...] une sédation profonde et continue provoquant une altération de la conscience maintenue jusqu'au décès, associée à une analgésie* ». Bien sûr, il faut ici rappeler qu'il s'agit toujours de la demande d'un malade au pronostic vital engagé à court terme par une pathologie incurable ou subissant une souffrance intolérable et résistante aux traitements.

• La situation de patient inconscient ou incapable de s'exprimer évolue : tout patient majeur aura pu rédiger des **directives anticipées** quant à ses volontés (en 2005 on parlait de « souhaits ») concernant sa fin de vie : « *Toute personne majeure peut rédiger des directives anticipées pour le cas où elle serait un jour hors d'état d'exprimer sa volonté. Ces directives anticipées expriment la volonté de la personne relative à sa fin de vie en ce qui concerne les conditions de la poursuite, de la limitation, de l'arrêt ou du refus de traitement ou d'acte médicaux* ». Alors qu'auparavant il n'avait qu'un devoir de consultation, le médecin se voit contraint de respecter ces directives anticipées, sauf en cas d'urgence vitale. Ces **volontés exprimées par écrit**, révisables, sont désormais valables sans limitation de durée. Une personne dans l'incapacité d'écrire peut faire

appel à 2 témoins pour les rédiger. Un arrêté du 3 août 2016 permet d'accéder à des « fiches-modèle » pour leur rédaction qui peut, toutefois, avoir lieu sur papier libre.
Le rôle de la **personne de confiance** (voir ci-avant B. 1) est renforcé puisque son témoignage prévaut sur toute autre décision non médicale. La nouvelle loi prévoit qu'une personne sous tutelle peut désigner une personne de confiance avec l'accord du juge.
Art. 1111-6 CSP : « *Toute personne majeure peut désigner une personne de confiance qui peut être un parent, un proche ou le médecin traitant, et qui sera consultée au cas où elle-même serait hors d'état d'exprimer sa volonté et de recevoir l'information nécessaire à cette fin. Elle rend compte de la volonté de la personne. Son témoignage prévaut sur tout autre témoignage. Cette désignation est faite par écrit et cosignée par la personne désignée. Elle est révisable et révocable à tout moment.*
Lorsqu'une personne fait l'objet d'une mesure de tutelle, au sens du chapitre II du titre XI du livre Ier du Code civil, elle peut désigner une personne de confiance avec l'autorisation du juge ou du conseil de famille s'il a été constitué ».

3) La loi du 5 juillet 2011 relative aux droits et à la protection des personnes faisant l'objet de soins psychiatriques et aux modalités de leur prise en charge modifiée par la loi du 27 septembre 2013

Ce texte renforce les droits des patients hospitalisés dans un établissement de santé mentale. La loi distingue toujours les soins mis en place à la demande d'un tiers et les soins intervenant sur décision du représentant de l'État mais elle réforme les conditions de prise en charge des patients hospitalisés :
– renforcement de l'information des patients sur leurs droits et les raisons des soins qui leur sont imposés ainsi qu'une extension de leurs possibilités d'exprimer un avis sur les mesures les concernant ;
– substitution des « **soins sans consentement** » à la notion d'hospitalisation sans consentement qui disparaît : ceci permet d'envisager soit une hospitalisation complète, soit des modalités particulières de soins en hospitalisation à temps partiel ou avec prise en charge par un psychiatre de ville. Une phase initiale d'hospitalisation complète de 72 heures maximum est prévue à des fins d'évaluation ;
– contrôle systématique pour toutes les mesures d'hospitalisation complète (certificat médical de 24 heures puis de 72 heures) et renforcement du rôle du juge des libertés et de la détention qui doit obligatoirement être saisi avant le 12e jour post-admission et entendre la personne hospitalisée. Lorsqu'une décision de maintien est adoptée, elle est établie pour un mois. Le contrôle du Juge des Libertés et de la Détention (JLD) a lieu uniquement en cas d'hospitalisation complète (HC) continue dans les 12 jours et 6 mois.
« [...]. *Dans les vingt-quatre heures suivant l'admission, un médecin réalise un examen somatique complet de la personne et un psychiatre de l'établissement d'accueil établit un certificat médical constatant son état mental et confirmant ou non la nécessité de maintenir les soins psychiatriques au regard des conditions*

d'admission définies aux articles L. 3212-1 ou L. 3213-1. Ce psychiatre ne peut être l'auteur du certificat médical ou d'un des deux certificats médicaux sur la base desquels la décision d'admission a été prononcée.
Dans les soixante-douze heures suivant l'admission, un nouveau certificat médical est établi dans les mêmes conditions que celles prévues au deuxième alinéa du présent article.
Lorsque les deux certificats médicaux ont conclu à la nécessité de maintenir les soins psychiatriques, un psychiatre de l'établissement d'accueil propose dans un avis motivé, établi avant l'expiration du délai de soixante-douze heures mentionné au troisième alinéa du présent article, la forme de la prise en charge mentionnée aux 1er et 2d de l'article L. 3211-2-1 et, le cas échéant, le programme de soins » (art. L. 3211-2-2).

La **terminologie** est modifiée :
- HDT devient admission en soins psychiatriques à la demande d'un tiers (ADT, SDT ou SPDT) ;
- le nouveau type d'hospitalisation contrainte sans tiers se nomme : admission en soins psychiatriques en cas de péril imminent (API, SPI ou SPPI) ;
- HDT urgente ou de péril imminent devient : admission en soins psychiatriques à la demande d'un tiers urgent (ADTU, SPDT ou SDT) ;
- HO devient : admission en soins psychiatriques sur décision du représentant de l'État (ADRE, SPDRE ou SDRE) ;
- HO urgente devient : admission en soins psychiatriques sur décision du représentant de l'État (ADRE, SPDRE ou SDRE) urgent.

4) La loi santé du 26 janvier 2016 de modernisation de notre système de santé

Cette loi se décline sur trois grands axes : la prévention, la proximité de soins, le renforcement des droits et de la sécurité de patients. Il s'agit, pour la ministre de la Santé, d'innover afin que l'ensemble des usagers accède à des soins de qualité.

- **La prévention** occupe une place prépondérante dans ce texte avec notamment une indication à l'adresse des plus jeunes, qui bénéficieront d'un « parcours éducatif en Santé de la maternelle au lycée » afin d'adopter des attitudes responsables en matière d'hygiène, d'alimentation, etc.

À l'identique des adultes, est initiée l'inscription des enfants jusqu'à 16 ans dans un parcours de soins coordonné avec désignation d'un médecin traitant, afin de renforcer les dépistages de l'obésité, des conduites addictives, etc. La contraception d'urgence dans les lycées est facilitée.

Un renforcement de la lutte contre le tabagisme et autres toxicomanies trouvent aussi sa place, avec notamment la mise en place du paquet de cigarettes neutre, l'interdiction d'installation de débits de tabac à proximité des établissements accueillant la jeunesse, etc. L'expérimentation des « salles de consommation à moindre risque » (art. 43-9) supervisées par une équipe pluridisciplinaire au sein de laquelle des professionnels de Santé (médecins, paramédicaux) voit son organisation détaillée dans l'arrêté du 22 mars 2016 ; cette mesure participe aussi à une mesure prophylactique des infections sexuellement transmissibles.

• **La proximité des soins** devrait faciliter l'accès de tous à des soins de qualité. La loi de santé souhaite renforcer la couverture des territoires en incitant les professionnels de Santé libéraux à coordonner leur activité au titre des « soins primaires » (soins de premier recours) ; les « maisons de santé » devraient voir leur nombre augmenter ; des aides pratiques et primes spécifiques à l'installation dans les zones déficitaires sont proposées aux jeunes médecins et l'ARS peut, par exemple, mettre en place un contrat permettant le versement d'une rémunération complémentaire aux médecins installés en zones isolées.
Les groupements hospitaliers de territoire (voir p. 28) trouvent leur finalité dans la volonté d'assurer des soins de qualité à chacun à une distance acceptable pour tous grâce à la coopération entre EPS.
La loi refond le dossier médical personnel qui devient Dossier médical partagé (DMP) : voir encadré ci-dessous.

POUR ALLER PLUS LOIN

Le Dossier médical partagé (DMP)

Instauré en 2011, le Dossier médical personnel n'a pas connu de réel succès, le décret du 4 juillet 2016, en application de la loi de modernisation de notre système de santé, précise les nouvelles conditions de ce dossier désormais appelé Dossier médical partagé.
Ce dossier médical est une sorte de **carnet de santé numérique** ; il n'est pas obligatoire, il est créé à l'aide de la carte Vitale par l'assuré(e) social(e) sur Internet, ou par un professionnel de santé avec l'accord de son patient. Ce dossier est strictement confidentiel et sécurisé. Son titulaire en contrôle l'accès et gère les autorisations d'accès. Il peut décider de fermer son DMP, les données sont alors conservées 10 ans. Le patient peut y insérer ses directives anticipées.
Le DMP permet aux professionnels de Santé autorisés d'accéder aux informations utiles à votre prise en charge, et de partager avec d'autres professionnels de santé des informations médicales vous concernant : vos antécédents, vos allergies éventuelles, les médicaments que vous prenez, vos comptes rendus d'hospitalisation et de consultation, vos résultats d'examens (radios, analyses biologiques, etc.). La carte de professionnel de santé est alors indispensable.
Si la personne est hors d'état d'exprimer sa volonté et si les circonstances le nécessitent, un urgentiste authentifié avec sa carte CPS peut décider d'accéder à son DMP sans avoir recueilli son consentement préalable. Ce mode dit « bris de glace » doit être motivé.

• De **nouveaux droits** sont accordés aux patients. La loi affirme la non-discrimination des personnes homosexuelles pour le don de sang. Le droit d'accès au dossier médical d'un patient décédé est étendu aux concubins et partenaires de PACS. Un « droit à l'oubli » est instauré pour les anciens malades de pathologies lourdes (cancer notamment) afin de leur permettre de pouvoir emprunter ou s'assurer. L'accès à l'Interruption volontaire de grossesse est amélioré sur l'ensemble du territoire grâce à une offre de proximité (voir p. 62).

5) La loi du 24 juillet 2019 relative à l'organisation et à la transformation du système de santé : plan « Ma santé 2022 »

Ce texte légifère les grands chantiers qui structurent le plan « Ma santé 2022 » annoncé en septembre 2018. Il s'agit pour les pouvoirs publics d'un « engagement collectif ». L'objectif majeur sera d'adapter l'organisation de l'offre de soins aux besoins de la population sur des territoires différents. Aussi, y trouve-t-on les priorités suivantes :
– la qualité des soins et la pertinence des actes de soins ; axe fort de la réforme avec de nouveaux indicateurs de qualité et de pertinence par HAS, réforme des autorisations d'activités de soins… ;
– l'organisation territoriale : création du projet territorial de santé (PTS), communauté professionnelle territoriale de santé (CPTS), hôpitaux de proximité… ;
– le recrutement et la formation dans les ressources humaines : réforme des études en santé, nouveaux statuts médicaux, modifications des formations et parcours des paramédicaux… ;
– les modes de financement et de régulation : combinaison de plusieurs modalités de financement, forfait « pathologies chroniques », révision des nomenclatures… ;
– le numérique : déploiement de la télésanté, accès des patients à leurs données numériques…

Suivre l'actualité est indispensable pour la mise à jour des connaissances, plusieurs textes d'application sont à venir.

Pour aller plus loin

Le volet numérique de Ma santé 2022 inclut des mesures opérationnelles encourageant la prise en charge du patient à distance : renforcement de la télémédecine, introduction du télésoin comme une « forme de pratique de soins à distance utilisant les technologies de l'information et de la communication » (CSP art. L6313-2). Dans la continuité de la loi de modernisation du système de santé de 2016, l'usager est défini comme « premier bénéficiaire des services numériques de santé ». Les enjeux sont clairs : accès du patient à ses données de santé en ligne ; dématérialisation des prescriptions médicales ; simplification du partage des données entre les professionnels de santé.
L'espace numérique de santé (ENS) serait effectif pour tous au 1er janvier 2022 avec possibilité d'ouverture automatique dès juin 2021, sauf opposition de l'intéressé. Le DMP (voir p. 49) devient une composante de l'ENS, c'est-à-dire qu'il reste facultatif jusqu'au 1er janvier 2022 mais sera automatiquement créé après cette date.

C. Les différentes chartes

La charte du malade hospitalisé est un texte qui synthétise les droits des patients à l'hôpital. L'objectif de ce document est d'informer les malades accueillis dans les EPS, c'est la raison pour laquelle ce texte est annexé au livret d'accueil. Que ce soit pour une hospitalisation en établissement ou à domicile, voire en consultation externe, le patient peut ainsi connaître ses droits.

1) La charte de la personne hospitalisée

• **Accessibilité des soins :** le malade a la liberté de choix de l'établissement d'accueil. Le service public hospitalier est accessible à tous, notamment aux personnes démunies et en cas d'urgence aux personnes sans couverture sociale. Les patients hospitalisés, avec leur consentement, pour troubles mentaux disposent des mêmes droits puisqu'ils sont considérés en soins psychiatriques libres.

- **Information du patient :** un acte médical ne peut être pratiqué sans l'accord du malade (sauf cas de force majeure) qui doit avoir reçu une information « accessible et loyale ».
- **Qualité de la prise en charge :** qualité de l'accueil et des soins. Les EPS doivent être attentifs au soulagement de la douleur et respecter la dignité des personnes.
- **Respect de la personne, de la liberté individuelle et de la vie privée :** ceci inclut la confidentialité des informations de tous ordres concernant le patient.
- **Accès aux informations** contenues dans le dossier médical et possibilité de recours éventuels à des interprètes pour les étrangers.
- **Droit d'expression et de recours :** le patient hospitalisé exprime ses observations sur son accueil et sur les soins reçus. Il peut aussi demander réparation en cas de préjudices subis.

2) La charte de l'usager en santé mentale

- Cette charte a été élaborée en 2000. Bien que ce texte n'ait pas de valeur juridique, il est largement distribué dans les établissements ayant un service de psychiatrie. Les **droits fondamentaux** sont rappelés (dignité, intimité, information secrète). Le texte insiste aussi sur la réadaptation ou la réinsertion sociale grâce notamment à des sorties d'essai décidées par le psychiatre de l'établissement ou par le préfet sur proposition motivée du psychiatre de l'établissement.
- Le patient hospitalisé en psychiatrie avec son consentement dispose des mêmes droits qu'un autre patient à l'hôpital (*cf.* ci-dessus). Le patient hospitalisé sous contrainte (hospitalisation à la demande d'un tiers ou hospitalisation d'office) peut connaître des restrictions selon son état de santé et le traitement proposé. Le patient doit être informé de sa situation juridique dès son admission en établissement de santé et de ses droits.
- Même si certains droits peuvent être modifiés en cas de tutelle ou de curatelle, tout patient dispose du droit de :

– communiquer avec les autorités dans le ressort de l'établissement (préfet, président du tribunal de grande instance, maire, procureur de la République) ;
– saisir la commission départementale des hospitalisations psychiatriques ;
– prendre conseil d'un médecin ou d'un avocat de son choix ;
– émettre ou de recevoir des courriers ;
– consulter le règlement intérieur de l'établissement et de recevoir les explications qui s'y rapportent ;
– exercer son droit de vote ;
– se livrer aux activités religieuses ou philosophiques de son choix.

3) La charte européenne des droits de l'enfant hospitalisé

Ce texte date de 1988 et s'appuie sur le principe que « *le droit aux meilleurs soins possibles est un droit fondamental, particulièrement pour les enfants* » UNESCO.

Dix préceptes y sont répertoriés :
1. L'hospitalisation d'un enfant ne doit se faire que si les soins ne peuvent être prodigués à la maison, en consultation externe ou en hôpital de jour.
2. Droit de l'enfant d'avoir ses parents auprès de lui, de jour comme de nuit, quel que soit son âge et son état.
3. Les parents seront impliqués dans le processus de soins.
4. Droit de l'enfant et des parents à l'information sur la maladie et les soins.
5. Droit de l'enfant et des parents à l'information pour participer aux décisions sur la maladie et les soins.
6. Soulagement de la douleur.
7. Admission de l'enfant dans des services réservés aux enfants.
8. Service accueillant adapté aux activités.
9. Formation spécifique de l'équipe soignante.
10. Respect de l'intimité de l'enfant qui sera traité avec tact et compréhension.

3. L'accès au dossier médical

• Aux termes de l'article R. 1112-2 du CSP, un dossier médical est constitué pour chaque patient hospitalisé dans un établissement de santé. Le dossier médical est donc un **document réglementaire obligatoire**. Pour les consultations externes, la création du dossier paraît également obligatoire puisque la charte de la personne hospitalisée de 2006 précise que l'on entend par personne hospitalisée, tout malade pris en charge par un EPS, quel que soit son mode d'admission (hospitalisation, urgences, consultation externe).

• Tout usager du système de santé, majeur non protégé par une mesure de tutelle, dispose d'un **droit d'accès aux informations** qui le concernent et détenues par des professionnels et des établissements de santé. Le secret médical, institué dans l'intérêt du malade, n'est pas opposable au patient.

A. La composition du dossier médical

Article R. 1112-2 du CSP. Un dossier médical est constitué pour chaque patient hospitalisé dans un établissement de santé public ou privé. Ce dossier contient au moins les éléments suivants, ainsi classés :

1° Les **informations formalisées recueillies lors des consultations externes** dispensées dans l'établissement, lors de l'accueil au service des urgences ou au moment de l'admission et au cours du séjour hospitalier, et notamment :
a) la lettre du médecin qui est à l'origine de la consultation ou de l'admission ;
b) les motifs d'hospitalisation ;
c) la recherche d'antécédents et de facteurs de risques ;
d) les conclusions de l'évaluation clinique initiale ;
e) le type de prise en charge prévu et les prescriptions effectuées à l'entrée ;
f) la nature des soins dispensés et les prescriptions établies lors de la consultation externe ou du passage aux urgences ;

•••

•••

g) les informations relatives à la prise en charge en cours d'hospitalisation : état clinique, soins reçus, examens paracliniques, notamment d'imagerie ;
h) les informations sur la démarche médicale adoptée dans les conditions prévues à l'article L. 1111-4 ;
i) le dossier d'anesthésie ;
j) le compte rendu opératoire ou d'accouchement ;
k) le consentement écrit du patient pour les situations où ce consentement est requis sous cette forme par voie légale ou réglementaire ;
l) la mention des actes transfusionnels pratiqués sur le patient et, le cas échéant, copie de la fiche d'incident transfusionnel mentionnée au deuxième alinéa de l'article R. 666-12-24 ;
m) les éléments relatifs à la prescription médicale, à son exécution et aux examens complémentaires ;
n) le dossier des soins infirmiers ou, à défaut, les informations relatives aux soins infirmiers ;
o) les informations relatives aux soins dispensés par les autres professionnels de santé ;
p) les correspondances échangées entre professionnels de santé.

2° Les **informations formalisées établies à la fin du séjour**
Elles comportent notamment :
a) le compte rendu d'hospitalisation et la lettre rédigée à l'occasion de la sortie ;
b) la prescription de sortie et les doubles d'ordonnance de sortie ;
c) les modalités de sortie (domicile, autres structures) ;
d) la fiche de liaison infirmière.

3° Les **informations** mentionnant qu'elles ont été **recueillies auprès de tiers** n'intervenant pas dans la prise en charge thérapeutique ou concernant de tels tiers.

L'encadré ci-dessus liste les éléments obligatoires mais il est évident que d'autres informations pourront coexister. Par exemple, le dossier de soins ou celui d'anesthésie.

La Haute Autorité de Santé précise que tout écrit du dossier doit être lisible et comporter la date de rédaction. La gestion du dossier patient fait l'objet d'une PEP (Pratique Éligible Prioritaire).
Chaque professionnel qui accède à ce dossier médical est responsable de sa tenue. La HAS recommande que le **dossier administratif du patient, partie initiale du dossier patient**, comporte la profession, l'employeur éventuel et les coordonnées du médecin traitant, mais également que les informations recueillies auprès de tiers soient individualisées sur des feuilles séparées ou d'une couleur spéciale ou autre…

B. Comment obtenir son dossier médical ?

• L'usager n'a pas besoin de justifier sa demande de communication, il doit uniquement **justifier de son identité**. La loi permet à d'autres personnes d'accéder au dossier médical : les tuteurs et les titulaires de l'autorité parentale, les ayants droit d'une personne décédée, si celle-ci ne s'y est pas opposée de son vivant. L'enfant mineur ne bénéficie pas du droit d'accès à son dossier. À l'inverse, le patient mineur bénéficie d'un droit d'opposition à l'accès direct de ses parents à son dossier médical. Les ayants droit d'un défunt peuvent avoir accès au dossier médical uniquement pour connaître les causes du décès ou faire valoir des droits ou défendre la mémoire du défunt.

• Le droit d'accès est prévu par le nouvel article **L. 1111-7 du Code de la santé publique**. Seules sont communicables les pièces énumérées ci-dessus en 1° et 2°.

• Avant la loi de 2002, le patient avait obligatoirement accès à son dossier médical par l'intermédiaire d'un médecin. Aujourd'hui, ce n'est plus le cas : l'intermédiaire d'un professionnel de santé peut être recommandé, mais ne constitue pas une condition de recevabilité à l'obtention d'un dossier médical. Le décret du 29 avril 2002 fixe les nouvelles modalités. Le droit d'accès des ayants droit d'une personne décédée y est également précisé.

• Le demandeur doit adresser un **courrier au directeur de l'établissement public de santé** et justifier de son identité. Il pourra obtenir communication du dossier au plus tard dans les huit jours suivant sa demande et au plus tôt après qu'un délai de réflexion de 48 heures ait été observé. Ce délai est porté à deux mois pour les dossiers de plus de 5 ans ou pour les dossiers relevant de la saisine de la commission départementale des hospitalisations psychiatriques (hospitalisations sous contrainte). Concernant le patient majeur protégé, placé **sous tutelle**, la demande de consultation ou de copie devra être faite par le tuteur.

• La présence d'une tierce personne lors de la consultation peut être recommandée par le médecin. Elle ne peut pas être imposée, sauf dans le cas d'une personne hospitalisée en service psychiatrique, d'office ou sur demande d'un tiers. Pour les patients hospitalisés en psychiatrie sous contrainte, le directeur de l'EPS informera l'intéressé qu'il devra être accompagné d'un médecin. Si le patient refuse, la commission départementale des hospitalisations psychiatriques formulera un avis qui s'imposera à tous.

• La **consultation sur place est totalement gratuite** et seuls les frais éventuels de copie de pièces peuvent être facturés.

REMARQUE

Dossier médical et ayants droit :

– sont ayants droit « *les successeurs légaux du défunt conformément au Code civil* », les concubins et partenaires de PACS, depuis la loi Santé 2016.

– l'établissement de santé doit vérifier la recevabilité des motifs invoqués par l'ayant droit (ou le mandataire) et ne communiquer que les éléments nécessaires à la réalisation de l'objectif poursuivi.

– l'article L. 1110-4 du Code de la santé publique précise que les objectifs des ayants droit se limitent à : connaître les causes de la mort, faire valoir un droit, défendre la mémoire du défunt.

4. Devoir de réserve et secret professionnel

Le fonctionnaire est un agent public : un certain nombre de droits et de devoirs lui sont imposés. Tous les agents de la fonction publique (État, hospitalière ou territoriale) sont tenus à la discrétion professionnelle et à l'intégrité (*cf.* lois du 13 juillet 1983 et 9 janvier 1986).

A. Le devoir de réserve

- Le **devoir de réserve** concerne l'expression des opinions et des sentiments du fonctionnaire, qui ne doivent pas porter atteinte, ni nuire au patient pour ce qui est des agents de la fonction publique hospitalière. Le devoir de réserve et la discrétion professionnelle visent aussi à **protéger les malades** des bavardages inutiles, des manques d'attention, des imprudences verbales à propos de leur dossier et de leur état de santé. Le manquement à ces règles est puni par la loi.

- Les secrétaires médicaux sont tenus à ces devoirs, car ils doivent avant tout respecter les droits des patients au regard du secret professionnel de nature médicale. Le secret professionnel impose aux membres de certains corps de métier de ne pas divulguer de renseignements confidentiels à propos de leur activité ou leurs patients : c'est une forme de confidentialité.

B. Le secret professionnel

- Le **secret médical** s'impose à chaque médecin depuis l'Antiquité grecque (serment d'Hippocrate). Il reste aujourd'hui un fondement du respect du patient dans l'exercice de la médecine contemporaine. Différents textes le rappellent, notamment les articles 226-13 et 14 du Code pénal, qui étendent la mention des personnes tenues au secret à celles qui en sont dépositaires « *soit par état ou par profession* ». Le Code de déontologie médicale formule également la règle du secret médical et le Code de la Sécurité sociale précise que ce secret s'inscrit au « *nombre des grands principes de la médecine en France* ». Le secret médical est une composante du secret professionnel qui concerne l'état de santé du patient.

- Le secret professionnel est donc **général et absolu**. Sa violation est punie car elle constitute un délit. L'article L. 1110-4 du Code de la santé publique précise que « *toute personne prise en charge par un professionnel, un établissement, un réseau de santé ou tout autre organisme participant à la prévention et aux soins a droit au respect de sa vie privée et du secret des informations la concernant. Excepté dans les cas de dérogation, expressément prévus par la loi, ce secret couvre l'ensemble des informations, concernant la personne, venues à la connaissance du professionnel de santé, de tout membre du personnel de ces établissements ou organismes et de toute autre personne en relation, de par ses activités, avec ces établissements ou organismes. Il s'impose à tout professionnel de santé, ainsi qu'à tous les professionnels intervenant dans le système de santé* ». La loi de 2002 précise que le secret professionnel concerne toutes les données informatisées (carte Vitale par exemple) ou transmises électroniquement.

- En dehors des dérogations légales, tous les faits connus (ou soupçonnés) sont à tenir secrets. Ce secret professionnel est « **institué dans l'intérêt des patients** », aussi rien ne peut ni ne doit autoriser quiconque à l'enfreindre, en dehors des dérogations prévues par la loi. Le décès d'un malade n'abolit pas le respect du secret. Les données médicales reçues et collectées dans le cadre du PMSI (programme de médicalisation des systèmes d'information) sont protégées par le secret professionnel. À la tête du département d'informations médicales (DIM) se trouve toujours un médecin, dont le rôle dans la centralisation des informations est spécifié par le Code de la santé publique.

- La notion de **secret partagé** se rencontre d'autant plus facilement en milieu hospitalier que le dossier médical d'un patient est confié à différents services de soins. Ce secret partagé concerne les médecins et l'équipe soignante qui partagent des informations, des données médicales dans le but d'effectuer les soins nécessaires au patient. On mesure ici le caractère « collectif » du secret professionnel et les précautions qui s'imposent. La pratique du « secret partagé » reste limitée aux membres de l'équipe soignante mais il peut être étendu, si nécessaire, au médecin des organismes de protection sociale (cas ALD, accident du travail…).
L'article L. 1110-4 nouveau du Code de la santé publique énonce : « *Lorsque la personne est prise en charge par une équipe de soins dans un établissement de santé, les informations la concernant sont réputées confiées par le malade à* ***l'ensemble de l'équipe***. »

- En aucun cas, les informations médicales contenues dans un dossier de patient ne doivent être fournies à une administration, ni même à un médecin « étranger » aux soins (celui d'une compagnie d'assurances par exemple).

C. Les dérogations légales au secret professionnel

Plusieurs types de dérogations existent, celles qui sont imposées par la loi – elles sont donc obligatoires – et celles qui sont autorisées par la justice pénale.

1) Les dérogations obligatoires

Voici la liste des dérogations **imposées par la loi** :
– les déclarations à l'état civil des naissances et des décès ;
– la déclaration des maladies contagieuses ou de celles justiciables d'interventions exceptionnelles au niveau national ou international. La liste des maladies à déclaration obligatoire est fixée par décret après avis du Conseil supérieur d'hygiène publique de la France. Actuellement, 31 maladies sont répertoriées comme telles (article D. 3113-6 du CSP). On y trouve notamment la diphtérie, l'hépatite A, la poliomyélite, la rougeole, la tuberculose, le paludisme, la légionellose, les mésothéliomes. La déclaration est à destination du médecin de l'ARS, les données seront anonymisées ;
– les certificats d'admission en soins psychiatriques sous contrainte ;
– les alcooliques présumés dangereux ;

– les accidents du travail et les maladies professionnelles (leurs déclarations sont assorties de certificats nominatifs, descriptifs et détaillés) ;
– les certificats de vaccinations obligatoires ;
– les pensions militaires d'invalidité qui donnent lieu à l'établissement de certificats nominatifs.

2) Les dérogations « permises » par la loi

– Les dérogations permises par la loi concernent essentiellement les **mauvais traitements**, les sévices infligés à des enfants, à des mineurs de moins de quinze ans ou à des personnes incapables de se protéger. En cas d'urgence, le **procureur de la République** doit être prévenu. Le médecin est tenu d'informer les autorités judiciaires ou administratives dès qu'il a connaissance de la situation et il doit éventuellement prendre des mesures de protection immédiates (hospitalisation). Ce type de dérogation a été élargi, dans l'article 226-14 du Code pénal aux violences sexuelles de toute nature dès lors que la victime donne son accord. (Article 222-22 du Code pénal : constitue une agression sexuelle, toute atteinte sexuelle commise avec violence, contrainte, menace ou surprise).

– La dangerosité d'un malade détenteur d'une arme à feu.

– Les recherches dans le secteur de la santé.

– Les données médicales nécessaires à l'analyse de l'activité (T2A) dans les établissements hospitaliers sont transmissibles au Département d'Information Médicale.

– Lors d'un procès, pour assurer sa défense personnelle devant le tribunal, le médecin peut de manière limitée déroger au secret médical, mais ses divulgations doivent se limiter au strict nécessaire.

POUR CONCLURE

L'article 72 du Code de déontologie médicale impose au médecin de veiller à ce que les personnes qui l'assistent soient instruites de leurs obligations en matière de secret professionnel et s'y conforment. La violation du secret médical est sanctionnée par le Code pénal (art. 226-13). Toute personne qui se rend coupable de ces faits encourt une amende de 15 000 € et une peine d'emprisonnement de 1 an. Concernant les médecins, le Code de déontologie médicale prévoit une sanction disciplinaire (avertissement, blâme, interdiction d'exercice par exemple).

Fiche 4

L'éthique et la bioéthique

1. Définitions

• Le terme « éthique » trouve son origine dans l'Antiquité grecque. En grec, « *ethikos* » signifie moral et « *êthos* » signifie manière d'être, mœurs. Il s'agit donc de la manière de se comporter, d'agir. L'éthique professionnelle a pour objectif de définir, de réglementer les actes, les activités qui ont lieu dans le cadre d'une situation professionnelle : c'est ce que l'on nomme la morale d'une profession, la **déontologie** (du grec *deon* = devoir et *logos* = étude, science de). Le Code de déontologie médicale s'impose à tous les médecins inscrits au tableau de l'Ordre des médecins, ce qui, en France, est une obligation pour exercer la médecine.

• Le terme « **bioéthique** » va concerner le vivant (du grec *bios*), ce sera une réflexion, une recherche sur les problèmes moraux posés par les activités médicales. La bioéthique représente l'« *étude des problèmes moraux soulevés par la recherche biologique, médicale ou génétique et certaines de ses applications* » (le Larousse).

• Les nouvelles techniques de soins, les innovations médicales soulèvent beaucoup de questions éthiques et de société. Le décret du 23 février 1983 a créé le Comité consultatif national d'éthique pour les sciences de la vie et de la santé.

2. Le Comité consultatif national d'éthique pour les sciences de la vie et de la santé

• Le CCNE est un organisme pluridisciplinaire et indépendant composé de 39 membres nommés pour 4 ans et d'un président, nommé pour deux années par le président de la République. Depuis le décret du 09/11/2012, ce poste est occupé par le Pr. Jean-Claude Ameisen.

• La loi de bioéthique du 29 juillet 1994 confère au comité un statut législatif que l'on retrouve dans la loi de 2004 : « *Le Comité consultatif national d'éthique pour les sciences de la vie et de la santé a pour mission de donner des avis sur les problèmes éthiques et les questions de société soulevés par les progrès de la connaissance dans les domaines de la biologie, de la médecine et de la santé* ».

• Le CCNE produit des avis et des rapports sur les questions dont il est saisi, c'est une structure uniquement consultative. Il fournit aux auteurs des saisines une réflexion approfondie afin que chacun se forge une opinion. Chaque avis rendu donne lieu à une conférence de presse : le grand public est ainsi informé directement.

3. Les lois de bioéthique

• En matière d'éthique, des lois précèdent la création du CCNE : par exemple, la loi Veil de 1975 sur l'interruption volontaire de grossesse, la loi Caillavet de 1976 sur les prélèvements et transplantations d'organes ou encore la loi Huriet de 1988 sur le consentement.

• Les questions relatives à la bioéthique sont très délicates, elles sont difficiles à rationaliser. Le clonage thérapeutique, la recherche sur l'embryon, le brevetage du vivant sont des sujets qui posent de délicates questions auxquelles les lois de bioéthique essayent de répondre.

• L'éthique médicale a donc fait l'objet de deux lois en date du **29 juillet 1994**. La première concerne le respect du corps humain alors que la seconde est relative au don et à l'utilisation d'éléments du corps humain ainsi qu'à l'assistance à la procréation et au diagnostic prénatal. Le législateur avait inscrit dans ces textes de loi le principe d'une révision dans les cinq années qui suivaient. C'est la raison pour laquelle un nouveau texte de loi a vu le jour le 6 août 2004 : **loi n° 2004-800 relative à la bioéthique.** Cette loi était elle-même révisable dans les cinq prochaines années.

A. La loi relative au respect du corps humain

• Le législateur, en 1994, pose le principe de la protection du corps humain et lui donne un statut inscrit au Code civil.

• Cette première loi du 29 juillet 1994 pose un certain nombre de principes :
– **l'inviolabilité du corps humain et, en corollaire, celui de son intégrité :** la personne malade doit toujours donner son consentement, sauf en cas d'urgence thérapeutique. Les pratiques eugéniques restent interdites. Ici, il s'agit d'un renforcement des principes généraux du droit ;
– **la non-patrimonialité du corps humain :** aucune rémunération ne doit exister en contrepartie d'un don d'organe ou d'un produit du corps humain ;
– **l'anonymat des dons** : donneurs et receveurs d'éléments ou de produits du corps humain ne peuvent se connaître. Il s'agit d'éviter tout risque d'exploitation commerciale du corps humain (ovocytes par exemple). Le don anonyme et gratuit d'embryon surnuméraire est autorisé mais la maternité de substitution est interdite ;
– **les tests génétiques** sont autorisés aux seules fins de recherche médicale et pour l'identification d'une personne par ses empreintes génétiques si un juge l'ordonne.

B. La loi relative au don d'éléments et produits du corps humain

• Cette seconde loi vient en complémentarité de la première. Extraits du Code de la santé publique art. L. 665-10 : « *Le prélèvement d'éléments du corps humain et la collecte de ses produits ne peuvent être pratiqués sans le consentement préalable du donneur. Ce consentement est révocable à tout moment. Est interdite la publicité en faveur d'un don d'éléments ou de produits du corps humain au profit d'une personne déterminée ou au profit d'un établissement ou organisme déterminé. Cette interdiction ne fait pas obstacle à l'information du public en faveur du don d'éléments et produits du corps humain* ».

• Cette même loi stipule que le consentement d'une personne décédée est implicite pour les prélèvements d'organes si cette personne n'a pas fait connaître son opposition de son vivant. Un registre national des refus existe auprès de l'Établissement français des greffes. Ce même établissement tient à jour et gère la liste des personnes en attente de greffes d'organes.

• En ce qui concerne les embryons, la loi autorise le tri des embryons grâce au diagnostic préimplantatoire dans le but d'éviter une naissance d'enfant atteint d'anomalie particulière. Des tests génétiques sont autorisés dans le cadre du « conseil génétique » lorsqu'il existe un risque de transmission d'une pathologie héréditaire.

• L'article L. 2141-3 définit les modalités de l'assistance médicale à la procréation qui recouvre toutes les techniques permettant la procréation en dehors du processus naturel. L'embryon ne peut être conçu *in vivo* que selon ces modalités d'assistance médicale à la procréation. Le clonage humain reproductif est absolument interdit.

C. La loi du 6 août 2004 relative à la bioéthique

Ce texte vient donc en « révision » de la précédente loi. Il constitue un nouveau texte législatif, également révisable dans les cinq années à venir :
– création d'une Agence de la biomédecine. C'est un établissement public administratif de l'État dont les domaines de compétences sont étendus aux greffes, à la reproduction, à l'embryologie et à la génétique. Cette agence vérifie l'application des règlements, suit et contrôle les activités médicales et biologiques dans ses domaines de compétence ;
– en référence et application d'une directive européenne et dans le cadre de la propriété intellectuelle, une brevetabilité devient possible pour « *l'invention constituant l'application technique d'une fonction d'un élément du corps humain* » ;
– le clonage reproductif ou thérapeutique est interdit, il constitue « *un crime contre l'espèce humaine* » ;
– la recherche sur les cellules embryonnaires est également interdite, sauf à titre dérogatoire, pour « *le diagnostic biologique effectué à partir de cellules prélevées sur l'embryon* in vitro*… à titre expérimental pour guérir un enfant atteint d'une maladie génétique incurable grâce à la naissance d'un enfant indemne* » ;
– le nombre de personnes pouvant procéder à un don d'organes est étendu : « *peuvent être autorisés à se prêter à un prélèvement d'organe dans l'intérêt thérapeutique direct d'un receveur, son père, sa mère, son conjoint, ses frères ou sœurs, ses fils ou filles, ses grands-parents, ses oncles ou tantes, ses cousins germains et cousines germaines ainsi que le conjoint de son père ou de sa mère* », et « *toute personne apportant la preuve d'une vie commune d'au moins deux ans avec le receveur* ».

D. La loi de bioéthique du 7 juillet 2011

Cette loi s'inscrit dans le cadre de la révision prévue de la loi du 6 août 2004. Elle ne modifie pas profondément l'ancien texte. Les principales modifications sont les suivantes :

- **En ce qui concerne les dons :**

– une information sera dispensée dans les lycées et au cours de la journée de service national ;
– le don croisé d'organes est autorisé « *en cas d'incompatibilité entre la personne ayant exprimé l'intention de don et la personne dans l'intérêt de laquelle le prélèvement peut être opéré* [...] *rendant impossible la greffe* ». Le don croisé d'organes signifie que deux personnes, candidates au don pour un proche mais incompatibles avec leur proche malade, s'échangent leur receveur respectif s'ils leur sont compatibles. En 2012, un décret ajoute aux missions de l'Agence de la biomédecine celle de la gestion du registre des paires associant les donneurs vivants et receveurs potentiels ayant consenti à un don croisé d'organes. L'anonymat est respecté.

- **En ce qui concerne la recherche :**

– les embryons ne doivent plus faire l'objet d'un projet parental. Les embryons surnuméraires peuvent être utilisés si les couples sont consentants.
Depuis juillet 2013, la loi autorise la recherche sur l'embryon et les cellules souches d'origine embryonnaire à partir du moment où la pertinence et la finalité médicale sont avérées.
Le parlement a adopté en juillet 2013 une loi autorisant et encadrant définitivement la recherche sur l'embryon et les cellules souches d'origine embryonnaire à partir du moment où la pertinence et la finalité médicale sont avérées ; le Conseil constitutionnel l'a validée le 1er août 2013.

- **En ce qui concerne l'assistance médicale à la procréation** (AMP) **:**

– le don d'ovocytes n'est plus conditionné par une procréation préalable. Le don demeure anonyme ;
– la conservation des gamètes utilisés dans le cadre d'une procédure de préservation de la fertilité (AMP) est autorisée ;
– les sages-femmes sont habilitées à concourir aux opérations.
Initialement prévue avant fin 2018, la révision des lois de bioéthique a été précédée par les États généraux de la bioéthique, ouverts en janvier 2018 par le Comité consultatif national d'éthique (CCNE). À l'automne 2019, une procédure législative a été mise en place, la **nouvelle loi de bioéthique, votée le 29 juin 2021**, qui entraînera des textes d'application (à suivre) au cours du second semestre 2021.

E. LE CADRE BIOETHIQUE EN 2021

La loi Santé 2016 a apporté quelques modifications en ce qui concerne la contraception et l'interruption volontaire de grossesse (IVG) :
– le délai de réflexion de 7 jours, imposé aux femmes souhaitant avorter est supprimé ;
– les sages-femmes sont habilitées à pratiquer des IVG médicamenteuses et les centres de santé les IVG instrumentales ;
– l'accès à la contraception d'urgence est facilité dans les établissements scolaires grâce aux prérogatives de l'infirmière scolaire ;
– l'accès à l'IVG est amélioré grâce à un plan régional formalisé par chaque ARS.

En juin 2021, une nouvelle loi en discussion prévoit d'allonger le délai légal pour avoir recours à l'IVG de 12 à 14 semaines. Le comité consultatif national d'éthique (CCNE) considère qu'il n'y a pas d'objection éthique à allonger ce délai de deux semaines.

« Art. R.1232-7. La demande d'inscription sur le registre est faite sur papier libre ou en remplissant le formulaire mis à disposition du public par l'Agence de la biomédecine. La demande d'inscription est adressée à l'Agence de la biomédecine par tout moyen permettant de lui conférer une date certaine de réception : elle est datée, signée, accompagnée de la photocopie de tout document susceptible de justifier de l'identité de son auteur, notamment de la carte nationale d'identité en cours de validité, du passeport périmé depuis moins de cinq ans, du permis de conduire ou d'un titre de séjour. »

- **Concernant les dons d'organes :**

La disposition existante depuis la loi Caillavet de 1976 demeure : le consentement présumé est la règle. Le don post-mortem reste gratuit et anonyme. L'opposition de son vivant au prélèvement demeure possible et peut changer à tout moment. Le décret du 11 août 2016 précisait déjà les modalités d'expression du refus de don. Depuis le 1er janvier 2017, le registre national des refus reste le moyen principal d'expression mais il n'est plus exclusif ; un écrit daté et signé par une personne dûment identifiée et confié à un proche est aujourd'hui reconnu. Le refus de prélèvement peut aujourd'hui concerner un ou plusieurs organes et/ou tissus. Le refus de prélèvement d'organes sera inscrit sur le DMP de la personne s'y opposant.
La loi de bioéthique votée en juin 2021 élargit la solidarité entre les personnes : le **don croisé d'organes est étendu** afin d'améliorer l'accès à la greffe, notamment pour les malades, hématopoïétiques (dans la moelle osseuse et à l'origine des cellules sanguines).

- **Concernant la recherche :**

La loi réaffirme les valeurs éthiques françaises. La recherche sur les cellules souches est élargie mais il demeure interdit de créer des embryons à des fins de recherche ou encore de modifier le patrimoine génétique d'un embryon destiné à naître. Les examens de génétique sont encadrés par de nombreuses mesures.

- **Concernant la procréation médicalement assistée :**

Ce sont les discussions/oppositions parlementaires à propos de la PMA qui ont allongé les délais de vote et promulgation de la loi de bioéthique en 2021 :
– L'accès à la **procréation médicalement assistée** est élargi à **toutes les femmes** en couple (hétéro ou homosexuel) ou non au moyen de différentes techniques médicales (insémination artificielle, fécondation *in vitro*…). Le remboursement de la PMA par les caisses d'Assurance maladie est ouvert à tous.
– L'autoconservation (en établissements de santé publics ou privés à but non lucratif) des gamètes pour les femmes comme pour les hommes est autorisée en vue de futures grossesses.
– En respect à la dignité humaine et à la non-marchandisation du corps humain, la gestation pour autrui (GPA) demeure interdite en France.
– De nouveaux droits sont accordés aux enfants conçus avec les gamètes d'un tiers : le texte envisage la levée partielle de l'anonymat des donneurs-es de gamètes. À leur majorité, ces enfants pourront accéder à des données « non identifiantes » du donneur (âge, caractéristiques physiques…). L'identité du donneur pourra également être obtenue par l'intermédiaire de l'agence de biomédecine : le donneur devra consentir à la communication de ces données avant le don ; la filiation des enfants nés d'une PMA dans un couple féminin nécessitera une reconnaissance conjointe de l'enfant avant sa naissance devant notaire afin que les deux femmes du couple deviennent ensemble parents de l'enfant.

Comme précédemment, un réexamen périodique de cette loi dans un délai de cinq ans est prévu.

Fiche 5

Le secrétariat médical

1. Le métier de secrétaire médical

A. La définition du poste

• Le poste de secrétaire médical se résume par la définition officielle suivante : « *Les secrétaires médicaux assurent le* ***fonctionnement des secrétariats médicaux****. Ils sont notamment chargés de la gestion administrative des dossiers de patients et contribuent à la délivrance de renseignements d'ordre général, dans leur domaine de compétence* » (*La secrétaire médicale : règles d'exercice professionnel*, éd. Heures de France, juillet 2008).

Secrétaire médical

Famille : Gestion de l'information
Sous-famille : Gestion médico-économique et traitement de l'information médicale
Code FPT : 04A0
Code Rome : M1609
Code métier : 40L20

• **Information générale**
Définition : Traiter et coordonner les opérations et les informations médico-administratives du patient
Prérequis :
– Connaissance de la bureautique
– Connaissance de l'environnement médical

• **Activités**
– Accueil et prise en charge des personnes (agents, patients, usagers, etc.), dans son domaine
– Contrôle de la cohérence des données/informations spécifiques au domaine d'activité
– Contrôle de la confidentialité et de la sécurité des informations
– Élaboration et mise en place de mesures correctives, dans son domaine d'activité
– Formation de personnes aux techniques et procédures de son domaine, et à leur application
– Gestion et traitement des données/informations (recherche, recueil, analyse, priorisation, diffusion, classement, suivi)

•••

•••

– Planification des activités/interventions internes-externes, spécifiques au domaine d'activité
– Prise de rendez-vous/gestion des agendas
– Recensement/enregistrement des données/des informations liées à la nature des activités
– Saisie, mise à jour et/ou sauvegarde de données, d'informations, de tableaux, dans son domaine d'activité

• **Savoir-faire**
– Accueillir et orienter des personnes, des groupes, des publics
– Analyser et optimiser un/des processus
– Évaluer la pertinence/la véracité des données, et/ou informations
– Identifier/analyser des erreurs de gestion (codage, facturation, etc.), en rechercher les causes, définir les moyens d'y pallier
– Identifier, analyser, prioriser et synthétiser les informations relevant de son domaine d'activité professionnel
– Organiser et classer des données, des informations, des documents de diverses natures
– Traiter et résoudre des situations agressives ou conflictuelles
– Transférer un savoir-faire, une pratique professionnelle
– Utiliser les outils bureautique/TIC

• **Connaissances**
– Bureautique (connaissances détaillées)
– Codage des actes (connaissances détaillées)
– Communication (connaissances détaillées)
– Droit des patients (connaissances détaillées)
– Organisation et fonctionnement interne de l'établissement (connaissances détaillées)
– Réglementation des archives (connaissances détaillées)
– Secrétariat (connaissances approfondies)
– Vocabulaire médical (connaissances détaillées

Connaissances détaillées :
Connaissances détaillées, pratiques et théoriques, d'un champ ou d'un domaine particulier incluant la connaissance des processus, des techniques et procédés, des matériaux, des instruments, de l'équipement, de la terminologie et de quelques idées théoriques. Ces connaissances sont contextualisées. Durée d'acquisition de quelques mois à un/deux ans.

Connaissances approfondies :
Connaissances théoriques et pratiques approfondies dans un champ donné. Maîtrise des principes fondamentaux du domaine, permettant la modélisation. Une partie de ces connaissances sont des connaissances avancées ou de pointe. Durée d'acquisition de 2 à 4/5 ans.

• **Informations complémentaires**
Relations professionnelles les plus fréquentes :
– Équipe médicale et soignante pour l'organisation du circuit des patients
– Bureau des entrées pour la mise en cohérence des données administratives relatives aux patients

•••

•••

– Services médico-techniques de l'établissement pour la réalisation d'examens complémentaires

Études préparant au métier et diplôme(s) :

– BAC science médico-sociale

– BAC spécialisé complété par un BTS dans le domaine médical ou du secrétariat

Correspondances statutaires éventuelles :

– Secrétaire médical

– Adjoint des cadres hospitalier

Proximité de métier - Passerelles courtes :

– Technicien de l'information médicale

– Archiviste

Proximité de métier - Passerelles longues :

Responsable des secrétariats médicaux

Tendances d'évolution du métier - Les facteurs clés à moyen terme :

– Développement des technologies de l'information et de la communication (dossier patient informatisé, messagerie vocale, Internet, intranet, agenda électronique, reconnaissance vocale, numérisation des données, téléphonie, réseaux)

– Mise en place de pôle de gestion (nouvelle gouvernance) et réorganisation de services administratifs (rapprochement avec les usagers et les clients internes)

Conséquences majeures sur l'évolution des activités et des compétences :

– Maîtrise plus variée des outils bureautiques, utilisation des nouveaux supports (reconnaissance vocale, dossier informatisé)

– Modification des pratiques professionnelles liées à la téléphonie (numérisation des données) – Diversification des compétences (guichet unique pour l'usager) de plus en plus au sein d'équipes pluridisciplinaires (autres métiers administratifs, soignants, techniques) en un lieu unique (pôle).

B. Les qualités requises

• Cet énoncé reste très généraliste, le travail dans un secrétariat médical recouvrant en réalité des tâches multiples. Toutefois, il faut bien insister sur le domaine de compétence et se souvenir que le traitement et la délivrance des informations, ainsi que la communication, devront toujours s'effectuer à cet endroit avec la **discrétion** indispensable pour assurer un secrétariat médical de qualité.

• Des structures multiples nécessitent un poste de secrétariat médical : cabinets médicaux, maisons de santé, centres de cure, de rééducation, de santé, Ephad, médecine du travail… et bien sûr les hôpitaux. Au sein de ces derniers, l'activité se fera aussi bien dans des services d'hospitalisation qu'en consultation ou dans un service des dossiers médicaux par exemple. Dans cette posture professionnelle, il est essentiel de faire preuve d'une **rigueur organisationnelle** (même pour gérer plusieurs tâches en même temps !) et d'un sens de l'initiative « réfléchie ». Nous ajouterons l'importance de la discrétion et du respect du **secret professionnel** (*cf.* p. 55 et svtes). Une **aisance dans la communication** écrite (orthographe et syntaxe) et orale reste une exigence pour mener à bien les relations sociales induites par la fonction et s'adapter à la personnalité de chacun (patient, médecin, institution).

• C'est un poste qui requiert une **polyvalence** administrative mais nécessite également une bonne connaissance de la terminologie médicale et de la réglementation sociale et hospitalière.

2. L'accueil

• L'accueil occupe une large place dans la fonction de secrétaire médical et sa qualité est d'autant plus importante que le secrétariat médical reste souvent le premier lieu où se rend « l'usager ». Il s'agit bien sûr de recevoir les patients, leur famille ou des usagers de l'hôpital... Selon le poste occupé, cet **accueil physique** concernera des consultants qui ont pris un rendez-vous, des familles qui s'informent sur l'état de santé d'un parent hospitalisé, des parents qui sollicitent le dossier médical de leur enfant, etc. Ces situations constituent de multiples occasions d'informer et d'orienter le public vers le service adéquat. Accueillir les patients signifie aussi parfois écouter et répondre à de l'angoisse ou à de l'impatience.

• La fonction d'accueil comprend aussi **l'accueil téléphonique**, avec la réception ou le dépôt de messages. Une capacité d'analyse de la demande de l'appelant et un filtrage sont absolument nécessaires. Ils impliquent d'avoir les connaissances suffisantes pour informer sur les démarches administratives éventuelles, renseigner quant aux droits du patient et évidemment répondre à la demande de rendez-vous en évaluant une potentielle urgence.

• Accueillir ne consiste pas seulement à recevoir avec courtoisie – ce qui est sous-entendu –, c'est aussi faire preuve de **capacités relationnelles** de qualité. Ces dernières nécessitent une excellente connaissance des lieux, des interlocuteurs, des règles de la profession, des droits du malade et enfin une déontologie médicale. Le devoir de réserve, « précepte » de chaque fonctionnaire, et le respect du secret professionnel constituent par ailleurs une sorte de fil d'Ariane de la profession.

• L'accueil du public impose, comme toute relation de communication, une expression adaptée et soignée. Quel que soit votre interlocuteur, malade ou professionnel, assurez-vous toujours d'avoir été compris.

3. Les activités de secrétariat

• Les secrétaires **traitent et coordonnent** les informations administratives et médicales des patients. Ils ont en charge la réception des courriers, des courriels, des documents et des communications liés au service, au pôle, au suivi des dossiers des patients... Il faut donc organiser le traitement et la circulation de l'information de ces pièces : enregistrer tant à l'arrivée qu'au départ des lettres, vérifier les pièces annexées, ventiler et distribuer aux destinataires...

• Aujourd'hui, un poste de secrétaire est un métier très informatisé. Les **outils informatiques** font partie de l'arsenal professionnel des secrétaires médicaux au même titre que le téléphone, le crayon ou les documents papier. Presque tout est informatisé : les données de la carte vitale, les courriers, la gestion des rendez-vous et bien souvent les dossiers médicaux (le dossier médical unique à l'hôpital). Il est donc impératif d'être à l'aise avec les logiciels de traitement de texte et de tableur et aussi de s'adapter rapidement à un éventuel nouveau logiciel médical spécialisé. À l'hôpital, la saisie des informations est extrêmement codifiée, chaque acte médical doit être entré dans un logiciel de PMSI (programme de médicalisation des systèmes d'information). Vous participez aussi au bilan de l'activité du service en réalisant des relevés de statistiques concernant le nombre, la fréquence, la nature des appels par exemple.

• L'édition de **courrier type** pour les convocations, les lettres standardisées d'accompagnement des comptes rendus, etc. seront facilitées grâce à l'outil informatique. Cependant, lorsque vous créez ces documents, n'oubliez pas d'insérer des « champs variables » aux endroits où cela est indispensable. Les **courriers médicaux** seront dactylographiés en respectant fidèlement les propos dictés par le médecin et éventuellement la charte de l'établissement. N'oubliez pas que les secrétaires ne signent pas, ce sont les médecins qui apposent leur signature. La même règle s'impose pour les **comptes rendus** qui doivent être relus et signés par leur auteur qui engage ainsi sa responsabilité : faites donc attention de leur présenter des documents bien orthographiés, sans faute de frappe qui peut être lourde de conséquence si elle n'est pas repérée. Un élément essentiel : la date qui doit apparaître sur tous les documents.

• La **correspondance médicale** connaît un certain nombre de règles. Les éléments classiques du courrier sont à respecter : date, objet, destinataire etc., le tout sur une feuille à en-tête de l'établissement avec mention du service et du nom de l'auteur (celui-ci doit être identifiable). Souvenez-vous également qu'entre médecins, la formule d'appel sera généralement « *Cher/e confrère/consœur* », terme qui sera repris dans la formule de politesse. Bien évidemment, vous vous conformez à ce que peut vous demander le médecin émetteur. Une règle classique, voire fort traditionnelle, veut qu'un médecin qui écrit à un professeur emploie « *Monsieur et cher Maître* » « *Madame et cher Maître* ». À propos des formules de politesse, souvenez-vous que l'on n'adresse pas des sentiments à quelqu'un de sexe opposé.

• Avec vos collègues, vous assurerez la tenue des plannings et des agendas. Vous aurez aussi à gérer les impondérables (absences, modification de rendez-vous, etc.), avec tout le tact et la diplomatie de rigueur. Cette autonomie professionnelle, couplée à un travail en équipe, devra vous permettre de gérer d'éventuelles situations d'attente un peu longues pour les patients et de traiter des relations légèrement tendues ou conflictuelles avec certains mécontents… Tous n'ont pas besoin du médiateur (vous pourrez cependant les diriger vers lui en cas de problème réel, si la situation l'exige).

• Selon le poste occupé dans la structure et les médecins qui y exercent, vous pouvez être amené à :
– éditer des documents de formation à l'usage d'étudiants en médecine ou pour une intervention extérieure d'un chef de service ;
– participer à l'organisation matérielle d'un congrès (réservation de salles, invitations…).

4. Les dossiers médicaux

A. La gestion du dossier des patients

• C'est au secrétaire médical que revient la **gestion** des dossiers médicaux, surtout dans un service de consultation ou d'hospitalisation.

• Le dossier médical constitue en quelque sorte le livre de l'**histoire médicale du patient**. Il consigne des documents multiples et très variés : courriers entre praticiens, comptes rendus, résultats d'examens, expertises médicales, etc. Le tout est classé dans une pochette ou une chemise adaptée, sur laquelle se trouvent les **informations administratives** du patient.

• Le dossier médical circule librement dans les différents services de soins d'un même établissement de santé. Ce dossier permet un suivi du malade quel que soit le service de l'hôpital. Rappelons que seuls les éléments des deux premières catégories sont communicables. Chaque pièce du dossier doit être datée et comporter l'identification du patient ainsi que le nom du professionnel de santé qui a recueilli ou produit les informations.

• Actuellement, dans les centres hospitaliers, les archives (service des dossiers médicaux) sont centralisées quasiment partout. Le dossier informatisé créé, son contenu est identique au dossier papier antérieur. Lorsqu'il est conservé, celui-ci ne peut être qu'une sorte de « sauvegarde » puisque les textes réglementaires imposent le « dossier unique » du patient.

• Le Code de **déontologie médicale** prévoit que le contenu du dossier médical « *soit conservé sous la responsabilité du médecin* ». Cela demeure la règle, mais il est aussi certain que c'est au secrétaire médical que reviendra la responsabilité de le tenir en état et de le restituer au service des dossiers médicaux pour simple archivage. Le Code de la santé publique précise que : « *le médecin doit protéger contre toute indiscrétion les documents médicaux concernant les personnes qu'il a soignées ou examinées, quels que soient le contenu et le support de ces documents* ». Le secrétaire médical est aussi tenu de respecter le secret professionnel, de faire en sorte que rien ne sorte « par erreur » de ce dossier. Il doit veiller à ce que tout y soit bien ordonné, afin que les soignants retrouvent aisément l'historique de la santé et des soins reçus par le patient.

• L'article R. 1112-2 du Code de la santé publique indique le contenu minimum du dossier médical (*cf.* p. 52).

B. La conservation et l'archivage des dossiers

- Dans un établissement de santé public ou relevant du service public, le dossier médical doit être conservé par l'établissement qui ne peut ni le détruire ni s'en dessaisir. Cela signifie que le patient peut disposer de l'information contenue dans « son » dossier mais n'est pas propriétaire de ce dernier.
- L'arrêté interministériel du 11 mars 1968 prévoyait une durée « ordinaire » de conservation des dossiers médicaux de vingt ans, prolongée jusqu'à 70 ans pour les dossiers concernant certaines pathologies (maladies chroniques, pédiatrie, stomatologie, neurologie) et de durée indéterminée pour les « *dossiers d'affections de nature héréditaire susceptibles d'avoir des répercussions pathologiques ou traumatisantes sur la descendance* ».
- Avant la loi de mars 2002, les dossiers médicaux devaient être conservés pendant 30 ans. Ce délai doit toujours être respecté pour les dossiers antérieurs à la loi du 04/03/2002. L'article R. 1112-7 du Code de la santé publique actualisé précise que le dossier médical doit être conservé par les établissements hospitaliers pendant une durée de **20 ans à compter de la date du dernier séjour** (décret du 04/01/2006) de son titulaire ou de la dernière consultation externe dans l'établissement. En cas de décès du patient moins de dix ans après son dernier passage dans l'établissement, le dossier doit être conservé pendant une durée de dix ans à compter de la date de son décès. Pour les mineurs, le délai de conservation est prolongé au minimum 10 ans au-delà de la majorité. Les documents relatifs aux actes transfusionnels doivent être rangés dans le dossier transfusionnel (à l'intérieur du dossier du patient) qui sera conservé 30 ans.
- L'article R. 710-2-2 du Code de la santé publique énonce que « *les informations formalisées recueillies lors des consultations externes dispensées dans l'établissement, lors de l'accueil au service des urgences ou au moment de l'admission et au cours du séjour hospitalier* » sont contenues dans le dossier médical du patient mais aucune autre information n'apparaît ensuite à propos de ces données. Aussi, il semble nécessaire de rassembler les éléments des consultations externes en une pochette unique et pour leur conservation de se référer à l'arrêté interministériel du 11/03/1968 : leur conservation sera alors subordonnée à la nature des pathologies en question.
- Enfin, l'article L. 1142-28 de la loi du 4 mars 2002 précise que « *les actions tendant à mettre en cause la responsabilité des professionnels de santé ou des établissements de santé publics ou privés à l'occasion d'actes de prévention, de diagnostic ou de soins se prescrivent par 10 ans à compter de la consolidation du dommage* ».
- Lorsque le dossier médical est électronique, le patient dispose des droits particuliers définis par la Commission nationale informatique et libertés (CNIL) : droits d'information, d'opposition, d'accès et de rectification.
- Lorsqu'un établissement de santé confie les dossiers médicaux (informatisés ou non) à un hébergeur de données de santé, agréé par le ministère de tutelle, la prestation est extrêmement réglementée. L'accès au dossier médical reste limité au patient concerné et aux établissements de santé qui le prennent en charge.

• La décision d'**élimination** revient au directeur de l'établissement après avis du médecin responsable de l'information médicale. Dans les établissements publics de santé et les établissements de santé privés participant à l'exécution du service public hospitalier, cette élimination est subordonnée à l'accord de l'administration des archives, qui détermine les dossiers dont elle entend assurer la conservation indéfinie pour des raisons d'intérêt scientifique, statistique ou historique.

POUR ALLER PLUS LOIN

Dans le cadre la « gestion des risques associés aux soins », l'HAS propose un certain nombre de recommandations. Certaines concernent aussi le travail de secrétariat. Afin de réduire les « événements indésirables associés aux soins » et notamment ceux qui ne devraient jamais arriver (comme l'acte effectué sur le mauvais patient !), les avis et recommandations insistent sur l'**identito-vigilance** : une faute de frappe lors de la saisie du patronyme peut ne pas être si banale, c'est une erreur administrative dont peut résulter une erreur de soins !

Dans le cadre du Programme Hôpital numérique, la DGOS a élaboré en octobre 2012 un certain nombre de fiches pratiques à ce propos : par exemple la définition et le rôle de la cellule d'identito-vigilance. « *La* ***Cellule d'identito-vigilance*** *est l'organe en charge de la surveillance et de la prévention des erreurs et des risques liés à l'identification des patients au sein d'un établissement de santé. Elle est l'instance qui met en œuvre la politique d'identification de l'établissement* ».

L'identification des patients à l'entrée fait l'objet de procédures spécifiques et reste un enjeu majeur pour la sécurité des soins. On saisit le profil du patient ce qui permet de lui attribuer un numéro d'identifiant (aujourd'hui un bracelet d'identification tend à se généraliser dans les EPS). Les éléments d'identification fournis par le patient (repris s'il s'agit d'un patient déjà connu) doivent être validés par sa carte d'identité (art. L. 162-21 du Code de la Sécurité sociale) et non par sa carte vitale, même si celle-ci lui sera demandée pour l'ouverture des droits sociaux. Sur le dossier médical, l'HAS recommande l'inscription du médecin traitant et/ou de celui qui adresse le patient.

Instruction DGOS/MSIOS/2013/281 du 7 juin 2013 relative à l'utilisation du **nom de famille** (ou nom de naissance) pour l'identification des patients dans les systèmes d'information des structures de soins : « *Seuls le nom de famille (appelé aussi nom de naissance), le sexe et la date de naissance doivent être retenus au titre des traits stricts ; et ce pour le sexe masculin comme féminin.*
Les systèmes d'information doivent intégrer les champs permettant la saisie de ces traits d'identité et leurs moteurs de recherche doivent systématiquement interroger le nom de naissance, et secondairement les différents noms d'usages du patient, tel que le nom marital, le nom usuel s'ils sont recueillis. [...] *La Haute Autorité de santé a érigé l'identito-vigilance en pratique exigible prioritaire (PEP) dans le cadre de la procédure de certification des établissements de santé, lesquels sont invités à développer en leur sein une politique d'identito-vigilance.* »

Fiche 6

Le PMSI

1. Définition

• PMSI signifie **Programme de Médicalisation des Systèmes d'Information**. C'est un outil à visée initiale de connaissances épidémiologiques qui est devenu, par la suite, un moyen d'évaluation médico-économique de l'activité médicale des établissements de santé. Lorsqu'on évoque les « systèmes d'information », il faut penser à ceux utilisés pour la gestion des établissements et celle des organismes de tutelle tels l'État ou la Caisse nationale de l'assurance maladie. « Médicaliser ces systèmes » veut dire les enrichir en données médicales (pathologies, traitements, prises en charge des patients).

• Le PMSI constitue donc un recueil standard d'informations et un instrument de gestion.

2. Historique et textes législatifs

• Le PMSI s'est installé progressivement dans les établissements avec pour objectif de mieux connaître/évaluer leur activité et son coût, c'est-à-dire d'en mesurer aussi les besoins financiers.

• En 1982, la direction des hôpitaux impulse le PMSI par une circulaire relative à la politique d'informatisation des hôpitaux. La circulaire du 24 juillet 1989 relative à la **généralisation du PMSI** et à l'organisation de l'information médicale dans les hôpitaux publics met en place les **départements d'information médicale** (DIM) dans ces établissements.

• La loi du 31 juillet 1991 portant réforme hospitalière impose aux établissements de santé publics et privés de procéder à l'analyse de leur activité. Ils sont tenus de « *mettre en œuvre des systèmes d'information tenant compte des pathologies et des modes de prises en charge* » afin d'évaluer les coûts et de favoriser l'optimisation de l'offre de soins. « *Les informations relatives à leurs moyens de fonctionnement et à leur activité* » (articles L. 6113-7 et L. 6113-8 du Code de la santé publique) seront transmises aux services de l'État et à l'assurance maladie.

• À partir de 1992, les établissements de « court séjour MCO », soins de courte durée médecine, chirurgie, obstétrique participant au service public hospitalier sont les seuls concernés jusqu'en 1997. La loi du 27 janvier 1993 stipule que « *les praticiens exerçant dans les établissements publics et privés transmettent les données médicales nominatives nécessaires à l'analyse de l'activité médicale au médecin responsable de l'information médicale* ».

• À partir du 1er juillet 1998, une extension du PMSI s'impose aux « moyens séjours », actuels soins de suite et de réadaptation (SSR), puis à l'hospitalisation à domicile (2006) et enfin en 2007 à la psychiatrie (arrêté du 29 juin 2006 relatif à la généralisation du PMSI). Toutefois, en sont exclues les structures qui relèvent du champ médico-social, à savoir les centres de soins en addictologie et/ou en alcoologie.

• Depuis 2005, le PMSI est aussi utilisé à des fins tarifaires avec la mise en place de la tarification à l'activité (T2A), alors nouveau système de financement des hôpitaux.

3. Le département d'information médicale (DIM)

• C'est la circulaire 275 du 6 janvier 1989 qui crée officiellement les DIM en même temps que les directeurs du service de l'information et de l'organisation (DSIO). Le responsable de chaque DIM est obligatoirement un médecin dont les missions sont ainsi définies : « *Organiser, traiter et analyser l'information médicale dans le cadre du programme de médicalisation des systèmes d'information (PMSI) en garantissant la confidentialité des informations médicales. Conseiller les instances et les responsables hospitaliers dans les domaines de la qualité des soins, du dossier patient, de la stratégie et de l'efficience médio-économique de la prise en charge du patient. Réaliser des projets, des présentations et communications médicales. Il peut avoir à animer une (des) équipes de TIM.* »

• Le responsable du DIM a une double compétence : médicale d'une part, informatique de l'autre. Son premier rôle s'articule autour du recueil des informations, de la description des prises en charge, le tout à traduire à l'aide de codes identiques pour toute la France. Il participe à la conception et au développement du système d'information médicale, il coordonne la formation des personnels des services médicaux concernés par la production et la transmission des indicateurs PMSI. Il assure une gestion centralisée des dossiers médicaux. Le responsable du DIM est toujours un médecin, ne serait-ce que pour veiller et faire respecter la confidentialité des données nominatives. Au sein de l'établissement support des GHT, se trouve un DIM de territoire créé à partir des DIM préexistant au sein des établissements parties et qui procède à l'analyse de l'activité de tous ces établissements.

4. Le recueil des informations

Les informations concernent des données administratives, d'autres la morbidité, d'autres encore les prises en charge. Les informations recueillies sont nominatives, ce qui implique que seuls les médecins ayant soigné le malade ou responsable du DIM y ont accès. Elles seront anonymisées avant toute transmission. La création de fichiers et les traitements des données sont soumis à une autorisation préalable de la Commission nationale de l'information et des libertés

(CNIL). Il faut noter qu'une personne admise en établissement de santé peut réclamer l'anonymat conformément aux articles R. 1112-28 et -38 du Code de la santé publique. Ceci implique une identification limitée au sexe, à l'année de naissance et à un numéro administratif de séjour. Les organismes de sécurité sociale s'assurent que les règles de codage fixées soient bien appliquées, de même pour la facturation.

A. En établissements de soins de courte durée

• Pour les séjours hospitaliers en soins de courte durée (Médecine Chirurgie Obstétrique Odontologie = MCOO), un **résumé d'unité médicale** (RUM) sera établi à la fin du séjour d'un malade dans une unité médicale. Lors de la sortie du patient, un **résumé de sortie standardisé** (RSS) est produit, constitué de un ou plusieurs RUM selon que son séjour ait été « mono-unité » ou « multi-unité ». Le résumé d'unité médicale contient un nombre limité d'informations administratives et médicales codées selon des nomenclatures et des classifications standardisées pour un traitement automatisé. C'est l'arrêté du 22/02/2008 modifié qui fixe les modalités à respecter :
– art. 2 : les établissements de santé publics et privés ayant une activité en médecine, chirurgie, obstétrique et odontologie, à l'exception de l'activité d'hospitalisation à domicile, produisent et traitent des données d'activité médicale, en vue de procéder à l'analyse médico-économique de l'activité de soins réalisée en leur sein et de permettre la facturation de cette activité ;
– art.4 : outre l'identification de l'établissement et les caractéristiques administratives du patient, les catégories d'information faisant l'objet de ces différents recueils sont les suivantes.
« 1. Le RUM ou le RSS comporte notamment des informations concernant :
– le parcours du patient dans l'établissement, depuis son admission jusqu'à sa sortie ;
– les motifs de soins, dits « diagnostics », et les actes réalisés au cours du séjour.
***Les informations recueillies dans ces résumés sont conformes au contenu du dossier médical du patient.** Les diagnostics portés dans les RUM sont **codés selon la plus récente mise à jour** de la dixième révision de la classification internationale des maladies de l'Organisation mondiale de la santé (CIM 10) et selon les extensions y afférentes prévues dans le document figurant en annexe I du présent arrêté, dans le respect des consignes de codage données dans le guide mentionné au V du présent article. Les actes portés dans les RUM sont codés selon la classification commune des actes médicaux (CCAM) figurant en annexe II du présent arrêté. Les informations du RSS donnent lieu à l'affectation du séjour à une catégorie d'information synthétique, dénommée groupe homogène de malades (GHM), produite selon un algorithme de groupage défini par l'État. Ces GHM sont répertoriés et décrits selon la classification figurant en annexe I du présent arrêté. »*

• Un seul **résumé de sortie anonyme** (RSA) est produit par séjour. Un fichier de RSA est transmis mensuellement à l'agence régionale de santé. Les établissements de santé doivent également produire à l'ARS le fichier des résumés standardisés de facturation (RSF) également anonymes ; ces documents reproduisent les contenus des factures transmises des établissements de santé aux organismes d'assurance maladie. Il existe un RSA particulier pour les actes des consultations externes à l'hôpital.

• Le médecin responsable de l'information médicale dans l'EPS veille à la qualité des informations produites et conseille ses confrères des services. C'est le directeur de l'établissement qui est responsable des transmissions réglementaires à l'extérieur. Le médecin ayant dispensé des soins ou responsable d'un service médical ou médico-technique doit veiller à transmettre des informations exhaustives de qualité au DIM. Dans le RUM, est mentionné le diagnostic principal (DP) au titre de la morbidité principale, à savoir le problème de santé ayant motivé l'admission du patient. Ce DP est codé en référence à la classification internationale des maladies (CIM-10) publiée par l'OMS et actualisée régulièrement. Les actes figurant dans le RUM sont codés selon la classification commune des actes médicaux (CCAM).

B. En établissements de soins de suite et de réadaptation (SSR)

• Le recueil des informations en soins de suite et de réadaptation porte sur l'activité des soins et sur la facturation. Un **résumé hebdomadaire standardisé** (RHS) est codé en conformité avec le dossier médical du patient. C'est l'arrêté du 30 juin 2011 modifié qui fixe les modalités de la base nationale de données du PMSI en SSR. Comme en MCO, les informations administratives indiqueront le numéro de l'établissement de santé (FINESS), le numéro de l'unité médicale et les informations propres au patient.

• Conformément aux articles R. 6113-1 et R. 6113-4 du CSP, les données recueillies pour chaque patient par le praticien responsable de la structure médicale ou médico-technique ou par le praticien ayant dispensé des soins sont transmises au médecin responsable de l'information médicale de l'établissement.

• Les informations relatives à la prise en charge du patient seront donc recueillies et transmises chaque semaine. Elles comprennent le numéro calendaire, les journées de présence, les informations médicales qui peuvent évoluer d'une semaine à l'autre en fonction de l'état clinique du patient. Il s'agit de la morbidité principale et associée, des actes médicaux, et des actes de rééducation-réadaptation. Le **codage** est là aussi effectué au moyen de la CIM-10 révisée et du catalogue spécifique des actes de rééducation et de réadaptation (CSARR). Les informations relatives à la morbidité sont enregistrées à l'issue de chaque semaine d'observation. On codera la finalité principale de la prise en charge (FPP) et la manifestation morbide principale (MMP), l'étiologie de la MMP sera nommée A.E. pour affection étiologique.

• Un **résumé hebdomadaire anonyme** (RHA) est produit sous la responsabilité du médecin du DIM pour être transmis à l'ARS et à l'État. Comme pour les MCO, le traitement des données et des fichiers est soumis à l'autorisation CNIL. Les médecins inspecteurs de la santé publique et les médecins conseil de l'assurance maladie peuvent avoir accès aux résumés de sortie, en cas de contrôle, par l'intermédiaire du responsable DIM. Article L. 1112-1 du CSP : « *Les médecins membres de l'inspection générale des affaires sociales, les médecins inspecteurs de santé publique, les inspecteurs de l'agence régionale de santé ayant la qualité de médecin et les médecins conseils des organismes d'assurance maladie ont accès, dans le respect des règles de déontologie médicale, à ces informations lorsqu'elles sont nécessaires à l'exercice de leurs missions* ».

Le mode de financement des établissements SSR évolue en 2017, c'est une année charnière vers la tarification à l'activité : la transition s'effectue par la combinaison de l'ancienne modalité de financement (dotation annuelle) et la nouvelle (dotation modulée à l'activité).

C. En psychiatrie

• Le recueil des informations dans le champ de la psychiatrie s'intitule recueil d'informations médicalisé en psychiatrie, soit RIM-P. Il comporte deux supports :
– le **résumé par séquence** (RPS) qui concerne les patients admis en hospitalisation ;
– le **résumé d'activité ambulatoire** (RAA) pour les consultations et soins externes.

• De la même façon que précédemment, ces documents seront anonymisés sous les acronymes RPSA et R3A pour transmission à l'ARS et à l'État.

• Les informations sont recueillies en tenant compte de la durée de la prise en charge : temps complet, temps partiel, ambulatoire. Par ailleurs dans le RIM-P, une notion de séjour et de séquence est prise en compte. Un **séjour** débute le premier jour de la prise en charge à temps complet ou à temps partiel et se termine le dernier jour de cette prise en charge. Une **séquence** correspond à une seule forme d'activité, un seul mode légal de séjour, un seul trimestre civil. La séquence est une notion purement administrative et technique. Un **numéro d'identification permanent** (IPP) est attribué au patient dans l'établissement d'accueil. Comme pour les PMSI précédents, les professionnels de santé indiqueront par codage le diagnostic principal ou le motif principal de prise en charge ainsi que les éventuels diagnostics associés.

5. Le PMSI et la T2A

• Les informations produites par le PMSI sont utilisées pour l'organisation de l'offre de soins et aussi pour le financement des établissements publics de santé. Les champs d'hospitalisation concernés par la **tarification à l'activité (T2A)** sont d'une part les soins de courts séjours MCOO et l'hospitalisation à domicile. La psychiatrie et les soins de suite et de réadaptation n'entraient pas dans cette tarification pour le moment : ils bénéficiaient d'un financement global. Depuis 2017, le financement des SSR évolue vers cette T2A (voir ci-dessus).

- Le financement à l'activité tend à mettre en œuvre un seul cadre de facturation et de paiement des activités hospitalières des EPS. Les ressources prennent en compte la nature et le volume des activités de l'établissement. La tarification à l'activité a impliqué l'attribution de tarifs à des prises en charge de pathologies, c'est l'objectif des GHM.

- C'est l'agence technique de l'information sur l'hospitalisation (Atih) qui réalise l'étude nationale des coûts (ENC) à méthodologie commune, afin de classer sur une échelle les différents groupes homogènes de malades (GHM) en fonction de leurs coûts respectifs. Le GHM tend à décrire le séjour d'un patient ; le groupe homogène de séjour (GHS) défini par l'assurance maladie en constitue la contrepartie financière : à un GHM correspond un GHS. Cela signifie que le GHS codé représente le tarif applicable au GHM concerné. Cependant, certains actes bénéficient de forfaits ou d'un complément de financement (urgences par exemple). L'assurance maladie rembourse en se référant aux groupes homogènes de séjour mais assure également le remboursement intégral des médicaments onéreux (cancer, maladies orphelines, etc.) et des dispositifs médicaux implantables par exemple.

Fiche 7

Le système nerveux et les organes des sens

Le système nerveux est composé de deux parties : le **système nerveux central** (SNC) et le **système nerveux périphérique** (SNP). Son unité tissulaire fonctionnelle est le **neurone**. Le système nerveux autonome ou neuro-végétatif assure la régulation nerveuse de l'organisme. Il fonctionne indépendamment de la volonté, il est constitué des nerfs sympathiques et des nerfs parasympathiques qui règlent le fonctionnement des viscères.
Voir le schéma des nerfs rachidiens et de la moelle épinière sur les rabats.

1. Le système nerveux

A. Structure anatomique

• Le **système nerveux central** ou névraxe est constitué de l'encéphale et de la moelle épinière.

• Logé à l'intérieur de la boîte crânienne, l'**encéphale** (*en/céphal(o)-*) est organisé en trois parties :
– le **cerveau** divisé en deux hémisphères et constitué d'aires corticales. C'est le siège de la sensibilité, des facultés intellectuelles et des actes volontaires ;
– le **cervelet** (*cerebell(o)-*) situé en partie occipitale et divisé également en deux hémisphères de part et d'autre du vermis. C'est le siège de l'équilibre et de la coordination des mouvements ;
– le **tronc cérébral** placé au-dessus de la moelle épinière (*myél(o)-*, *médull(o)-*), sous le cerveau. Il comprend le bulbe rachidien et contrôle les fonctions automatiques comme la respiration, les battements cardiaques, etc. Du tronc cérébral naissent quasiment tous les nerfs crâniens à destination des régions céphalique et cervicale (*cervic(o)-*).

• La **moelle épinière** est un long cordon blanc logé, depuis le bulbe rachidien, tout au long de la colonne vertébrale de la première vertèbre cervicale (C1) à la deuxième vertèbre lombaire (L2). C'est l'organe de transmission de l'influx nerveux de l'encéphale vers les différentes parties du corps. Au centre de la moelle épinière se trouve la substance grise en forme de papillon (ou de « H ») et en périphérie la substance blanche. De la moelle épinière naissent 31 paires de nerfs rachidiens ou spinaux qui constituent la première partie du système nerveux périphérique.

• Un **nerf** (*neur(o)-/nevr(o)-*) est dit moteur lorsqu'il innerve les muscles en partant du système nerveux central. Il est dit sensitif lorsqu'il envoie au système nerveux central des informations provenant d'un récepteur sensoriel. Certains nerfs peuvent être mixtes.

• Ce sont les **méninges** et le **liquide céphalorachidien** (LCR) qui nourrissent et protègent le système nerveux. Les méninges sont des membranes fines mais résistantes. Elles recouvrent les centres nerveux. Au nombre de trois, elles sont superposées :
– la **pie-mère** est celle qui se trouve le plus à l'intérieur et, par conséquent, celle qui est en contact direct avec l'encéphale et la moelle épinière. Elle est très mince et riche en vaisseaux sanguins ;
– l'**arachnoïde** est la méninge du milieu. Entre elle et la pie-mère, se trouve le liquide céphalo-rachidien (LCR) ;
– la **dure-mère** est la membrane extérieure, collée à l'enveloppe interne.

B. Les principales atteintes du système nerveux

• La **neurologie** étudie et soigne les maladies du système nerveux. Les maladies mentales sont pris en charge par une autre spécialité médicale : la **psychiatrie** (*psych(o)-/iatr(o)-*) qui distinguera mais traitera les névroses et les psychoses, les troubles obsessionnels compulsifs (TOC), les troubles de l'humeur (*thym(o)-*), les différentes phobies ou manies… (*-phobe/-manie*). Les maladies neurologiques atteignent soit le cerveau, soit la moelle épinière, parfois les nerfs périphériques ou certains muscles. Elles ont une cause organique.

• Les paralysies sont des déficiences partielles ou totales de la motricité, des diminutions ou disparitions des mouvements volontaires. Les paralysies peuvent être consécutives à un traumatisme de la boîte crânienne ou des nerfs périphériques, à une compression ou une section de la moelle épinière. On parle de parésie lorsqu'il s'agit d'une paralysie légère se manifestant par une diminution de la force musculaire. On distingue :
– l'**hémiplégie** (*hémi/plégie*) qui désigne une paralysie totale ou partielle d'un hémicorps, c'est-à-dire de la moitié gauche ou droite du corps. Elle peut résulter d'un accident vasculaire cérébral (AVC), c'est-à-dire de l'obstruction ou la rupture d'un vaisseau transportant le sang dans le cerveau qui n'est donc plus correctement irrigué ;
– la **paraplégie** désigne une paralysie (un déficit moteur) de la partie inférieure du corps, donc des membres inférieurs. Elle résulte d'une atteinte de la moelle épinière ;
– la **tétraplégie** ou **quadriplégie** (*tetra/quadri*) désigne la paralysie des quatre membres. Cette paralysie résulte de l'atteinte de la moelle épinière cervicale.

• L'**épilepsie** est une affection neurologique qui se manifeste soudainement par des convulsions, avec parfois, une perte de connaissance temporaire ou des troubles des sensations. L'épilepsie ou **comitialité** résulte d'une activité anormale et soudaine de cellules nerveuses : des décharges d'influx nerveux anormaux ont lieu dans le cerveau. Un électro-encéphalogramme (EEG) permettra d'affiner le diagnostic. Aujourd'hui, on sait qu'il existe plusieurs formes d'épilepsie grâce aux données obtenues par l'imagerie par résonance magnétique (IRM) ou par tomographie par émission de positons (TEP ou PET Scan).

- L'**électroencéphalographie** consiste à enregistrer l'activité électrique cérébrale à la surface du cerveau, grâce à des électrodes.
- L'**IRM** est un examen permettant l'obtention d'une image grâce à des ondes et à un électro-aimant ; les images sont reconstituées par un ordinateur.
- La **TEP** est une technique d'imagerie utilisant la radioactivité pour visualiser les activités métaboliques dans l'organisme.

• La **sclérose en plaques** (SEP) est une affection neurologique chronique évoluant par poussées intermittentes. C'est une **leuco-encéphalomyélite** aux causes inconnues. Elle entraîne une destruction de la gaine de myéline : des troubles sensitifs et moteurs en découlent. Les premières manifestions cliniques sont souvent une **névrite optique rétrobulbaire** ou une **monoplègie** (*mon(o)-/-plégie*).

• Les **maladies neuro-dégénératives** résultent d'une altération des cellules du système nerveux. La dégénérescence nerveuse atteint le cortex cérébral dans la **maladie d'Alzheimer**. Des plaques séniles visibles sur le cerveau du malade entraînent des lésions histologiques. On assiste à une détérioration intellectuelle progressive dont les premiers signes cliniques sont des troubles mnésiques (*mnés(o)-*) accompagnés de troubles du langage, de l'humeur (*thym(o)-*) et d'une désorientation spatiale. L'**apraxie** (*a/prax-*) et l'**agnosie** (*a/gnos(o)-*) surviennent en phase avancée de la maladie. La **maladie de Parkinson** est aussi une affection dégénérative du SNC dont les zones particulièrement atteintes sont les neurones producteurs de dopamine qui est un neurotransmetteur. Trois symptômes essentiels font penser à cette pathologie : l'**akinésie** (*kine/kinet(o)-/kinés(o)-*), l'**hypertonie** (*hyper-/ton*) et un tremblement au repos. La maladie ou **Chorée de Huntington** est une maladie neurologique héréditaire due à la destruction de certains neurones.

• L'**ataxie** (*a/tax(o)-*) désigne une incoordination des mouvements volontaires due à une atteinte du cervelet.

• L'**aphasie** désigne un trouble ou une perte de l'usage de la parole (*phasie*). Une lésion cérébrale limitée en est la cause, il en découle une incapacité à communiquer.

• La **poliomyélite** (*poli(o)-/ite*) est une atteinte de la substance grise de la moelle épinière qui entraîne une paralysie et une perte des réflexes tendineux.

• La **syringomyélie** est une affection médullaire cervicale et dorsale : une cavité tubulaire se développe en son centre et détruit peu à peu les substances grise puis blanche de la moelle épinière.

• Un **cancer** du système nerveux central est dû à un amas cellulaire anormal au niveau cérébral ou médullaire. On désigne sous le nom de **gliome** (*-ome*) cette tumeur maligne qui atteint les cellules gliales qui entourent les neurones. Le diagnostic tumoral repose sur l'anatomo-pathologie et notamment la **biopsie** qui consiste à analyser un prélèvement cellulaire effectué sous anesthésie (*an-/-esthésie*).

2. Les organes des sens

Les organes sensoriels reçoivent des informations en provenance de l'environnement extérieur grâce à des récepteurs spécifiques que les nerfs relient au cerveau.

A. La peau

La peau recouvre totalement le corps qu'elle protège en s'opposant à la pénétration des microbes. Elle comprend deux couches distinctes : en profondeur le **derme**, qui est un tissu conjonctif, et en surface l'épiderme, qui est un tissu épithélial. L'**hypoderme** désigne le tissu sous-cutané. La peau est donc un organe **protecteur**, mais aussi un organe **sensoriel** : elle transmet des messages à nos centres nerveux. C'est enfin un organe **excréteur** grâce au réflexe de sudation : les glandes sudoripares libèrent la sueur qui s'évapore à la surface, par les pores de la peau. Le **dermatologue** soigne les maladies de la peau, des muqueuses et des phanères (ongles, cheveux). Bien souvent, il est spécialisé en vénérologie et soigne donc des infections sexuellement transmissibles.

1) Les lésions cutanées

Une lésion cutanée est une voie de pénétration d'éléments étrangers à l'organisme. Ses signes cliniques sont visibles à l'œil nu. On distingue :
– les **érythèmes** (*érythr(o)-*), qui existent aussi dans certaines maladies infectieuses ;
– les **dyschromies** (*dys-/chromo*), comme le *pityriasis versicolor* ou le vitiligo, qui constituent des achromies ou pertes de la pigmentation. Le chloasma ou masque de grossesse fait partie des hyperpigmentations ;
– le **purpura**, qui correspond à une hémorragie des capillaires de la peau ou d'une muqueuse donnant des pétéchies (petites taches) ;
– les **papules** (*papula*), soulèvements cutanés comme pour l'urticaire ou le prurigo ;
– les **vésicules**, petites collections de liquide dans l'épiderme : c'est le cas de l'eczéma, de l'herpès ou du zona ;
– les bulles ou **phlyctènes**, comme dans l'impétigo (infection purulente) ;
– les **pustules**, comme dans l'acné, la furonculose ou l'anthrax ;
– les **kératoses** et hyper kératoses, comme les cors, le psoriasis ou l'ichtyose (peau très sèche et desquamante) ;
– les **scléroses** et les atrophies (*a-/-trophie*) cutanées : les premières correspondent à un épaississement du derme, les secondes à un amincissement du derme et de l'épiderme ;
– les tumeurs bénignes nommées ***nævi*** (un *nævus*) ou grains de beauté ;
– les **verrues**, petites tumeurs bénignes d'origine virale, résultant d'une hyperplasie papillaire épidermique ;
– les **plaies**, coupures cutanées par lesquelles des micro-organismes peuvent pénétrer (risque de tétanos) ;
– les brûlures, plaies plus ou moins profondes de la peau ou des muqueuses.

2) Les pathologies dermatologiques

• Parmi les pathologies dermatologiques les plus courantes, on notera l'importance de celles dues à des **ectoparasites**, un parasite vivant à la surface du corps. C'est le cas notamment des poux de tête ou du pubis entraînant des **pédiculoses** ou des **phtiriases**. Le *Sarcopte scabei* est un acarien qui provoque la **gale** caractérisée par un prurit nocturne important et l'éruption de vésicules. Une **mycose** (*myc(o)- fungus*) désigne une infection de la peau due à un champignon microscopique : par exemple, la **trichomycose** (*trich(o)-*) est une maladie des poils et des cheveux. La **teigne** est une mycose du cuir chevelu pouvant provoquer une alopécie. L'**alopécie** désigne la chute des cheveux et/ou des poils, l'alopécie peut être temporaire, générale ou partielle. Un ongle incarné inflammatoire est désigné par le terme **onyxis** et peut être objet de candidose.

• Une **escarre** est une lésion profonde due au frottement ou à la compression de tissus qui ne sont plus vascularisés : il y a donc nécrose, c'est-à-dire mort tissulaire. L'**acné** est une accumulation de sébum et de kératine dans le follicule pilo-sébacé ; cet hypersecrétion de sébum est associée à une surinfection. L'eczéma est une dermatose vésiculaire très prurigineuse. La lésion évolue par poussées présentant des plaques érythémateuses, parfois suintantes et recouvertes de croûtes. L'**eczéma** est une dermatose vésiculaire très prurigineuse. La lésion évolue par poussées présentant des plaques érythémateuses, parfois suintantes et recouvertes de croûtes. L'eczéma peut être d'origine allergique.

REMARQUE

L'**allergie** est une réaction d'hypersensibilité à un antigène (agent infectieux). C'est une réaction excessive du système immunitaire contre un allergène, substance considérée comme ennemie par l'organisme. La classe de médicaments la plus connue pour soigner les symptômes allergiques regroupe les **anti-histaminiques**.

• Les **carcinomes** (*carcin(o)-*, *cancer(o)-/-ome*) et les **mélanomes** (*melan(o)-*) sont les cancers cutanés qui naissent au niveau de l'épiderme. Le **sarcome de Kaposi** est un cancer cutané qui se manifeste par des tumeurs brunes ou violacées sur la peau, il résulte souvent des complications du syndrome d'immunodéficience acquise (SIDA).

B. L'œil

• L'œil est un organe sphérique logé dans une cavité osseuse : l'orbite. La glande lacrymale produit les larmes (*dacry(o)-*) qui assure l'humidité intérieure de l'œil.

• L'œil est un système optique : il reçoit des images qu'il transmet au cerveau par le nerf optique après transformation par la **rétine** (*retin(o)-*). Nous avons une vision binoculaire. Lorsque les deux yeux transmettent au SNC une image différente, le cerveau en éliminera une et l'acuité visuelle sera très diminuée, très faible : c'est l'**amblyopie** (*ambly-/op, ops, opt*). Le strabisme est un autre exemple d'un trouble de la vision binoculaire : on louche, les deux axes visuels ne visent pas ensemble l'objet.

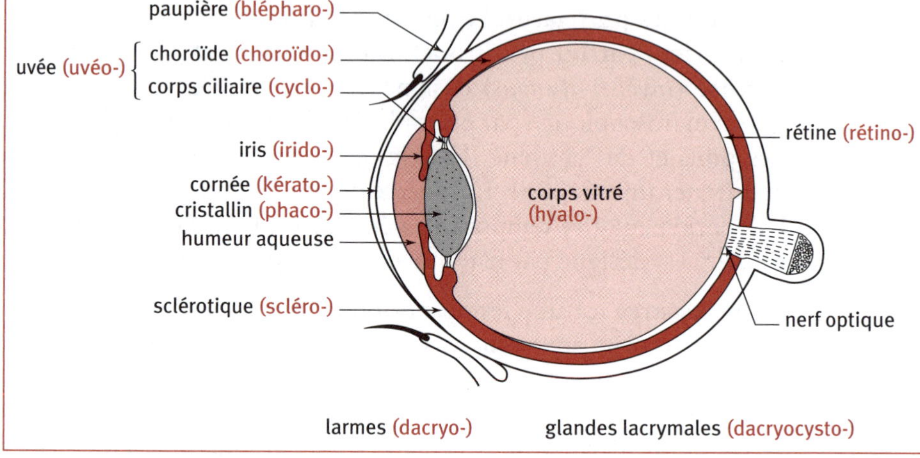

Fig. 3 - Schéma de l'œil

• L'œil peut être atteint de défauts ou en acquérir au cours de l'existence. Une **mydriase** indique une dilatation permanente de la pupille et à l'inverse le **myosis** traduit son rétrécissement permanent. Un **nystagmus** désigne un trouble oculaire dû à des mouvements oscillatoires involontaires du globe oculaire.

• Des défauts visuels existent. La **myopie** est l'un d'eux : la vision de loin est floue parce que l'image de l'objet éloigné ne se forme pas sur la rétine mais en avant de celle-ci. Une pratique récente, la **photokératectomie** (*phot(o)-/kerat(o)-/ec-/-tomie*) réfractive permet de traiter chirurgicalement la myopie sous collyre anesthésiant, grâce aux photons du laser rayonnant à travers la cornée pour l'amincir. À l'inverse, l'**hypermétropie** : la vision et très bonne de loin mais, l'image étant projetée en arrière de la rétine, la vision de près est plus ou moins floue. L'**astigmatisme** se caractérise par une vision déformée du fait d'un défaut de courbure de la cornée ou du cristallin. Enfin, la **presbytie** (*presby*) est une anomalie de la vision de près du fait de la perte de souplesse du cristallin vieillissant.

• Certaines anomalies visuelles concernent la vision des couleurs, ce sont les **dyschromatopsies** (*dys-/chrom(o)-, chromat(o)-/ops*) dont certaines sont héréditaires comme le **daltonisme** que l'on diagnostique notamment avec le **test d'Ishihara**. Une **xanthopsie** (*xanth(o)-/ops*) indique une vision à dominante jaune que l'on peut observer lors de certains ictères par exemple.

• Des pathologies oculaires peuvent entraîner une cécité ou anopsie. Une **neuropathie optique héréditaire de Leber** atteint le nerf optique et provoque une lacune du champ visuel créant un **scotome** (*scot(o)-*). La **cataracte** est une pathologie due à la perte de transparence, à l'opacification du cristallin qui est liée au vieillissement naturel de l'œil. Le traitement de la cataracte est exclusivement chirurgical, c'est la **phacoémulsification** qui permet l'insertion d'un cristallin artificiel. Le **glaucome** est une atteinte du nerf optique caractérisée par une augmentation de la pression interne de l'œil. Lorsque le glaucome est congénital et survient tôt dans la vie, on constate souvent une **buphtalmie** (ou hydrophtalmie) qui est une augmentation très importante du volume de l'œil. La gonioscopie permet de mesurer l'angle formé par l'iris et la cornée, cet examen est un temps essentiel dans le diagnostic des glaucomes. La **dégénérescence maculaire liée à l'âge** (DMLA) apparaît après 50 ans, c'est une perte progressive du champ de vision qui tend vers la cécité. Les traitements de cette affection sont souvent médicamenteux, auxquels on associe de la rééducation et de la réadaptation fonctionnelle orthoptiques (*orth(o)-/opt*).

• Un **rétinoblastome** (*retin(o)-/blaste/-ome*) désigne une tumeur oculaire maligne qui se développe au centre de la rétine dans les premiers mois de la vie.

C. La sphère ORL

• L'oreille (*ot(o)-*), le nez (*rhin(o)-*, *nas(o)-*) et la région laryngée (*laryng(o)-*) constituent la sphère ORL. L'oto-rhino-laryngologiste peut également pratiquer de la chirurgie maxillo-faciale.

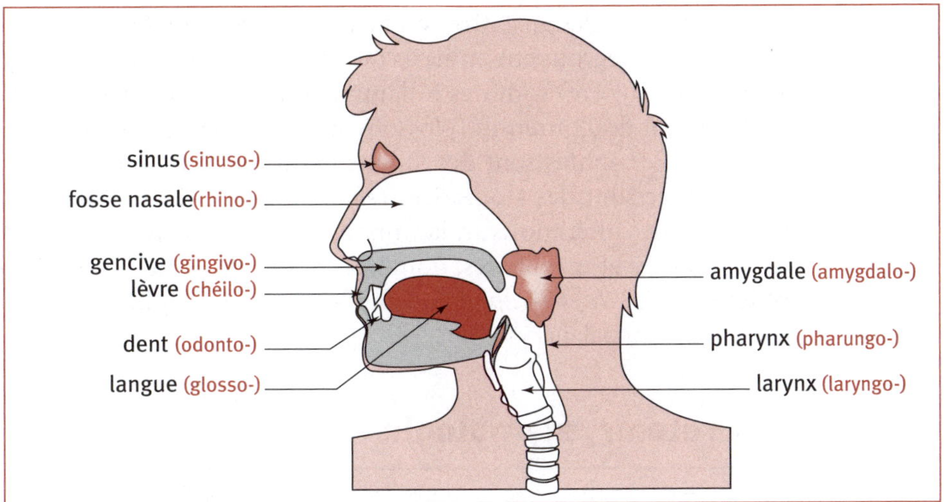

Fig. 4 - La sphère ORL

• L'**oreille** est formée de trois parties : externe (visible), moyenne et interne. L'audition résulte d'un phénomène vibratoire de l'air qui se propage sous forme d'ondes sonores. Les sons arrivent dans le conduit auditif externe, font vibrer le tympan (*myring(o)-*) et la chaîne des osselets. Cette vibration se transmet à l'oreille moyenne qui les amplifie et les propage vers l'oreille interne. Les organes de l'équilibre se trouvent dans l'oreille interne. Les troubles de l'audition peuvent résulter d'une surdité de transmission ou d'une surdité de perception. Le diagnostic se basera sur un **examen otoscopique** et des mesures acoumétriques et audiométriques (*acou, audi(o)-/-metrie*). Les **acouphènes** sont des sensations sonores de bourdonnements et de sifflements d'oreille. La maladie (ou syndrome) de **Ménière** est une pathologie de l'oreille interne dont le principal symptôme sont les vertiges, associés à des nausées. À terme, la fonction auditive est altérée. La pathologie de l'oreille la plus courante est l'otite qui peut atteindre les différentes parties de l'oreille et être accompagnée ou non d'otorrhée (*ot(o)-/-rrhée*). Le **cholestéatome** est un kyste qui se développe dans l'oreille moyenne dont le traitement nécessite son **exérèse** (*ex-/-erese*) et une **tympanoplastie** (*-plastie*). L'**otospongiose** ou otosclérose est une maladie de l'os de l'oreille.

• Les **fosses nasales** permettent à la fois la respiration et l'olfaction. L'**osmesthésie** (*osm(o)-/-esthésie*). Les **dysosmies** désignent les troubles de l'odorat : lorsqu'il y a une diminution de l'acuité olfactive, c'est une **hyposmie** qui peut être symptomatique de pathologies bénignes comme le coryza ou la polynose naso-sinusienne (PNS). Si le déficit est total, on parle d'une **anosmie**. La **parosmie** désigne un trouble qualitatif de l'odorat et la **cacosmie** (*cac(o)-/-osm(o)-*) indique la perception habituelle de mauvaises odeurs qui, lorsqu'elle n'est pas due à une affection aérienne supérieure, se révèle hallucinatoire.

• La **langue** est le récepteur gustatif essentiel. C'est une masse musculaire très mobile dont la base se situe dans le larynx. La muqueuse linguale est tapissée de papilles sensorielles gustatives ou tactiles. De ces papilles partent des fibres nerveuses qui se regroupent en nerfs : le glosso-pharyngien et le lingual. Les **glossites** (*gloss(o)-/-ite*) sont des inflammations de la muqueuse de la langue, elles sont souvent douloureuses (glossodynies). Une absence de goût se nomme une **agueusie**. Les aphtes sont des lésions des muqueuses linguale et buccale, voire laryngée : ce sont des **stomatites** (*stomat(o)-/ite*). La cavité buccale peut aussi connaître des altérations inflammatoires de la gencive ou **parodontoses**. Les fentes labiales et maxillaires, nommées « becs de lièvre », sont des **chéilodysraphies** (*cheil(o)-/dys-/-raphie*) ou **chéilo-palatodysraphies** si elles sont associées à une fente du palais.

3. À retenir, étymologie

a-/an-	absence, carence, manque de...
acou-, audi(o)-	entendre
acr(o)-	extrémité
actin(o)-	lumière, rayons lumineux
adénoïd(o)-	végétation
ambly-	faible
céphal(o)-	tête
chlor(o)-	vert
chrom(o)-, chromat(o)-	couleur
crin(o)-	sécréter

cutane(o)-	peau
cyan(o)-	bleu
dermo/dermat(o)-	peau
dys-	difficulté, trouble
ecto-, ec-, ex(o)- ≠ endo-)	en dehors de, à l'extérieur (≠ à l'intérieur)
épi-	sur/au-dessus
érythr(o)-	rouge
-esthésie	sensibilité
fong(o)-, fungus, myc(o)-, mycét(o)-	champignon
gnath(o)-	mâchoire
hémi-	demi, moitié
hypo- (≠ hyper-)	insuffisance, au-dessous de la normale, diminution (≠ excès, augmentation…)
iatr(o)-	médecin(e)
leuc(o)-	blanc
melan(o)-	noir
muc(o)-	muqueuse
nécr(o)-, thanat(o)-	mort
nyctal(o)- (≠ héméra)	nuit ≠ jour
-ome	tumeur (pas forcément cancer)
onyx-, onych(o)-	ongle
op-, ops-, opt-	œil, vision
osm(o)-	odeur
-phobe (≠phile)	peur, crainte (≠ qui aime)
-plasie	développement, croissance
-plégie	paralysie
poli(o)-	gris
presby-	vieillard
psych(o)-	mental, esprit
ptyal(o)-, sial(o)-	salive
-ptose	chute
py(o)-	pus
-raphie	suture
-rrhée	écoulement (non sanguin)
sudor-	sueur
trans-	à travers
trich(o)-	poil
-trophie	idée de nutrition
xanth(o)-	jaune

Fiche 8

L'appareil locomoteur

L'appareil locomoteur est constitué des os (*ostéo-*) du squelette qui sont reliés aux articulations (*arthro-*) par les ligaments (*syndesmo-*) et aux muscles (*myo-*) par des tendons (*tendino-/teno-*). Nous avons vu précédemment (*cf.* Fiche 7) que le système nerveux permettait la coordination des mouvements (*kinéso-/kinéto-*). Les maladies de l'appareil locomoteur sont essentiellement traitées par un **rhumatologue**. Lorsqu'il est nécessaire d'intervenir chirurgicalement, on fait appel à un médecin **orthopédiste**.
Voir les schémas du squelette humain, du squelette du crâne, du squelette des membres supérieurs et inférieurs et de l'articulation sur les rabats.

1. Les os

A. Définitions

L'os est un élément du squelette constitué de sels de calcium et d'une substance protéique : l'osséine. Tous les os sont recouverts d'une membrane résistante : le **périoste** (*péri/oste*). Le tissu osseux évolue perpétuellement. Des cellules jeunes, les **ostéoblastes** (*ostéo/blaste*), produisent l'**osséine** qui permet la croissance de l'os. Il existe trois types d'os :
– les os longs (humérus, fémur…) allongés comprenant deux épiphyses aux extrémités et une diaphyse au centre. La moelle osseuse se trouve dans le canal médullaire de l'os ;
– les os plats (omoplate, pariétal…) de faible épaisseur, constitués de deux lames d'os compact ;
– les os courts (vertèbres, scaphoïde…) de petite taille et dont la longueur et l'épaisseur sont sensiblement égales.

B. Les pathologies osseuses

Des causes multiples peuvent occasionner une pathologie osseuse. Les anomalies du squelette ont très souvent une origine génétique : l'**achondroplasie** (*a/chondro/plasie*) est une anomalie du développement osseux, c'est une maladie congénitale de l'os, il y a atteinte du cartilage. C'est une forme de nanisme. Les **ostéites** (*osté/ite*) sont des maladies inflammatoires dues à des germes pathogènes, parfois parasitaires. Les tumeurs des os seront soit bénignes, comme l'**ostéome ostéoïde** (tumeur constituée de substance jeune, non calcifiée) ou le **chondrome** (*chondro/ome*), soit malignes et on parlera d'**ostéosarcome** ou de **chondrosarcome** lorsqu'il y aura production anarchique des cellules du tissu cartilagineux.

- Les **fractures** sont des lésions, des ruptures osseuses dues à un choc ou à une déminéralisation de la trame osseuse. Une fracture peut se révéler **simple** (un trait de fracture), ouverte (perforation cutanée et musculaire) ou comminutive, c'est-à-dire avec de multiples fragments osseux.
- Les **déminéralisations osseuses** sont diverses : l'**ostéoporose** (*ostéo/poro/ose*) est une raréfaction de la trame protéique de l'os calcifié. La cause est souvent une ostéopénie (*ostéo/pénie*) physiologique du vieillissement. L'ostéomalacie (*ostéo/malaco*) est une décalcification osseuse. Une carence en vitamine D, en calcium et en phosphore provoque cette affection dont les causes sont multifactorielles : carence d'apport mais aussi troubles digestifs (gastrectomie, pancréatite chronique, etc.). Le rachitisme est une absence de minéralisation de la trame protéique de l'os. C'est une maladie de l'enfant ou de l'adolescent dans laquelle les os longs et le rachis sont déformés.
- Les **déviations** de la colonne vertébrale ou rachis sont des courbures trop prononcées : une **lordose** cervicale ou lombaire indique exagération de la courbure en avant (cambrure accentuée) ; une **cyphose** dorsale désigne l'exagération de la courbure en arrière (dos voûté) ; une **scoliose** montre une incurvation latérale du rachis (déviation en S). D'autres déviations existent à l'endroit des orteils, on parle d'***hallus valgus*** pour une déviation du gros orteil vers les autres orteils, et d'***hallus varus*** pour une déviation en dedans. Lorsqu'il s'agit des genoux : un ***genu varum*** désigne des jambes arquées, tandis qu'un ***genu valgum*** correspond à des genoux cagneux.

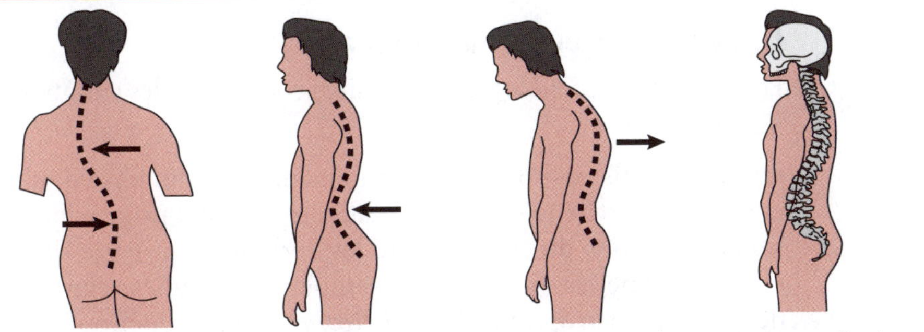

Fig. 5 - Les déviations du rachis

2. Les articulations

A. Définitions

- Une **articulation** unit deux ou plusieurs pièces du squelette et permet leurs mouvements. C'est une sorte de jointure. L'articulation est recouverte d'une membrane : la **synoviale** qui secrète un liquide visqueux, la **synovie**, qui joue un rôle lubrifiant. Les os sont maintenus par des **ligaments articulaires**.

• Les **synarthroses**, ou articulations fixes, sont immobiles : par exemple, les sutures des os du crâne.

• Les **amphiarthroses** sont des articulations semi mobiles, qui possèdent des cartilages réunissant les os entre eux : les vertèbres, par exemple.

• Les **diarthroses**, ou articulations mobiles, assurent des mouvements étendus ; elles sont recouvertes d'un cartilage jouant un rôle d'amortisseur. Le **ménisque** est un petit cartilage, situé entre certaines diarthroses comme celle du genou. Il facilite le glissement des surfaces articulaires.

B. Les mouvements articulaires

• Par l'**abduction**, on éloigne le membre du corps, alors que par l'**adduction**, on le rapproche.

• La **supination** et la **pronation** indiquent des mouvements de rotation. La paume de la main regarde vers le haut en supination, alors que la pronation montre la paume de la main vers le sol.

• Pour la flexion et son opposé, l'**extension**, on considère l'axe transversal du corps : la flexion rapproche deux segments articulaires tandis qu'avec l'extension, c'est l'éloignement.

• La **circumduction** désigne un mouvement de rotation autour d'un point fixe, c'est le cas par exemple lorsqu'on dessine un cercle avec le bras.

C. Les pathologies articulaires

Les principales pathologies articulaires concernent les rhumatismes et les lésions ligamentaires.

• Les rhumatismes sont des affections inflammatoires et douloureuses des articulations ; l'**arthrite** est un rhumatisme inflammatoire aigu. Lorsqu'elle atteint les articulations du rachis, entre les vertèbres, on parle de **spondyl-arthrite**. C'est la forme classique d'un ensemble de maladies regroupées sous le terme de **spondylarthropathie** (*spondyl(o)/arthr(o)/pathie*) qui indique une atteinte inflammatoire du rachis et du bassin. La **polyarthrite** (*poly/arthr(o)-ite*) **rhumatoïde** est une pathologie extrêmement invalidante, c'est une maladie **auto-immune**. Cela signifie que l'organisme considère ses propres articulations comme « étrangères ». Dès lors, les défenses immunitaires de l'individu se retournent contre la **synoviale**. Le lupus érythémateux disséminé (**LED**) et le syndrome de Raynaud sont également des pathologies souvent diagnostiquées à partir de leurs atteintes articulaires. L'**arthrose** est un rhumatisme chronique de l'articulation entraînant sa dégénérescence. Un cliché radiographique (*radio-*) montre des excroissances osseuses en saillie dans l'articulation : ce sont des **ostéophytes** (*osté(o)/-phyte*), les articulations s'enraidissent et peuvent devenir très douloureuses. Il est alors parfois possible de remplacer l'articulation par une **prothèse** (hanche, genou) c'est-à-dire par un dispositif artificiel.

À défaut de prothèse possible (cheville, poignet), on pratiquera une **arthrodèse** (*arthr(o)-/-dèse*), acte chirurgical consistant à bloquer/ankyloser l'articulation grâce à du matériel (clous, vis, plaque) afin de faire disparaître les algies.

• Les entorses et les luxations se classent dans les lésions ligamentaires. L'entorse est un traumatisme dû à un excès de sollicitation traumatique du ligament sans déplacement de l'articulation. La **luxation** se produit lorsque les surfaces articulaires ne sont plus en contact ; l'articulation est « déboîtée ». Une **subluxation** (*sub-*) est une luxation incomplète, c'est-à-dire que les surfaces articulaires sont peu déboîtées.

Pour aller plus loin

- Une **bursite** (*burs/ite*) est une inflammation d'une poche (bourse séreuse) limitée par une membrane contenant de la synovie (liquide contenu dans l'articulation).
- Une **luxation congénitale de la hanche** désigne une malformation de l'articulation de la hanche.

3. Les muscles

A. Définitions

Les **muscles** sont des corps élastiques, contractiles et toniques. Les muscles lisses (ou blancs) sont les muscles des viscères. Les muscles striés (ou rouges) s'insèrent sur les os et les mettent en mouvement. Le muscle cardiaque, ou myocarde, est un muscle strié autonome.

B. Les myopathies

« Myopathie » est un terme générique désignant les maladies qui atteignent les muscles.

• Les **dystrophies** (*dys-/troph*) musculaires sont des formes particulières de myopathies dont l'origine est génétique. La maladie de Duchenne (DMD) est une pathologie héréditaire qui aboutit à des amyotrophies (*a/myo(o)/troph*) progressives puis une perte de la fonction motrice ; elle n'atteint que les garçons. Le dosage des créatine-phosphokinases (CPK) dans le sang permettra d'évaluer l'état des muscles. La **myotonie** (*my(o)-/ton*) de Steinert est une maladie familiale héréditaire qui se caractérise par un affaiblissement des muscles qui ont du mal à se relâcher en fin de contraction. C'est une maladie multisystémique, c'est-à-dire qu'elle atteint aussi d'autres organes comme le cœur ou l'appareil digestif par exemple. La **maladie de Charcot**, autre dystrophie héréditaire, se caractérise par une amyotrophie et une neuropathie sensitive progressives qui touchent les extrémités des membres.

• La **myasthénie** (*my(o)-/a/-sthén(o)*) est une pathologie neuromusculaire chronique (*chron(o)-*) caractérisée par une fatigabilité musculaire touchant n'importe quel muscle, la contraction devient difficile, cette maladie évolue par poussées.

• Le **torticolis** : ce mot signifie « cou tordu ». C'est une contracture de l'un des muscles qui permettent les mouvements de la tête. Il atteint de manière générale le muscle sterno-cléido-mastoïdien.

• Un muscle peut être étiré et subir de ce fait une élongation. Si cet étirement est exagéré et provoque la rupture de quelques fibres, on parle d'une **déchirure** musculaire, s'il est distendu, on évoque un **claquage**.

• Un **léiomyome** est une tumeur bénigne des muscles lisses, à la différence d'un **léiomyosarcome** (*léio/myo/sarcome*) qui est un cancer des fibres musculaires lisses.

4. À retenir, étymologie

alg(o)-, algie, dynie	douleur	algoménorrhée, névralgie, mastodynie
arthr(o)-	articulation	arthrite
blaste	germe, cellule immature	ostéoblaste
dèse	lier, relier	arthodèse
disc(o)-	disque intervertébral	discite
ite	inflammation	appendicite
léi(o)-, li(o)-	lisse	léiomyome
malac(o)-	mou	angiomalacie
ose	état pathologique	psychose
osté(o)-	os	ostéologie
phyt(o)-, phyte, physe	plante, excroissance	phytoalopécie
por(o)-	poreux	ostéoporose
rachi	rachis, colonne vertébrale	rachicentèse
sacr(o)-	sacrum	sacralgie
sarcome	tumeur maligne/cancer	liposarcome
spondyl(o)-	vertèbre	spondylarthrite
sthén(o)-	force	asthénie
sub	presque	subictère
syndesm(o)-	lien, ligament	syndesmoplastie
tal	talon	talalgie
tén(o)-, tendin(o)-	tendon	tendinite

Fiche 9

L'appareil respiratoire

Voir le schéma de l'appareil respiratoire sur les rabats.

1. L'anatomie du système respiratoire

• L'**appareil respiratoire** comprend les voies respiratoires et les poumons. Les **voies respiratoires** sont constituées par les fosses nasales (*rhin(o)-/nas(o)-*), le pharynx (*pharyng(o)-*), le larynx (*laryng(o)-*), la trachée artère (*trachéo(o)-*) et les bronches (*bronch(o)-*).

• Les **fosses nasales** sont deux cavités situées de façon symétrique de part et d'autre d'une cloison médiane, elles sont le siège de l'olfaction. Le **pharynx** est un conduit musculo-membraneux dans lequel se croisent la voie respiratoire (des fosses nasales au larynx) et la voie digestive (de la bouche à l'œsophage). Le **larynx** est un canal ostéo-cartilagineux, c'est l'organe de la phonation (*-phone* ≠ *-phase*). La **trachée artère** est un tube d'anneaux de cartilage qui conduit l'air dans les bronches, elles-mêmes permettent à l'air d'arriver dans les poumons.

• Les **poumons** sont des masses spongieuses, protégés par la cage thoracique ; ils sont mobiles grâce aux muscles inspirateurs et expirateurs. Les poumons sont constitués de lobes : deux pour le poumon gauche et trois pour le droit. À l'intérieur des poumons, les bronches se ramifient en **bronchioles** (*-ole*, *-ule*), qui se terminent par les **alvéoles**, petits sacs dans lesquels s'effectuent les échanges gazeux entre l'air et le sang. Le médiastin (*média, méso-, inter-*) se situe entre les deux poumons. Chaque poumon est entouré d'une séreuse : la plèvre (*pleur(o)-*) dont le feuillet viscéral recouvre le poumon tandis que le pariétal recouvre la face interne de la cage thoracique. Situé sous les poumons, le **diaphragme** (*phrén(o)-*) est un muscle respiratoire.

• Le **hile pulmonaire** est le point par lequel les bronches pénètrent dans chaque poumon ; c'est également l'orifice de pénétration et de sortie des vaisseaux sanguins.

2. Les principales pathologies de l'appareil respiratoire

• Les maladies pulmonaires peuvent atteindre les bronches, la plèvre ou le **parenchyme** pulmonaire. Ce dernier terme désigne le tissu fonctionnel, une partie d'un organe qui assure une fonction physiologique.

• Les **pneumopathies**, terme générique pour les infections pulmonaires, ont des causes diverses :

– les bactéries (pneumonie) ;

– les virus (grippe, bronchiolite) ;
– la poussière. Les pneumoconioses peuvent porter des noms différents en fonction de leur origine (« silicose » pour la silice de la houille ou « bérylliose » pour le béryllium, par exemple).

• Un **emphysème** est un gonflement dû à la présence d'air, de gaz. L'emphysème pulmonaire est une bronchopathie chronique, qui se traduit par une dilatation des alvéoles pulmonaires et entraîne leur destruction avec infiltration d'air dans les tissus ; ceux-ci perdent leur élasticité : la quantité d'oxygène qui entre dans le sang est réduite (**hypoxie**) et la respiration est difficile.
L'emphysème peut être une conséquence de la **bronchopneumopathie chronique obstructive** (BPCO) qui est une forme grave de bronchite chronique, à progression lente et non guérissable.

• Une **atélectasie** (*atel-*) signifie que les alvéoles pulmonaires ne sont plus ventilées correctement.

• La **tuberculose pulmonaire** est une maladie infectieuse dont l'agent pathogène responsable est le bacille de Koch. On la dénomme aussi **phtisie**. Elle se manifeste par une toux persistante, accompagnant une bronchite à répétition, une hémoptysie (*hémo-/-ptysie*) ou une infection parenchymateuse. On la prévient grâce à la vaccination par le BCG.

N.B. : le Bacille de Calmette et Guérin (BCG) désigne un vaccin qui, en France, n'est plus obligatoire pour tous depuis le 11 juillet 2007 ; l'obligation de vaccination est suspendue au profit d'une recommandation forte de vaccination des enfants les plus exposés à la tuberculose. La liste des personnes concernées par la vaccination obligatoire est fixée dans le Code de la santé publique.

• Une **pleurésie** est un épanchement liquidien dans l'espace pleural. Lorsqu'elle est chronique, on diagnostique une **pachypleurite** (*pachy-/pleur(o)-*) qui désigne un épaississement de la plèvre. La chronicité désigne l'évolution lente d'une maladie qui s'étale dans le temps, qui dure.

• Un **pneumothorax** désigne un épanchement d'air dans la cavité pleurale par une brèche dans un des feuillets. Une radiographie pulmonaire (RP) et une gazométrie permettront d'affiner le diagnostic. Le traitement de base est d'évacuer l'air par exsufflation à l'aiguille ou par un drain.

• L'**asthme** est une affection des voies aériennes respiratoires, caractérisée par des crises de **dyspnée** sifflante à l'expiration. C'est une maladie inflammatoire du système respiratoire. Un œdème se forme sur la paroi des bronches et il y a une hypersécrétion de mucus. En parallèle à cette inflammation, on constate une broncho-constriction des muscles bronchiques.

• Une **tachypnée** (*tachy-/-pnée*) signifie une accélération du rythme respiratoire, à l'inverse une **bradypnée** (*brady-/-pnée*) indique une respiration ralentie.

• L'**épistaxis** est synonyme d'hémorragie nasale.

• La **mucoviscidose** est une maladie génétique héréditaire due à la mutation du gène codant une protéine : le CFTR (*cystic fibrosis transmembrane conductance regulator*). Le mucus bronchique est altéré, ce qui entraîne une inflammation bronchique chronique. Le tissu épithélial de toutes les glandes exocrines est atteint. À l'heure actuelle, aucun traitement curatif symptomatique de la mucoviscidose n'existe. La kinésithérapie respiratoire aide à évacuer les secrétions bronchiques épaisses, les médicaments anti-inflammatoires et/ou corticoïdes. À terme plus ou moins lointain, le patient doit subir une transplantation pulmonaire. Une solution thérapeutique par la **thérapie génique** reste un espoir majeur.

> **N.B. :** La **thérapie génique** est une forme de thérapeutique des troubles génétiques. Pour ce faire, on introduit par voie veineuse de l'**ADN** dans la cellule et ce « médicament » ira modifier le patrimoine génétique du malade. Dans le cas de la mucoviscidose, la thérapie cellulaire consiste à implanter des cellules épithéliales saines dans le système respiratoire des malades.
>
> ADN signifie : acide désoxyribonucléique, c'est la molécule de l'information génétique.

• Le **cancer des poumons** est un terme générique pour évoquer différents **carcinomes** (*carcin(o)-*, *cancér(o)-*), c'est-à-dire des tumeurs malignes qui atteignent aussi bien les bronches que la plèvre. Un **mésothéliome** pleural est une tumeur maligne de la plèvre ; l'**asbestose** est une fibrose pulmonaire, une pneumoconiose grave due à l'inhalation de poussière d'amiante qui majore le risque de cancer broncho-pulmonaire.

3. À retenir, étymologie

aér(o)-	air	aérodynamique
atél-	incomplet	atélocéphalie
brady-	lent	bradypnée
coni(o)-	poussière	pneumoconiose
constrict-	rétrécir	angioconstriction
-ectasie	dilatation	bronchectasie
hém(o)-	sang	hémoglobuline
lob(o)-	lobe	lobectomie
-ole, -ule	petit	fistule
pachy-	épais	pachyderme
-pnée	respiration, ventilation	apnée
-phone ≠ -phase	voix ≠ parole	dysphonie, aphasie
ptisie	cracher	ptisiologie
tachy-	rapide	tachycardie

Fiche 10

L'appareil digestif et les glandes annexes

Voir le schéma de l'appareil digestif sur les rabats.

1. Anatomie de l'appareil digestif

• L'**appareil digestif** se compose de la cavité buccale, du pharynx et du tube digestif. Le **tube digestif** est constitué d'une suite d'organes creux qui sont : l'œsophage, le cardia, l'estomac, le pylore, l'intestin grêle et le côlon (appelé aussi « gros intestin »). Il se termine par le rectum dont l'orifice extérieur est l'anus (*proct(o)-*).

• La **gorge**, ou **pharynx**, constitue un carrefour de croisement entre la voie respiratoire et la voie digestive. Son rôle est triple : participation à la **déglutition**, **respiration**, enfin **phonation**.

• Le **cardia** est un sphincter (muscle annulaire) qui permet le passage des aliments de l'œsophage à l'estomac. De la même façon, le pylore ouvre le passage vers l'intestin.

• L'**intestin grêle** comprend le duodénum (*duodén(o)-*), le jéjunum (*jéjun(o)-*) et l'iléon (ilé(o)-). Ce dernier segment effectue la jonction au côlon à l'endroit du cæcum, sur lequel s'abouche l'**appendice**.

• Le **côlon** est qualifié d'**ascendant** depuis le cæcum jusqu'au premier coude à hauteur du foie. On le nomme **transverse** dans la zone épigastrique (*épi-/gastr(o)-*), enfin il est dit descendant depuis le second coude, sous la rate (*splén(o)-*), jusqu'au **sigmoïde** (ou iléo-pelvien) situé juste avant son segment final ou « rectum ». Ce sont les artères mésentériques qui vascularisent l'ensemble du côlon.

• Plusieurs glandes (*adén(o)-*) sont annexées au tube digestif dans lequel elles déversent des substances qu'elles produisent. Ainsi les glandes parotides, les glandes sous-maxillaires et les glandes sublinguales constituent les **glandes salivaires**, elles fournissent la salive (*sial(o)-/ptyal(o)-*) qui est le premier suc digestif intervenant dans la transformation des aliments. Le **pancréas**, proche du pylore, est une glande mixte : à la fois exocrine et endocrine (îlots de Langerhans). À ce titre, il sécrète l'insuline qui est une hormone hypoglycémiante (*hyp(o)-/glyc(o)-*) contrairement au glucagon, hyperglycémiant : ces deux hormones interviennent dans l'homéostasie glucidique. Autre glande annexe : le **foie** qui sécrète la **bile** (*cholé-*). Celle-ci s'accumule dans la vésicule biliaire (*cholécyst(o)-*) et s'écoule dans l'intestin grâce au canal cholédoque. La **cholérèse** désigne la sécrétion de la bile par le foie. Lorsque l'évacuation de la bile ne se fait plus, on observe une rétention de bilirubine (pigment jaune). Les téguments prennent une coloration jaune : c'est un **ictère** ou jaunisse.

• Les viscères abdominaux sont entourés par une membrane séreuse : le **péritoine.**

2. La digestion

• L'ensemble du tube digestif assure la **digestion** (*pept(o)-*) en transformant les aliments en **nutriments**.

• C'est d'abord la **mastication** et la **déglutition** depuis la cavité buccale : les aliments broyés sont mêlés aux sécrétions des glandes salivaires qui les hydratent pour former le **bol alimentaire**. Pendant la déglutition, la glotte reste fermée, empêchant les aliments de passer dans les voies respiratoires, ce qui provoquerait une « fausse route ». Dés la déglutition, l'œsophage se contracte et se distend, poussant ainsi les aliments dans l'estomac. L'estomac a une action mécanique : il malaxe le bol alimentaire et le transforme en « chyme ». Il assure aussi une action chimique par ses sécrétions acides et enzymatiques (lipase, pepsine, présure).

POUR ALLER PLUS LOIN

Une **enzyme** (*-ase*) est une protéine qui permet une réaction chimique, ici dans la transformation et la décomposition des aliments. Au départ, on parlait de « diastases ». Par convention, les noms des enzymes se terminent par le suffixe *-ase*. Les transaminases sont des enzymes qui interviennent dans la synthèse et la dégradation des acides aminés. Les deux transaminases les plus étudiées en biologie sont l'alanine aminotransférase (ALAT), appelée aussi transaminase glutamique-pyruvique (SGPT) et l'aspartate aminotransférase (ASAT), également appelée transaminase glutamique oxalo-acétique (SGOT).

• Des mouvements **péristaltiques** (action mécanique de la digestion stomacale) permettent la progression des aliments après le passage dans le **fundus**, partie haute de l'estomac. C'est en passant par le **duodénum** que les aliments digérés arrivent dans l'intestin grêle. Les sucs pancréatiques et les secrétions biliaires se déversent dans le duodénum par l'ampoule de Water. Dans l'**intestin grêle**, les nutriments franchissent la paroi intestinale à l'endroit des villosités et passent dans le sang : c'est l'**absorption**.

• Parvenus dans le **côlon**, les déchets sont décomposés par des bactéries ; ils durcissent du fait de leur déshydratation et progressent dans le gros intestin grâce à des mouvements péristaltiques. Les **selles** (encore appelées **matières fécales** ou **fèces**) se composent de produits non absorbables. Elles sont stockées dans le rectum avant la **défécation**, phénomène d'expulsion naturelle par l'anus. On évoque un **fécalome** lorsqu'une masse de matière fécale s'accumule et forme un bouchon dans le côlon ou le rectum.

3. Les anomalies et les troubles du système digestif

A. Les principales anomalies de taille dans l'appareil digestif

• Un **brachy-œsophage** est un œsophage trop court. Un **dolichocôlon**, ou **dolicholie**, indique un segment de côlon allongé, trop long. Le côlon comprend trois segments : le **côlon ascendant**, le **côlon transverse** et le **côlon descendant**, terminé par une anse sigmoïde. Un dolichocôlon peut entraîner une constipation, accompagnée de colite (inflammation de la muqueuse). Un **mégacôlon** est un côlon dilaté. Il est fréquent de constater à la coloscopie (*-scope*) ces deux anomalies conjuguées. Une **sténose** est un rétrécissement. La **sténose** (*stén(o)-*) du **pylore** empêche l'évacuation du contenu de l'estomac du fait de l'épaississement du muscle. Cette malformation chez le nourrisson provoque des vomissements et nécessite une pylorotomie (*pylor(o)-/-tomie*) de la couche musculaire hypertrophiée.

• Une **atrésie** est une malformation d'un conduit naturel dans lequel il y a obstruction ou sténose de la lumière organique. L'atrésie est corrigée par voie chirurgicale : ce sera une **anastomose** (*stomo*) c'est-à-dire la réunion de deux parties du/des canaux ou bien l'abouchement de l'organe à la peau comme dans le cas de la colostomie (côlon à l'abdomen) ou encore l'anastomose hépatico-jéjunale abouchant directement le canal hépatique au jéjunum.

B. Les troubles relatifs à la nutrition

• Lorsque l'on éprouve un besoin excessif de manger (*phag(o)-*) sans avoir vraiment faim (*orex-*), c'est de la **polyphagie**. À l'inverse, l'anorexie désigne la perte d'appétit. La polydipsie (*poly/dips(o)-*) désigne une sensation de soif excessive. Parfois, c'est un symptôme du diabète.

• La **boulimie** ou **polyorexie/hyperorexie** est l'ingestion morbide (c'est-à-dire maladive) d'une grande quantité d'aliments. À l'opposé, l'**anorexie mentale** désigne la perte de l'appétit qui conduit à une grave dénutrition. Ces deux pathologies sont des troubles du comportement alimentaire. L'anorexie mentale peut mener à une **cachexie**, soit un amaigrissement extrême avec risque pour le pronostic vital. Ces affections relèvent d'une prise en charge psychiatrique.

• La **potomanie** est le besoin pathologique de boire (*pot(o)-*), d'avaler des liquides en grande quantité. La **dipsomanie** est une affection psychiatrique qui voit le malade boire impulsivement des liquides toxiques, notamment alcoolisés.

C. Les principales pathologies

Les causes des maladies de l'appareil digestif sont multiples : il peut s'agir de malformations (voir ci-avant), du résultat de mauvais comportements alimentaires ou de troubles d'assimilation et d'absorption. L'aérophagie ou la dyspepsie (*dys-/peps(o)-*) sont des troubles fonctionnels tout à fait bénins. Le météorisme indique une accumulation de gaz dans l'abdomen, on parle aussi d'aérocolie qui provoque des flatulences.

Une **maldigestion** indique un déficit enzymatique du pancréas ou de l'intestin. Une **malabsorption** traduit une altération des villosités intestinales et provoque une **stéatorrhée**, c'est-à-dire la présence de graisses dans les matières fécales (fèces = selles).

1) Les affections gastro-intestinales

- Un **ulcère** (gastroduodénal) est une lésion due à une perte de substance des muqueuses (gastrique et duodénale).
- La **hernie hiatale** désigne une saillie d'une partie de l'estomac par un orifice du diaphragme réservé naturellement au passage de l'œsophage. L'un de ses signes fonctionnels est le reflux gastro-œsophagien (RGO) avec **pyrosis** (*pyr(o)-*), c'est-à-dire avec sensation de brûlures épigastriques.
- Une **diarrhée** désigne l'émission de selles fréquentes et liquides.
- La **maladie de Crohn** fait partie des maladies inflammatoires chroniques de l'instestin (MICI). C'est une affection chronique inflammatoire qui atteint essentiellement l'iléon et le côlon. On la dénomme aussi iléite régionale.
- La **maladie cœliaque** est une entéropathie chronique provoquée par le gluten.
- Une **diverticulose** désigne la présence de cavités pathologiques (diverticules), de hernies du revêtement muqueux à travers la paroi de l'intestin, souvent sur le côlon sigmoïde. Une diverticulite peut apparaître et nécessiter une intervention chirurgicale qui pourra être pratiquée sous **cœlioscopie** (*cœli(o)-/-scope*).
- L'**occlusion intestinale** est une manifestation due à l'arrêt du transit intestinal (*cf.* ci-dessus). L'occlusion intestinale du nouveau-né, appelée **iléus méconial**, est la forme la plus grave de la mucoviscidose.
- Les **parasitoses** intestinales sont multiples. On trouve par exemple les **helminthiases**, comme l'**oxyurose** provoquée par de petits vers blancs (oxyures) ou la parasitose due au ténia (ver solitaire) qui se fixe sur la paroi intestinale.
- La **typhoïde** est une maladie infectieuse à transmission digestive, c'est une grave salmonellose due à une entérobactérie endotoxique. Cette maladie se diagnostique par une hémoculture ou une coproculture.
- Les **tumeurs stromales gastro-intestinales** (GIST) sont majoritairement localisées à l'estomac et sur l'intestin grêle et concernent donc le tissu conjonctif. On les diagnostique bien par écho-endoscopie (*éch(o)-/end(o)-/-scope*), examen d'imagerie médicale qui associe deux techniques de visualisation. L'oncologue (*onc(o)-/-logie*) pratiquera une résection chirurgicale avec chimiothérapie et/ou radiothérapie éventuelles.

2) Les hémorragies digestives

Il existe plusieurs types d'hémorragies digestives que l'on dénommera différemment selon leur localisation. Une **hématémèse** (*hémat(o)-/-émét(o)-*) désigne un vomissement d'origine digestive, c'est-à-dire que le sang provient de la partie haute du tube digestif. Un **melæna** (méléna) correspond à une production de sang digéré donc provenant du grêle et donnant une couleur noire aux selles. Une **rectorragie** est une hémorragie rectale de sang rouge.

3) Les affections des glandes annexes

• Les **oreillons** sont une maladie infectieuse qui atteint notamment les glandes parotides. Cette virose (infection virale) est aussi appelée **fièvre ourlienne**.

• Une **lithiase** biliaire désigne la formation de calculs dans la vésicule biliaire. Un dépôt de cholestérol dans les voies biliaires conduit à la formation de calculs à l'origine des coliques hépatiques (une colique est une douleur au niveau des viscères abdominaux).

• Une **cirrhose** est une atteinte hépatique caractérisée par une altération des hépatocytes, une sclérose et des nodules de régénération. L'**ascite** est une pathologie secondaire à une cirrhose, c'est un épanchement de liquide dans la cavité péritonéale.

• Les **hépatites** sont des inflammations du foie caractérisées par une altération dégénérative des hépatocytes et une augmentation des transaminases (*cf.* ci-dessus).

• Une **cholestase** (*-stase*) indique que la bile ne s'écoule plus et que de la bilirubine est refoulée dans le sang. Une prescription de cholagogues (*-agogue*) peut alors s'avérer utile.

• Une **hydrocholécyste** désigne une dilatation de la vésicule biliaire.

• Une **pancréatite** désigne une inflammation du pancréas. Parfois, un diabète peut compliquer une pancréatite. Le **diabète** est une maladie métabolique résultant d'une absence ou d'une insuffisance de sécrétion d'insuline pour le diabète de type 1, de l'incapacité des cellules de l'organisme à utiliser le glucose pour le diabète de type 2.

• Les glandes annexes peuvent connaître l'atteinte par des tumeurs malignes. Dans le cas du foie par exemple, il peut s'agir d'un cancer primitif, un hépatocarcinome, ou de **métastases** (foyer tumoral secondaire) d'un cancer du tube digestif. Lorsque la partie exocrine du pancréas est touchée par une tumeur maligne on parle d'**adénocarcinome pancréatique** tandis qu'un carcinome endocrine désigne l'atteinte de la partie endocrine de la glande. Le dépistage s'effectue par bilan sanguin et imagerie : échographie abdominale et scanner (ou tomodensitométrie) avec injection de produit de contraste.

4. À retenir, étymologie

adén(o)-	glande, ganglion	adénopathie
-agogue	qui favorise, entraîne	cholagogue
-cèle	hernie	dacryocèle
cholé	bile	cholécystectomie
dips(o)-	soif	polydipsie
dolich(o)-	allongé	dolichogastrie
ech(o)-	son	échogène

• • •

●●●

-émèse	vomir	antiémétique
épi-	au-dessus	épigastre
eu	facile	eupnée
lith(o)-	pierre, caillou	lithotricie
méga-, mégal(o)-	grand, dilaté, très gros	mégaloblaste, mégalomanie
onc(o)-	cancer	oncogène
orex-	faim	orexigène
pept/s(o)-	digérer	eupepsie
phag(o)-	manger, avaler	phagocyte
pot(o)-	boire	potomanie
pyr(o)-, pyrét(o)-	feu	apyrétique
-stase	arrêté	hémostase
stéat(o)-	graisse	stéatonécrose
stén(o)-	rétréci, étroit	sténostomie
stoma, stomie	bouche, aboucher	colostomie
DID	diabète insulinodépendant (appelé aussi « de type1 »)	
DNID	diabète non insulinodépendant (appelé aussi « de type 2 »)	
TDM	tomodensitométrie	
TOGD	transit œsogastroduodénal	

Fiche 11

L'appareil urinaire

1. Anatomie de l'appareil urinaire

• L'appareil urinaire est un appareil excréteur qui comprend les **reins** (*néphr(o)-*), les **uretères** (*urétér(o)-*), la **vessie** (*cyst(o)-*) et l'**urètre** (*urétr(o)-*). Les reins sont deux organes de couleur rouge foncé, en forme de haricots. Le rein droit est situé sous le foie et le rein gauche sous la rate. Chaque rein comprend une très grande quantité d'unités fonctionnelles spécialisées nommées **néphrons.** Les **hiles rénaux** permettent le passage des vaisseaux et des uretères. Chaque rein est surmonté d'une glande surrénale. Situées au-dessous de l'extrémité supérieure de chaque rein, cette glande endocrine comprend deux parties : l'une corticale nommée la **corticosurrénale**, l'autre médullaire et interne appelée **médullosurrénale**.

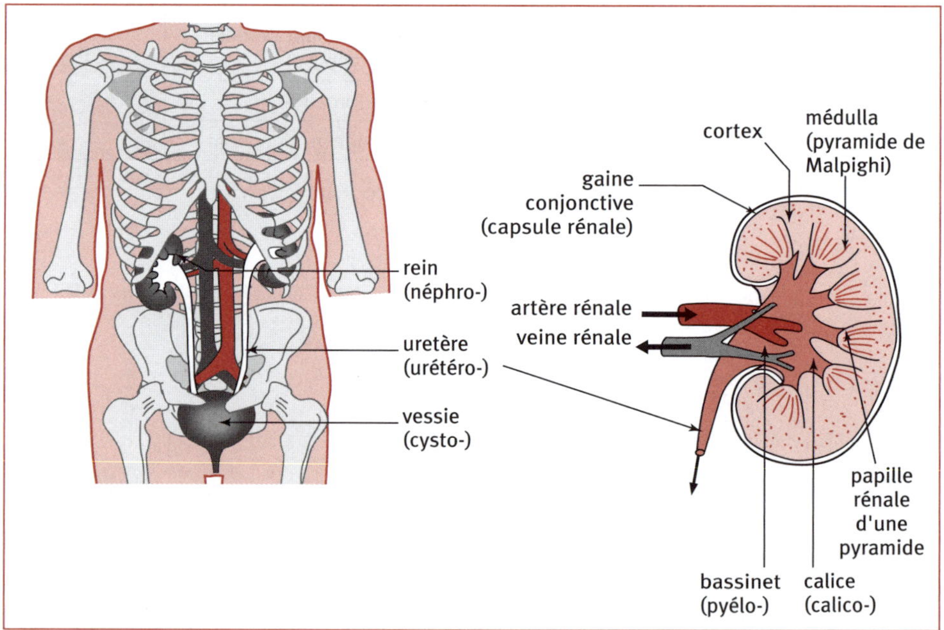

Fig. 6 - Appareil urinaire et coupe longitudinale d'un rein

• Le **néphron** débute par une sorte de sac : la **capsule de Bowman**, qui renferme une connexion de capillaires constituant le **glomérule** (organe filtrant le plasma sanguin). La capsule de Bowman est reliée au **tube contourné proximal**. L'**anse de Henlé** assure sa jonction avec le **tube contourné distal**. L'urine aboutit alors dans le **tube collecteur**, dit **tube de Bellini**. L'urine sera d'abord recueillie à l'endroit du calice (*calic(o)-*) puis dans le bassinet (*pyél(o)-*), elle sera évacuée par les uretères jusqu'à la vessie. Enfin, l'**urètre** est le canal excréteur de l'urine dont l'orifice extérieur est le **méat urinaire**. La miction est l'évacuation naturelle de l'urine accumulée dans la vessie. La **vessie** est un réservoir musculo-membraneux qui comprend trois orifices : ceux des **méats urétéraux** et celui du **méat urétral** qui permet l'évacuation de l'urine. Ces trois points constituent le **trigone vésical**.

À QUOI SERVENT LES REINS ?

Les reins sont constitués chacun d'environ un million de néphrons. Ces minuscules canaux assurent le travail de filtration, d'excrétion et de sécrétion :
– ils permettent à l'organisme de maintenir la quantité d'eau qui lui est nécessaire. Grâce à eux, les entrées (alimentation, boissons) et les sorties journalières d'eau (quantité d'urine excrétée) s'équilibrent ;
– ils régulent les quantités de sel, potassium et autres substances minérales indispensables à l'organisme ;
– ils ont une fonction de régulation du milieu intérieur en éliminant l'excès d'acides provenant de l'alimentation ;
– ils éliminent les produits toxiques de l'organisme que sont l'urée (résultant de la digestion des protéines) et la créatinine (qui provient de la destruction des cellules musculaires de l'organisme, en perpétuel renouvellement) ;
– ils jouent un rôle dans la production et la sécrétion d'hormones comme la rénine (intervenant dans la régulation de la pression artérielle), l'érythropoïétine (intervenant dans la production des globules rouges), le calcitriol (forme active de la vitamine D).

Source : Claire Reuillon, *Valeurs mutualistes*, janvier/février 2006.

2. Les troubles de la miction

- La **miction** est un acte volontaire d'évacuation des urines. Les troubles mictionnels sont multiples.
- Une **dysurie** indique une difficulté à uriner. Lorsqu'elle est associée, chez l'homme, à une pollakiurie, elle témoigne potentiellement d'un problème de prostate qui peut comprimer l'urètre.
- L'énurésie est une émission involontaire d'urine. Lorsqu'elle est nocturne on évoque une **nycturie** (*nyct(o)-*).
- Une **pollakiurie** désigne un besoin très fréquent d'uriner, sans qu'il y ait nécessairement de **polyurie** (*poly-/-urie*). Un utérus gravide (qui contient un embryon ou un fœtus) induit souvent une pollakiurie.
- Un **résidu post-mictionnel** indique qu'il reste de l'urine dans la vessie après la miction.
- Une **incontinence** désigne une émission involontaire d'urine (ou de matières fécales).

• L'**hydronéphrose** désigne une distension du bassinet, du calice et parfois du rein, du fait de l'accumulation de l'urine.

3. Les maladies de l'appareil urinaire

• Une **cystite** est une inflammation de la vessie.

• Une **tubulopathie** désigne une maladie du rein qui atteint spécifiquement le tube contourné. Une **glomérulonéphrite** est une inflammation de l'organe de filtration rénale, le **glomérule**. Une **pyélonéphrite** concerne une infection localisée dans les reins dont le germe infectieux est une bactérie qui remonte de la vessie par l'uretère et parvient donc au rein par le bassinet. Un examen cytobactériologique des urines (**ECBU**) assorti d'un **antibiogramme** (*anti-/bio-/gramme*) permettra de déterminer le germe pathogène (*escherichia coli* par exemple) et de connaître quels antibiotiques combattront l'infection. Une urographie intraveineuse (UIV) est un examen d'imagerie médicale (avec produit de contraste injecté) qui permet de visualiser l'arbre urinaire et de rechercher d'éventuelles anomalies.

• Des **coliques néphrétiques** désignent des douleurs aiguës de l'abdomen et des fosses lombaires, qui résultent de l'obstruction des voies urinaires par des calculs. Outre un ECBU, un **ASP** (examen radiologique de l'abdomen) permet souvent de repérer les calculs. Le traitement d'une lithiase, en première intention, est non invasif, c'est la **lithotritie** extra corporelle (LEC) par onde de choc.

• Lorsqu'on constate un rein en position anormalement basse dû au relâchement des ligaments ou des muscles, on parle de **ptose** rénale et une **néphropexie** (*néphr(o)-/-pexie*) sera éventuellement envisagée.

• L'**insuffisance rénale** est un défaut de fonctionnement rénal qui résulte d'une affection de l'organe. Le débit de filtration glomérulaire, donc celui de la **diurèse** (excrétion de l'urine), est diminué. Les signes d'appel peuvent être une **anurie** ou une **oligurie** extrême. L'uricémie et la créatinémie sont des résultats essentiels pour poser le diagnostic. Lorsque ces taux d'urée et de créatinine sanguins sont élevés de façon permanente (notamment s'il y a anémie et/ou hypertension artérielle), le médecin pense à une insuffisance rénale chronique (IRC) qui correspond à la diminution des néphrons fonctionnels. Quels que soient la cause et le degré de l'atteinte, l'insuffisance rénale nécessite des prescriptions thérapeutiques, qui incluent des mesures diététiques afin d'augmenter les apports hydriques et protéiques. On utilise, si besoin, la **voie parentérale** (hors du tube digestif) pour l'alimentation. Le diabète peut se compliquer par une néphropathie progressive. En cas de grave insuffisance rénale, des procédés d'épuration extrarénale sont nécessaires :
– la **dialyse péritonéale** : le péritoine sert de lieu d'échange entre le sang et une solution appropriée injectée par un cathéter, causant donc une ascite (épanchement) artificielle. Ce traitement concerne plutôt l'insuffisance rénale aiguë (IRA) ;

– l'**hémodialyse**, qui est une forme de dialyse extracorporelle. On l'appelle aussi « rein artificiel » ; on pratique une fistule, communication entre une artère et une veine d'un membre supérieur, pour placer la tubulure ou, à défaut, on place un cathéter dans une grosse veine du cou par exemple.

- Les progrès thérapeutiques permettent la **transplantation rénale** (greffe rénale). Cet acte chirurgical impose toutefois de tenir compte de l'histocompatibilité entre donneur et receveur, puis de prescrire un suivi pour remédier aux éventuelles réactions immunologiques de rejet.
- Les cancers de l'appareil urinaire touchent les organes et les voies excrétrices. On parle de **néphroblastome** (*néphr(o)-/blaste/-ome*) ou tumeur de Wilms pour une tumeur rénale maligne de l'enfant. L'urologue diagnostiquera un cancer de la vessie par une échographie sus pubienne simple ou transrectale ou transvaginale (*trans-*) c'est-à-dire que le sonde est introduite dans l'un des organes. Une fibroscopie vésicale permet aussi de visualiser directement l'intérieur de la vessie. Lorsqu'il y a nécessité d'une **cystectomie** (*cyst(o)-/ec-/-tomie*), il faut alors pratiquer une déviation urinaire, c'est une urétérostomie. Lorsqu'elle est bilatérale, il faut alors utiliser des poches extérieures qui recueilleront les urines.

4. À retenir, étymologie

calic(o)-	calice	calicielle
cyst(o)-	vessie	cystectomie
-gramme	résultat/enregistrement écrit	ionogramme
néphr(o)-	rein	néphrocolopexie
nyct(o)-	nuit	nyctophobie
olig(o)-	peu	oligocholie
-pexie	fixer	mammopexie
pollaki-, poly	souvent/fréquent, beaucoup/ nombreux	pollakiurie, polyglobulie
post-	après	postnatal
-ptose	chute	blépharoptose
pyél(o)-	bassinet	pyélectasie
trans-	à travers	transluminal
-urèse	uriner	diurèse
-urie	état de l'urine, dans l'urine	anurie
ASP	abdomen sans préparation	
ECBU	examen cytobactériologique des urines	
EPO	érythropoïétine	
LEC	lithotritie extra corporelle	

Fiche 12

L'appareil circulatoire

L'appareil circulatoire, également nommé **système cardiovasculaire**, est composé du cœur et des vaisseaux sanguins. Un réseau de vaisseaux lymphatiques lui est associé. Le **sang**, propulsé par le cœur, est transporté dans l'organisme par le réseau sanguin. La **lymphe** rejoint la circulation sanguine à l'endroit des veines sous-clavières, elle est filtrée par de nombreux ganglions lymphatiques. La lymphe baigne et nourrit les tissus organiques et participe à l'immunité en luttant contre les infections.

Voir le schéma de la circulation sanguine et du système lymphatique sur les rabats.

1. Anatomie de l'appareil cardiovasculaire

A. Schéma anatomique du myocarde

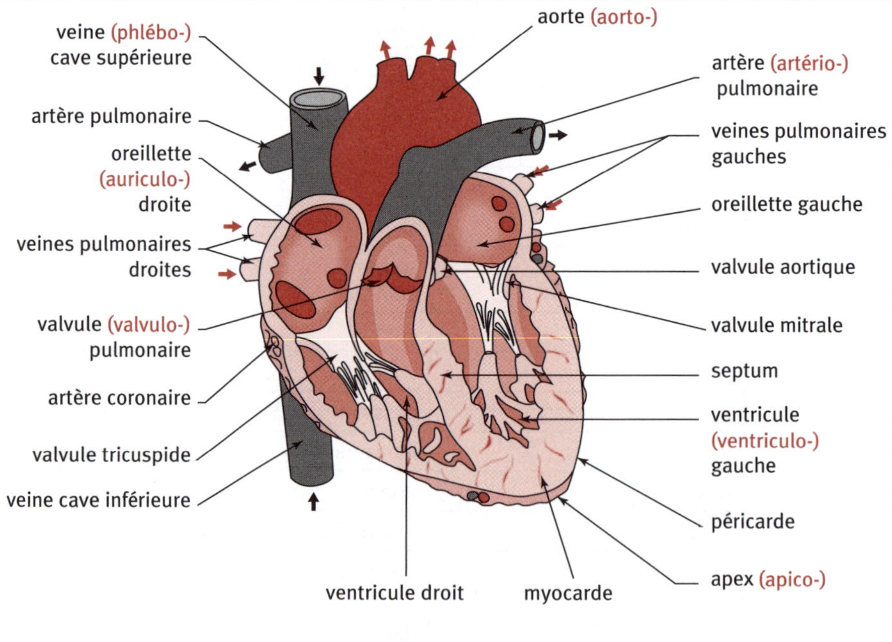

Fig. 7 - Coupe frontale du cœur

B. Les organes de la circulation sanguine

• Le **cœur**, ou **myocarde** (*my(o)-/cardi(o)-*), est un muscle creux, séparé en deux moitiés par une cloison étanche. Chaque partie comprend une **oreillette** et un **ventricule**. Une tunique interne recouvre les parois : c'est l'**endocarde** (*end(o)-/cardi(o)-*). Une enveloppe externe entoure le cœur : c'est le **péricarde** (*péri/cardi(o)-*). Les oreillettes sont séparées par la **cloison intra-auriculaire** (*intra/auricul(o)-*) et les ventricules par la **cloison intra-ventriculaire** (*intra/ventricul(o)-*). L'oreillette gauche communique avec le ventricule gauche par la valvule **mitrale**, tandis que l'oreillette droite communique avec le ventricule droit grâce à la valvule **tricuspide**. Les valvules sont des structures organiques anti-reflux.

• Les **vaisseaux sanguins** sont différenciés, on distingue :
– les **artères** (*artéri(o)-*) : c'est par elles que le sang quitte le cœur. L'**aorte** est l'artère qui prend naissance dans le ventricule gauche ; à l'endroit des valvules sigmoïdes partent les coronaires. Les deux artères pulmonaires sont issues du ventricule droit. À l'exception de l'artère pulmonaire, toutes les artères sont des ramifications de l'aorte. Elles prennent le nom de la région qu'elles traversent (hépatique, mésentérique…). La paroi artérielle est composée de trois tuniques : l'**intima** ou tunique interne, la **média** ou tunique intermédiaire et l'**adventice** ou tunique externe ;
– les **veines** (*phléb(o)-, vein(o)-*) ramènent le sang au cœur : les **veines pulmonaires** à l'endroit de l'oreillette gauche et les **veines caves** à l'endroit de l'oreillette droite ;
– les **capillaires** (*capill(o)-*) distribuent le sang aux tissus. Ce sont des vaisseaux de très petit diamètre.

Remarque

En anatomie, la **lumière** est la cavité centrale d'un corps creux et circulaire. La lumière d'un vaisseau désigne l'intérieur creux du vaisseau, par opposition à sa paroi. L'adjectif « **transluminal** » (*trans/lumin(o)-*) indique un acte réalisé en progressant à l'intérieur d'un vaisseau ou d'un canal.

2. Terminologie relative à la circulation sanguine

A. Le sang

Le sang est un tissu organique composé du plasma et d'« **éléments figurés** ». Les cellules sanguines sont suspendues dans le plasma, partie liquide du sang. Les globules rouges (érythrocyte) ou **hématies** sont colorés en rouge par l'hémoglobine, ils déterminent les groupes sanguins et le facteur Rhésus grâce aux **agglutinogènes**. Les globules blancs ou **leucocytes** sont de formes et de tailles variées : les monocytes et les polynucléaires se déforment facilement, ce qui leur permet de traverser la paroi des capillaires sanguins : c'est la diapédèse.

Les **lymphocytes** sont programmés pour défendre l'organisme lors des réactions immunitaires : ils produisent des anticorps. Les plaquettes ou **trombocytes** (*thromb(o)-*) ont tendance à s'agglutiner, elles participent à l'**hémostase** (*hém(o)-/stase*) et facilitent la coagulation.

POUR ALLER PLUS LOIN

Transfusion et compatibilité ABO
4 groupes sanguins existent : A, B, AB, O.
C'est l'agglutinine du receveur qui est dangereuse. Pour qu'une transfusion soit possible, les hématies du donneur ne doivent pas être agglutinées par le sérum du receveur.

B. La circulation du sang

- L'appareil cardiovasculaire fonctionne en circuit fermé. Les contractions du cœur sont involontaires, rythmées et régulières : le **tissu nodal** est le siège de cet automatisme. Le cycle cardiaque comporte une succession de phases de contraction et de relâchement : la **systole** est la phase de contraction, la **diastole** est le temps de détente ou phase de relâchement. L'électrocardiogramme est l'enregistrement graphique des courants électriques qui accompagnent les contractions cardiaques.
- La **tension artérielle** (TA) mesure la pression du sang sur la paroi des artères. Le **pouls** mesure (aux points de pulsions) le nombre de battements, de pulsations cardiaques en une minute. Le rythme cardiaque varie selon l'âge mais aussi l'activité (130/min à 12 mois, autour de 75/min pour un adulte).
- Le système circulatoire comprend deux systèmes complémentaires :
– la **petite circulation**, aussi appelée **circulation pulmonaire**, qui permet l'oxygénation du sang veineux pour donner le sang artériel. À droite, l'oreillette reçoit le sang veineux par la veine cave, ce sang est propulsé dans le ventricule droit d'où part l'artère pulmonaire qui véhicule le sang jusqu'aux poumons ;
– la **grande circulation, ou circulation générale**, qui distribue le sang à tous les organes pour assurer leur nutrition, mais aussi pour réaliser une épuration chimique sanguine par les reins. Le sang oxygéné pénètre dans l'oreillette gauche par les veines pulmonaires, il est propulsé vers le ventricule (la valvule mitrale contrôle le débit). L'aorte prend naissance dans ce ventricule gauche et distribue le sang grâce au réseau artériel.

3. Les différentes pathologies cardiovasculaires

A. Les troubles du rythme cardiaque

- Le terme générique **arythmie** désigne l'irrégularité du rythme cardiaque. Les troubles du rythme résultent soit de l'atteinte de l'excitabilité du myocarde, soit de la conduction myocardique. Lorsque le rythme cardiaque est très perturbé, on parle d'**arythmie complète**. Une **bradycardie** indique un rythme cardiaque lent.

À l'inverse, la **tachycardie** désigne une accélération des battements cardiaques. Les **extrasystoles** sont des contractions cardiaques prématurées.

- Le **flutter** est une succession trop rapprochée de contractions régulières des oreillettes, auxquelles les ventricules ne peuvent répondre. La **fibrillation** est une activité anarchique des fibres musculaires, qui n'induit pas de contractions efficaces. La pratique de la **sismothérapie** est alors indiquée : il s'agit de provoquer un choc électrique, ou défibrillation, pour obliger le cœur à reprendre un rythme normal. Les **blocs auriculo-ventriculaires** (BAV) sont des anomalies de propagation de l'influx électrique dans le tissu nodal.

Pour aller plus loin

Depuis le décret du 4 mai 2007 relatif à l'utilisation des défibrillateurs automatisés externes par des personnes non-médecins, « toute personne, même non-médecin, est habilitée à utiliser un défibrillateur automatisé externe… ».

Aucune autre précision n'est indiquée concernant la formation individuelle initiale et/ou continue. La DAE permet, sans attendre l'arrivée des secours, de délivrer le plus rapidement possible un choc électrique externe à la victime d'une fibrillation ventriculaire, ou de toute autre tachycardie.

B. Les cardiopathies

- L'**endocardite** est l'inflammation de la tunique interne du cœur. La **péricardite** est l'inflammation de la tunique externe du cœur.

- Les **cardiopathies hypertensives** désignent des atteintes cardiaques consécutives à une hypertension artérielle (HTA) mal maîtrisée. La **tension artérielle** désigne la pression exercée par le sang sur la paroi des artères.

- Le **rhumatisme cardiaque** est en réalité une complication du rhumatisme articulaire aigu (RAA), ou **maladie de Bouillaud**. Une **pancardite** (inflammation des trois tuniques du cœur) permet d'en poser le diagnostic.

- Les **cardiopathies congénitales** désignent les anomalies ou malformations cardiaques survenues au cours de la vie intra-utérine. Il peut s'agir de communications anormales directes entre les oreillettes ou entre les ventricules : on parle de communication **inter-auriculaire** (CIA) ou **inter-ventriculaire** (CIV). La **tétralogie de Fallot** est une cardiopathie congénitale cyanogène (*cyan(o)-/-gène*) caractérisée par une CIV associée à une sténose de l'artère pulmonaire et à une hypertrophie du ventricule droit.
- Les **cardiopathies ischémiques** sont des affections anoxiques (*an-/ox-*) du cœur, liées à une atteinte des artères coronaires. Il s'agit essentiellement de l'infarctus du myocarde et de l'angine de poitrine (encore appelée « angor »). L'**ischémie** (*isch(o)-* = arrêt) du myocarde est un arrêt de la circulation sanguine. Il s'agit d'une anémie locale, d'une souffrance tissulaire, locale ou étendue, due à une hypoxie du territoire concerné. L'**infarctus du myocarde** est une nécrose d'une partie du muscle cardiaque, consécutive à la constitution d'une **thrombose** (formation d'un caillot dans un vaisseau sanguin) dans une artère coronaire. Cette lésion du muscle cardiaque résulte du défaut d'irrigation sanguine,

elle représente une urgence médicale absolue. L'**angine de poitrine**, ou **angor**, résulte d'un manque d'apport d'oxygène au myocarde, dû à une sténose coronaire (rétrécissement coronaire). Un **accident vasculaire cérébral** (AVC), appelé aussi « attaque cérébrale », résulte d'un problème circulatoire. C'est un déficit neurologique qui témoigne d'une lésion anatomique d'un vaisseau du cerveau. Il succède souvent à un **accident ischémique transitoire** (AIT). Lorsqu'un caillot sanguin est formé, on peut, en premier lieu, tenter sa destruction à l'aide d'une substance thrombolytique (*thromb(o)-/-lyse*) qui dissoudra le thrombus.

- L'**insuffisance cardiaque** est une pathologie fréquente qui peut résulter de cardiopathies ischémiques, de l'hypertension artérielle, d'anomalies valvulaires cardiaques ou d'une atteinte directe du myocarde. Le sang circule mal, il stagne dans les veines : un **œdème** (gonflement des tissus) se forme et les tissus ne sont plus correctement irrigués. De ce fait, le malade est essoufflé par manque d'oxygénation et par rétention d'eau dans les poumons.

- Des examens paracliniques pour ces maladies cardiovasculaires permettent de mesurer le rythme cardiaque : c'est le cas de l'**électrocardiographi**e mais aussi celui de l'enregistrement **Holter** qui constitue un enregistrement ambulatoire de longue durée de l'électrocardiogramme. L'échocardiographie enregistre à l'aide d'ultrasons une région cardiaque, elle peut être couplée d'un **Doppler** qui explore la vitesse du flux sanguin. Les principales indications du Doppler restent le flux artériel.

C. Les pathologies vasculaires

1) Les atteintes artérielles

- La **pression artérielle** est une variable physiologique sous contrôle nerveux et hormonal. Une **hypertension artérielle** indique une augmentation de la pression diastolique (supérieure à 9). L'**hypotension artérielle** signifie une pression systolique inférieure à 10.

- L'**artérite** est une lésion dégénérative de la paroi des artères.

- L'**athérosclérose** est un épaississement de la paroi des grosses et moyennes artères (aorte, artères coronaires et cérébrales, artères des jambes). Des plaques d'athérome se sont développées, la paroi artérielle se sclérose (perte de souplesse, d'élasticité). Une insuffisance artérielle est très fréquemment le résultat de l'athérosclérose qui provoque une sténose, voire une occlusion de l'artère. L'**artériosclérose** concerne la surcharge lipidique des petites artères. Une **scintigraphie** (*scinti*) cardiaque dépiste l'existence de rétrécissements dans les coronaropathies. Lorsqu'il y a nécessité d'intervention dans les artères coronaires par exemple, on pratique une **angioplastie** transluminale, très souvent complétée par la pose d'un stent qui est une prothèse endovasculaire.

- L'**anévrisme** est une artériectasie (*artéri(o)-/ectasie*) de la paroi aortique par rupture de membrane. Il occasionne un ralentissement de la circulation sanguine. La rupture d'un anévrisme entraîne une hémorragie importante et constitue un risque mortel.

POUR ALLER PLUS LOIN

La scintigraphie est une technique d'imagerie médicale, appelée aussi cartographie isotopique. On injecte une très petite quantité de substance radioactive dans une veine : elle ira se fixer électivement que les tissus. Une « gamme-caméra » ou caméra à scintillation enregistre le rayonnement émis par les tissus, on obtient ainsi une succession de clichés avec la mise en évidence des altérations ou anomalies éventuelles.

2) Les atteintes veineuses

- Les **phlébectasies** sont des **angiectasies**, c'est-à-dire des dilatations des veines. Leur traitement comporte la prescription de **vasoconstricteurs** et de **veinotoniques** (qui renforcent la tonicité). Les **varices** sont des dilatations permanentes des veines. Les **hémorroïdes** sont des varices anales et/ou rectales.
- Les **thromboses** sont des affections dues à la formation d'un caillot (thrombus) dans un vaisseau sanguin. La **phlébite** est synonyme de thrombose veineuse. Lorsque ce caillot migre et oblitère (obstrue) un vaisseau, on diagnostique une **embolie**. Il peut s'agir d'une embolie artérielle des membres, ou d'une embolie pulmonaire ayant pour origine une phlébite des membres inférieurs. Les embolies nécessitent la prescription d'**anticoagulants**.

4. Les affections hématologiques

- Les **hémopathies** sont multiples et atteignent les différents composés du sang et de la moelle osseuse. Cette « moelle rouge » est le centre de l'érythropoïèse, la fabrication des cellules rouges du sang. Ces affections concernent les éléments figurés du sang et leurs composants, mais aussi l'hémostase, voire les groupes sanguins. L'**hémostase** désigne l'arrêt d'une hémorragie, quelle qu'en soit la cause.
- La **maladie hémolytique du nouveau-né** est une érythroblastose fœtale, liée à une incompatibilité dans le système Rhésus ou dans le système ABO.
- L'**anémie** se caractérise par une baisse du taux d'hémoglobine (Hb) dans le sang qui entraîne une fatigue physique. L'hémogramme, ou **NFS**, indique un déficit de globules rouges et un taux d'hémoglobine insuffisant.
- L'**hémophilie** est une maladie héréditaire résultant d'une anomalie d'un facteur de la coagulation. Cette pathologie, qui provoque des hémorragies, n'atteint que les hommes.
- La **mononucléose** est une infection virale qui atteint les leucocytes ; les symptômes initiaux restent des adénopathies (*adén(o)-/-pathie*) multiples et une splénomégalie (*splén(o)-/mégal(o)-*).
- La **leucémie** est un cancer du sang qui se caractérise par une prolifération anarchique des cellules hématopoïétiques et d'une insuffisance médullaire (*médull(o)-*).
- La **maladie de Hodgkin** est un **lymphome malin**, c'est-à-dire un cancer des ganglions lymphatiques.

5. À retenir, étymologie

angio-, angéio-	vaisseaux	angiome
cardi(o)-, -carde, cordi-	cœur	précordial
constrict-	rétrécir	constriction
-ette	petit, diminué	oreille
intra	à l'intérieur	intraveineux
isch(o)-	arrêt	ischémie
lymph(o)-	lymphe	lymphocytose
-lyse	dissolution, destruction	autolyse
pan-	le tout	pandémie
péri	autour	périmètre
-plastie	refaire, façonner	rhinoplastie
-poïèse, poïét(o)-	fabriquer	érythropoïèse
rétr(o)-	en arrière	rétrosternal
scinti	radioactif	scintigraphie (médecine nucléaire)
sclér(o)-	dur	sclérodermie
stén(o)-	rétrécir	sténose
thromb(o)-	caillot	thrombolytique
-trope	qui agit sur	phototrope
vas(o)-/vascul(o)-	vaisseaux	vasculaire
AIT	accident ischémique transitoire	
AVC	accident vasculaire cérébral	
BAV	bloc auriculo-ventriculaire	
CIA	communication intra-auriculaire	
CIV	communication intra-ventriculaire	
ECG	électrocardiogramme	
HTA	hypertension artérielle	
IDM	infarctus du myocarde	
NFS	numération formule sanguine	
RAA	rhumatisme articulaire aigu	

Fiche 13

Les appareils reproducteurs

Les appareils génitaux assurent la fonction de reproduction. Sexuée, la reproduction humaine est caractérisée par la **fécondation**, résultat de l'union de cellules spécifiques : les gamètes. Les appareils reproducteurs comprennent : les gonades, les voies génitales et les organes permettant la copulation.

1. L'appareil génital féminin

Voir le schéma de l'appareil génital féminin, coupe de profil, sur les rabats.

A. Anatomie

Les organes génitaux féminins sont essentiellement internes et situés dans la cavité pelvienne. Les gonades, nommées **ovaires**, sont les deux glandes sexuelles qui produisent les **ovocytes** (*ov(o)-/cyte*) : à ce titre, elles sont **exocrines**. Elles sécrètent les œstrogènes et la **progestérone**, hormones sexuelles féminines : à ce titre, ce sont des glandes endocrines. Les voies génitales sont constituées par les **trompes utérines** (*salpinx*) appelées **trompes de Fallope**, l'**utérus** et le **vagin**. Le vagin s'ouvre sur la **vulve**, partie externe de l'organe reproducteur féminin. La vulve regroupe les lèvres, le clitoris et l'orifice vaginal.

Les organes génitaux de la femme

Organes	Caractéristiques et rôles
Ovaires	Deux glandes sexuelles en forme d'amande qui contiennent dès la naissance les ovules. À partir de la puberté, les ovaires expulsent à tour de rôle, à chaque cycle, un ovule jusqu'à la ménopause.
Trompes de Fallope	Deux longs conduits d'environ 12 cm de long reliant l'utérus aux ovaires, et qui se terminent par un pavillon qui coiffe l'ovaire. Elles happent l'ovule expulsé par l'ovaire au moment de l'ovulation et l'acheminent jusqu'à l'utérus.
Utérus	Muscle creux, élastique, tapissé d'une muqueuse interne appelée endomètre qui sécrète la glaire cervicale. L'utérus accueillera l'œuf fécondé et assurera le développement de l'embryon, puis du fœtus jusqu'à l'accouchement.
Vagin	Canal qui communique avec l'utérus par le col utérin. C'est le lieu du dépôt du sperme et de l'écoulement du flux menstruel (règles).
Vulve	Elle est constituée des grandes et petites lèvres (replis protégeant les organes génitaux internes) et du clitoris (organe érectile qui stimule le désir).

La **gynécologie** est la spécialité médicale et chirurgicale qui s'intéresse à la physiologie et aux pathologies de l'appareil génital féminin et des seins. Il faut y ajouter tout ce qui a trait à la reproduction, c'est-à-dire la fécondation, la gestation et la **parturition**.

B. Les troubles des règles

• À partir de la puberté, les transformations du corps de l'enfant (*puéri-*, *péd-*) affectent les caractères sexuels primaires et secondaires : la silhouette, l'apparition de la pilosité (*trich(o)-*). La **puberté** est la période pendant laquelle se développent les organes permettant la reproduction. Le développement des seins (*mamm(o)-*, *mast(o)-*) chez la petite fille précède les premières **menstruations** (*-ménorrhée*). Celles-ci subsisteront jusqu'à la ménopause (*mén(o)-/pause*), causée par le vieillissement ovarien.

• Une **algoménorrhée**, ou une **dysménorrhée**, désigne des règles douloureuses. Le terme **ménorragie** indique des règles longues et abondantes. La pollakiménorrhée et la spanioménorrhée indiquent des troubles de la fréquence des menstruations. Une **pollakiménorrhée** (*pollaki-*), ou une **polyménorrhée**, désigne des cycles courts, donc des règles fréquentes (cycles inférieurs à 24 jours). Une **spanioménorrhée** (*spani(o)-*) indique des règles rares (cycles supérieurs à 35 jours). Une **oligoménorrhée** désigne des règles peu abondantes, c'est donc l'opposé d'une **ménorragie**.

• Des **métrorragies** (hémorragies survenant en dehors des règles) pendant une grossesse peuvent signifier :
– une menace d'avortement spontané ou de fausse couche ;
– une lésion cervicale ;
– une grossesse extra-utérine (GEU).

Remarque

La **ménopause** est un phénomène physiologique normal chez la femme vieillissante. C'est l'arrêt des cycles menstruels, donc des règles. Parfois, un traitement hormonal substitutif (THS) peut s'avérer nécessaire pour compenser l'absence de sécrétions hormonales ovariennes.

C. Les pathologies utérines

• Les infections peuvent toucher les différentes parties de l'appareil génital : c'est ainsi qu'une **cervicite** indique une inflammation du col utérin et qu'une **endométrite** désigne l'inflammation de la muqueuse utérine. L'**endomètre** recouvre l'intérieur de la cavité utérine et voit sa structure se modifier sous l'influence des hormones. Une endométriose indique une prolifération anormale de cellules de la muqueuse interne de l'utérus : c'est une forme de tumeur bénigne. Un **fibrome** est également une tumeur bénigne qui atteint le tissu conjonctif fibreux. On parle aussi de **myome utérin**.

- Une **annexite** désigne l'inflammation des trompes et des ovaires qui sont les organes « annexes » de l'utérus.
- Des **dysplasies** (*dys-/-plasie*) **cervicales** sont des lésions précancéreuses du col de l'utérus. Elles peuvent être dues à des agents infectieux vénériens, comme l'herpès virus ou les papillomavirus. Le **frottis** cervico-utérin (prélèvement de cellules au niveau de l'endocol et de l'orifice cervical externe) permet de reconnaître les états précurseurs des dysplasies qui peuvent évoluer sur une dizaine d'années pendant lesquelles la maladie reste à l'état pré invasif. Les tumeurs malignes sont assez rares en région vulvaire ou vaginale. Deux types de cancer du col utérin sont répertoriés : les carcinomes **épidermoïdes** (*-oïde*) sur l'exocol et les adénocarcinomes sur la face interne du col.
- Aujourd'hui, il est possible pour les jeunes femmes, à partir de l'âge de 11 ans, de se faire vacciner contre les HPV. Les HPV sont des virus qui se transmettent par voie cutanée. Certaines formes sont responsables de condylomes (verrues vénériennes), d'autres favorisent des lésions du col de l'utérus. Une corrélation est avérée entre l'**incidence** des cancers du col utérin et la **prévalence** des HPV « à haut risque » (HPV 16 & 18) qui sont présents dans 99 % des cas.

Pour aller plus loin

- L'infection à papillomavirus humains (**HPV** pour **H**uman **P**apilloma **V**irus) est le plus souvent bénigne. Elle se traduit par des verrues cutanées ou des condylomes ano-génitaux, selon le type de virus en cause. À l'opposé, de nombreux travaux ont démontré le rôle majeur d'une infection persistante par certains types spécifiques d'HPV dans l'étiologie et la progression des cancers du col de l'utérus (d'après info cancer 2012).
- L'**incidence** en médecine désigne le nombre de cas d'une maladie apparus pendant une période donnée dans une même population.
- La **prévalence** désigne le nombre de cas d'une pathologie enregistrés dans une population déterminée en comptabilisant aussi bien les nouveaux que les anciens cas.

2. L'appareil génital masculin

Voir le schéma de l'appareil génital masculin sur les rabats.

A. Anatomie

- L'appareil reproducteur masculin est principalement externe. Les **testicules** (*orchi*) sont situés dans le scrotum, aussi appelé **bourses**. Ces deux gonades produisent les **spermatozoïdes** et sécrètent la **testostérone**. Les **voies génitales** permettent aux spermatozoïdes de parvenir à maturation et d'arriver à la **verge**, aussi appelée **pénis**, organe de la **copulation** (coït). La verge se termine par le gland (*balan(o)-*) à l'extrémité duquel la peau forme un repli : c'est le prépuce (*posth*). La prostate est une glande annexe de l'appareil génital masculin. Située dans le pelvis, sous la vessie, elle entoure le début de l'urètre. Elle joue un rôle dans la production du sperme en produisant le liquide prostatique. Ce sont les vésicules séminales, au-dessus de la prostate, qui produisent la majeure partie du liquide séminal. Le liquide séminal se mélange avec les spermatozoïdes en provenance des testicules au moment de l'éjaculation. Chez l'homme, l'urètre est un canal uro-génital.

• À la puberté, chez le jeune garçon, la pilosité corporelle se développe et la modification du larynx entraîne celle de la voix. Le garçon constate aussi l'augmentation du volume des testicules et celle de la taille du pénis. C'est une hormone androgène, la **testostérone**, qui est responsable de ces modifications physiologiques. Dès lors, l'activité génitale (*génit(o)-*) masculine sera continue, de la puberté jusqu'à l'andropause, contrairement à celle de la femme qui reste cyclique. Une **hypertrichose** (*trich(o)-*) désigne une pilosité exagérée. La **gynécomastie** (*gynéc(o)-/mast(o)-*) désigne une anomalie masculine consistant en l'augmentation du volume des seins chez un homme.

B. Les pathologies de l'appareil génital masculin

• Une **cryptorchidie** (*crypt(o)-/orchi*) indique l'absence de testicules dans les bourses : cela signifie qu'ils ne sont pas descendus dans le scrotum. On utilise le terme d'**ectopie** (*ec-/top(o)-*) **testiculaire** pour désigner toute anomalie d'un testicule qui n'est pas en place dans la bourse. Un **phimosis** est une sténose de l'anneau du prépuce qui nécessite parfois une **posthectomie** (*posth-/ec-/tomie*), c'est-à-dire son excision. Une **varicocèle** (nom féminin ou masculin) désigne la dilatation des veines – donc des varices – du cordon spermatique, c'est-à-dire des veines situées autour des testicules.

• Un **séminome** est une tumeur maligne des testicules, ce cancer, assez rare, atteint les hommes jeunes. Après un examen clinique, une échographie testiculaire et un hémogramme avec dosages des **marqueurs tumoraux** permettront de confirmer le diagnostic.

• Une **prostatite** est une inflammation de la prostate. Une **hypertrophie prostatique** est nommée **adénome de la prostate**. C'est une hyperplasie bénigne de la glande. Elle entraîne des troubles de la miction qui conduisent l'homme à consulter un urologue. L'**incidence** de cette pathologie augmente avec l'âge, puisqu'on estime qu'elle atteint 50 % des hommes de 60 ans. Le **cancer de la prostate** est la tumeur la plus fréquemment diagnostiquée chez les hommes après 50 ans. En France, en 2011, 70 000 hommes étaient concernés par cette pathologie. Un dosage sanguin permet de repérer une lésion cancéreuse débutante. On peut alors intervenir chirurgicalement très tôt et augmenter les chances de guérison. C'est le PSA (antigène spécifique prostatique) qui est le marqueur spécifique de la glande prostatique.

3. Les infections sexuellement transmissibles

• Les **infections sexuellement transmissibles** (IST) font partie des pathologies infectieuses et/ou parasitaires. Une **infection** est la contamination de l'organisme par un agent pathogène vivant ; elle dépend de deux éléments : la **toxicogenèse** (production de toxines) par l'organisme et la virulence de l'agent infectant (degré de pathogénicité). L'infection peut être bactérienne, virale ou parasitaire. D'abord appelées **maladies vénériennes**, puis maladies sexuellement transmissibles, ces pathologies sont dorénavant dénommées **infections sexuellement transmissibles** (IST), car un individu peut être infecté, contagieux et non malade, c'est-à-dire qu'il peut être **séropositif** à un antigène donné. Les IST concernent bien sûr les femmes et les hommes. La **blennorragie ou gonorrhée** est une gonococcie, c'est-à-dire une maladie due à un gonocoque (bactérie). La blennorragie provoque des **urétrites**. La **chlamydiose** est une infection bactérienne due au chlamydia trachomatis. La syphilis est aussi une IST due à une bactérie : le tréponème pâle. Elle peut se transmettre au fœtus lorsque la mère est infectée, on parle alors de **syphilis congénitale.**

- La **phtiriase** (forme de pédiculose) est une ectoparasitose due au morpion pubien, qui provoque des prurits.

- Le **SIDA** est la forme sévère d'une affection contagieuse grave due au virus d'immunodéficience humaine (VIH). Un sujet est dit séropositif lorsqu'il a une réponse positive à la **sérologie** (*sér(o)-/-logie*) VIH, c'est-à-dire lorsqu'il a fabriqué des anticorps anti-VIH. Le SIDA est une **maladie à déclaration obligatoire** (DO). La maladie SIDA provoque une atteinte de l'immunité à médiation cellulaire. Ce déficit immunitaire est à l'origine d'**infections opportunistes,** pathologies qui apparaissent chez l'individu immunodéprimé.

- Les **condylomes** sont des sortes de verrues, des tumeurs bénignes dues à un virus transmis par voie sexuelle. Chez l'homme, ces lésions cutanées apparaissent sur le gland et dans la région anale. Chez la femme, ces lésions cutanées au niveau du col de l'utérus sont aussi dénommées **crêtes de coq** (*cf.* ci-dessus).

4. La terminologie autour de la reproduction

A. La grossesse

- L'**obstétrique** est la spécialité médicale et chirurgicale consacrée à la grossesse, à l'accouchement et au post-partum. Cette spécialité est bien sûr liée à la gynécologie (*gynéc(o)-/logie*).

- L'état de grossesse est dû à la fusion de **gamètes** (cellules sexuelles) masculines et féminines. L'**utérus gravide** accueille un embryon que l'on dénommera **fœtus** à partir de la neuvième semaine de gestation (*gest-*). Lors de sa première grossesse, la femme passe de l'état de **nulligeste** (*nulli-*) à celui de **primigeste.** Une **grossesse ectopique** désigne une **grossesse extra-utérine**, c'est-à-dire en situation anormale. Le plus fréquemment, il s'agit d'un ovocyte qui s'implante dans la trompe de Fallope. Une grossesse **gémellaire** signifie que la parturiente attend des jumeaux. Le **placenta**, qui se forme lors de l'embryogenèse, est une glande endocrine temporaire qui sécrète l'hormone gonadotrophine chorionique, les œstrogènes et la progestérone.

• Une **primipare** désigne une femme qui accouche pour la première fois (*-pare, part-*). L'accouchement est aussi appelé **parturition**. Lorsque l'accouchement se déroule sans difficulté, on parle d'**eutocie** (*eu-/-toc(o)-*). À l'inverse, un accouchement difficile sera désigné par le terme **dystocie**. Pour faciliter l'accouchement, la sage-femme ou le médecin pourra prescrire des **ocytociques** (*ocy-/-toco*) afin d'augmenter l'efficacité des contractions utérines. La période qui suit l'accouchement jusqu'au retour des règles se nomme le **post-partum** (*post-/-pare, part-*), aussi appelé **suites de couches**. Après l'accouchement, la prolactine déclenche la sécrétion lactée (*lacto, galact(o)-*) et son éjection par les canaux galactophores.

• Une **césarienne** désigne l'extraction du nourrisson par **hystérotomie**, sous anesthésie générale ou éventuellement analgésie péridurale.

• Une **éclampsie** est un syndrome atteignant les femmes enceintes, particulièrement en fin de grossesse. L'ECBU indique une albuminurie. La femme présente une poussée hypertensive et des convulsions parfois accompagnées de **coma** (perte de conscience, de motilité, de sensibilité). C'est une urgence obstétricale.

• Une **épisiotomie** est une incision du périnée (muscle situé entre le vagin et le rectum) lors d'un accouchement afin de faciliter le passage de l'enfant et d'éviter ainsi un déchirement spontané.

B. L'infertilité et la stérilité

• Le sens des termes **infertilité** et **stérilité** est très proche. Il s'agit de l'incapacité à procréer naturellement, c'est-à-dire de l'absence de fécondation malgré des rapports sexuels réguliers. Chez la femme, les deux facteurs les plus fréquents de l'infertilité sont des troubles de l'ovulation ou une obstruction des trompes. Chez l'homme, deux facteurs majeurs sont connus (mais pas exhaustifs) : l'**oligospermie** (diminution du nombre et de la mobilité des spermatozoïdes) et l'**azoospermie** (absence de production des spermatozoïdes). Outre le fait que la fertilité diminue avec l'âge pour les deux sexes, il faut savoir qu'environ 40 % de ces causes concernent le couple par exemple, une infertilité due à une incompatibilité entre la glaire cervicale et les spermatozoïdes.

• Les techniques actuelles de **procréation médicalement assistée** (PMA) permettent aux couples stériles de résoudre leur problème de parentalité. La loi de bioéthique de 2004, modifiée en 2011, définit l'**assistance médicale à la procréation** (AMP), qui permet la conception grâce à une intervention médicale (la fusion des gamètes ne résulte pas de rapports sexuels) :
– l'**insémination artificielle** (IA) : dépôt de sperme du conjoint ou d'un donneur dans les voies génitales de la femme, la fécondation a donc lieu « *in vivo* » ;
– la **fécondation « *in vitro* »** suivie du transfert d'embryon (FIVETE) : fécondation effectuée hors du corps de la femme, en laboratoire, les embryons sont ensuite transférés dans la cavité utérine ;
– la fécondation assistée par **injection intracytoplasmique de spermatozoïde** (ICSI). Cette technique impose la préparation des ovocytes et des spermatozoïdes qui seront fécondés ensuite *in vitro* avant d'être transférés dans l'utérus.

C. Le diagnostic pré-implantatoire

- Un couple à **risque génétique élevé** – c'est-à-dire qui risque de transmettre une anomalie génétique comme celle responsable de la mucoviscidose ou de la maladie de Duchennew– peut bénéficier d'un **diagnostic précoce**, ou **diagnostic pré-implantatoire** (DPI). Le diagnostic pré-implantatoire (DPI) permet de dépister une anomalie génétique. Le DPI intervient sur des embryons avant leur implantation dans l'utérus, c'est-à-dire que la recherche d'anomalies s'effectue sur des produits de la fécondation *in vitro* (FIV). En France, le DPI est autorisé depuis et par les lois de bioéthique de juillet 1994. Cet acte évite le recours au **diagnostic prénatal** (DPN) qui parfois entraîne un avortement thérapeutique. Cette technique n'est utilisée que lorsqu'il y a une forte probabilité pour l'enfant à venir d'être atteint d'une maladie génétique d'une « particulière gravité ». C'est le cas notamment d'une insuffisance médullaire, comme dans la **maladie de Fanconi**, ou d'une amyotrophie avec myotonie, comme dans la maladie de Steinert. La maladie de Fanconi se définit comme une pathologie congénitale très grave, affectant la moelle osseuse et entraînant une anémie associée à des malformations diverses. La **myotonie de Steinert** est une pathologie neuromusculaire qui atteint également d'autres organes, comme les yeux ou le système endocrinien.
- Le **diagnostic anténatal** (*anté-*) étudie le génome du fœtus. La réalisation d'un caryotype par **amniocentèse** (*amni(o)-*, *amnios/-centèse*) ou **cordocentèse** permet le diagnostic anténatal (d'une trisomie 21, par exemple). Le conseil génétique peut proposer un diagnostic anténatal par l'étude de l'ADN pour la drépanocytose, la mucoviscidose ou l'hémophilie. La **drépanocytose** est une maladie génétique héréditaire touchant les hématies. On la nomme aussi **anémie falciforme**. Une protéine « anormale » de l'hémoglobine détruit les cellules rouges du sang.

Pour aller plus loin

- La **génétique** est la science de l'**hérédité**, elle étudie les composantes héréditaires (et leurs éventuelles mutations) de l'être humain.
- Le **génome** est l'ensemble de tout le matériel génétique d'un individu, c'est l'ensemble de tous les gènes et des acides nucléiques.
- Le **génotype** est le patrimoine génétique d'un sujet, soit la totalité de ses gènes.

5. À retenir, étymologie

andr(o)-, vir-	homme, masculin	androïde
colp(o)-	vagin	colpopexie
épisi(o)-	périnée	épisiotomie
galact(o)-, lact(o)-	lait, sécrétion lactée	galactorrhée
génés-, génét(o)-, génit(o)-	engendrer, donner naissance	génèse

gest-	gestation, grossesse	multigeste
gyn(o)-, gynéc(o)-	la femme	gynécophobie
mamm(o)-, mast (o)-	sein, glande mammaire	mastodynie
-ménorrhée	menstruations, règles	algoménorrhée
métr(o)-, hystér(o)- utér(o)-	utérus	métrite
ocy-	qui favorise, qui hâte, rapide	ocytocine
part-, -pare	accouchement	parturiente
péd-, puéri-	enfant	puériculture
salping(o)-, salpinx	trompe	salpingectomie
spani(o)-	rare	sapnopnée
toc(o)-, toci-	accouchement	bracytocie
vagin(o)-	vagin	vaginal
DO	déclaration obligatoire	
DPI	diagnostic préimplantatoire	
FIVETE	fécondation *in vitro* et transfert d'embryon	
GEU	grossesse extra-utérine	
HCG	hormone gonadotrophine chorionique (ou chorionique gonadotrope)	
VIH	virus d'immunodéficience humaine	

Fiche 14

Affixes et racines étymologiques

Affixes et racines étymologiques

Cette liste n'est pas exhaustive.

A

A... An... : privatif, absence, manque de. Ex. : *aphonie, anesthésie*
Abdomino : abdomen. Ex. : *abdominal*
Acou... : entendre. Ex. : *acoustique*
Acro... : extrémité. Ex. : *acrocyanose*
Actino... luc/lux : rayons lumineux. Ex. : *actinite, lucite*
Adéno... : glande/ganglion. Ex. : *adénome*
Adénoïdo... : végétation. Ex. : *adénoïdectomie*
Aéro... : air. Ex. : *aérophagie*
Agora... : grands espaces. Ex. : *agoraphobe*
Albumino... : albumine. Ex. : *albuminémie*
Algo... : algie/algésie : douleur. Ex. : *analgésie*
Allo... : autre. Ex. : *allopathie*
Ambly... : faible. Ex. : *amblyope*
Amnio : amnios. Ex. : *hydramnios*
Ana... : nouveau, avec. Ex. : *anamnèse*
Andro... : homme. Ex. : *androgyne*
Angio... Angéio... : vaisseau. Ex. : *angiographie*
Angiochol... : voies biliaires. Ex. : *angiocholite*
Aniso... : irrégulier. Ex. : *anisochromie*
Ano... : anus. Ex. : *anal*
Anté... : en avant. Ex. : *antérieur*
...anthème : éruption. Ex. : *exanthème*
Anti... : contraire/opposé à. Ex. : *antibiotique*
Anxio... : anxiété. Ex. : *anxiolytique*
Apex/apico : sommet/extrémité. Ex. : *apical*
Appendiculo... : appendice. Ex. : *appendicectomie*
Artério... : artère. Ex. : *artériosclérose*
Arthro... : articulation. Ex. : *arthrite*
Atél... : incomplet. Ex. : *atélectasie*
Athéro... : athérome. Ex. : *athérosclérose*
Audio... : entendre. Ex. : *audiométrie*
Auriculo... : oreille/ette. Ex. : *auriculo-ventriculaire*
Auto... : soi-même. Ex. : *autogreffe*
Azoto... : azote. Ex. : *azoturie*

B

Balano... : gland. Ex. : *balanite*
Baso... : base. Ex. : *basique*
Bi... di... diplo... : deux. Ex. : *bilatéral*
Bilirubino... : bilirubine. Ex. : *bilirubinémie*
Bio... : le vivant. Ex. : *biologie*
...blaste : souche, germe. Ex. : *cytoblaste*

Blépharo... : paupière. Ex. : *blépharite*
Boul... : volonté. Ex. : *boulimie*
Brach... : bras. Ex. : *brachial*
Brachy... : court. Ex. : *brachycéphale*
Brady... : lent. Ex. : *bradypnée*
Broncho... : poumon. Ex. : *bronchite*

C

Caeco... : caecum. Ex. : *caecostomie*
Calco... : calcium. Ex. : *calciurie*
Calico... : calice. Ex. : *calicielle*
Capillaro... : capillaire. Ex. : *capillaronécrose*
...capnie : gaz carbonique. Ex. : *hypercapnie*
Carcino... Cancéro... : cancer. Ex. : *carcinome*
Cardio... Cordi... : cœur. Ex. : *cardiologie*
Caryo... : noyau. Ex. : *caryotype*
Caudo... : queue. Ex. : *caudale*
...cèle : hernie. Ex. : *omphalocèle*
...centèse : ponction chirurgicale. Ex. : *amniocentèse*
Céphalo... : tête. Ex. : *céphalée*
Cérebello... : cervelet. Ex. : *cérébelleux*
Cervico... : cou/col. Ex. : *cervicalgie*
Chéilo... : lèvre. Ex. : *chéilodysraphie*
Chloro... : vert. Ex. : *chlorophylle*
Cholangio... : voies biliaires. Ex. : *cholagogue*
Cholé : bile. Ex. : *cholécystite*
Cholécysto... : vésicule biliaire. Ex. : *cholécystokinétique*
Cholédocho... : cholédoque. Ex. : *cholédocholithiase*
Chondro... : cartilage. Ex. : *chondrocalcinose*
...chromato/chromo... : couleur. Ex. : *isochromie*
Chrono... : temps. Ex. : *chronologie*
...cide : qui tue. Ex. : *fongicide*
Circon... : autour. Ex. : *circoncis*
Claustro... : fermé. Ex. : *claustrophobe*
Cléido... : clavicule. Ex. : *cléidorrhexie*
Clino... : lit. Ex. : *clinique*
Coccy... Coccygo... : coccyx. Ex. : *coccygienne*
Cœlio... : abdomen. Ex. : *cœlioscope*
Colo... Colono... : côlon. Ex. : *côlonoscopie*
Colpo... : vagin. Ex. : *colpopexie*
Con... Com... Cum... : avec. Ex. : *congénital*
...conio : poussière. Ex. : *pneumoconiose*
...constrict : rétrécir. Ex. : *vasoconstriction*
Copro... : selles. Ex. : *coproculture*
Coronaro : coronaire. Ex. : *coronarographie*
...costo : côte. Ex. : *intercostal*
Coxo... : hanche. Ex. : *coxarthrose*
Cranio... : crâne. Ex. : *cranioplastie*
Créno... : eau thermale. Ex. : *crénothérapie*
...crino : sécréter. Ex. : *endocrine*
Cryo... : froid. Ex. : *cryothérapie*
Crypto... : cacher. Ex. : *cryptorchidie*
Cubito... : cubitus. Ex. : *décubitus*
Cut (an)... : peau. Ex. : *cutané*
Cyano... : bleu. Ex. : *cyanose*
Cyclo... : corps ciliaire. Ex. : *cyclite*
Cysto... : vessie. Ex. : *cystite*
Cyto... : cellule. Ex. : *cytologie*

D

Dacryo... : larme. Ex. : *dacryocystite*
Dactylo... : doigt. Ex. : *dactylographie*
Démo : peuple. Ex. : *endémie*
Densito... : densité. Ex. : *densitométrie*
Dermo... Dermato... : peau. Ex. : *dermatologie*
...dèse : (re) lier. Ex. : *arthrodèse*
Di... Diplo... : deux. Ex. : *dichotomie*
Dia... : à travers. Ex. : *diagnostic*
Dipso : soif. Ex. : *polydipsie*
Disco... : disque. Ex. : *discite*
Dolicho... : allongé. Ex. : *dolichocôlon*
Dorso... : dos. Ex. : *dorsalgie*
...dromo : course. Ex. : *prodrome*
Dynamo... : force. Ex. : *dynamomètre*
...dynie : douleur. Ex. : *mastodynie*
Dys... : anormal, difficulté. Ex. : *dysménorrhée*

E

Ec... Ecto... Ex... : hors de. Ex. : *exogène*
Echo... : son. Ex. : *échographie*
...ectasie : dilatation. Ex. : *angiectasie*
...ectomie : ablation. Ex. : *adénoïdectomie*
Electro... : électrique. Ex. : *électro-encéphalogramme*
Embryo... : embryon. Ex. : *embryogenèse*
...émèse ...éméto : vomir. Ex. : *antiémétique*
...émie : dans le sang. Ex. : *albuminémie*
En... endo... : à l'intérieur. Ex. : *endomètre*
Entéro... : intestin grêle. Ex. : *entérocolie*
Epi... : au-dessus. Ex. : épigastrie
Episio... : périné. Ex. : *épisiotomie*
Ergo... : travail. Ex. : *ergothérapie*
...érèse : ablation. Ex. : *exérèse*
...esthésie : sensibilité. Ex. : *anesthésie*
Erythro... : rouge. Ex. : *érythropénie*
Etio... : cause. Ex. : *étiologie*
Eu... : normal, facile. Ex. : *eutocie*
Extra... Exo... : en plus, à l'extérieur. Ex. : *extrasystole*

F

Fébri... : fièvre. Ex. : *fébricule*
Fécalo... : selles. Ex. : *fécal*
Fibro... : fibre. Ex. : *fibreux*
Fœto... : fœtus. Ex. : *fœtal*
Fongi... Fungus : champignon. Ex. : *fongicide*
...fuge : qui éloigne. Ex. : *vermifuge*

G

Galacto... : lait. Ex. : *galactorrhée*
Gastro... : estomac. Ex. : *gastrite/le gastre (le ventre)*
Génes... Génet... Génito : engendrer. Ex. : *génétique*
Genu... Gono... : genou. Ex. : *gonalgie*
Géro... Géronto... : vieillard. Ex. : *gérontologie*
Gest... : gestation, grossesse. Ex. : *primigeste*
Gingivo... : gencive. Ex. : gingivite

Glosso... Glotto... : langue. Ex. : glossite
Glyco... : sucre. Ex. : glycémie
...gnath : machoire. Ex. : *prognathie*
Gnoso... : connaissance. Ex. : *diagnostic*
Gono... : genou. Ex. : *gonarthrose*
...gramme : résultat. Ex. : *ionogramme*
...graphe : enregistrement. Ex. : *échographie*
Gyno... Gyné(co)... : femme. Ex. : *gynécologue*

H

Hélio... : soleil. Ex. : *héliotrope*
...héméra : jour. Ex. : *éphémère*
Hémi... : demi. Ex. : *hémiplégie*
Hémo... Hémato... : sang. Ex. : *hématome*
Hépato... : foie. Ex. : *hépatite*
Hidro... : sueur. Ex. : *hyperhidrose*
Histo... : tissu. Ex. : *histologie*
Homéo... Homo... : même. Ex. : *homéopathie*
Hyalo... : corps vitré. Ex. : *hyalite*
Hydro... : eau, liquide. Ex. : *hydrocèle*
Hyper... : au-dessus, trop. Ex. : *hypersensibilité*
Hypno... : sommeil. Ex. : *hypnose*
Hypo... : au-dessous, insuffisant. Ex. : *hypothermie, hypochondre*
Hystéro... : utérus. Ex. : *hystérectomie*

I

Iatro... : médecin. Ex. : *iatrogène*
Idio... : particulier, inconnu. Ex. : *idioglossie*
Iléo... : iléon. Ex. : *iléite*
In... : en, négation. Ex. : *incontinence, intubation*
Infra... : au-dessous. Ex. : *infraclinique*
Inter... : au milieu, entre. Ex. : *intercostal*
Intra... : à l'intérieur. Ex. : *intraveineux*
Iono... : ion. Ex. : *ionogramme*
Irido... : iris. Ex. : *iridectomie*
Ischo... : arrêt. Ex. : *ischémie*
Iso... : égal. Ex. : *isogroupe*
...ite : inflammation. Ex. : *bronchite*

J

Juxta... : à côté. Ex. : *juxtaposition*

K

Kali... : potassium. Ex. : *kaliémie*
Kérato... : cornée. Ex. : *kératine*
Kinéso... Kinéto... (ou Cinéso/to...) : mouvement. Ex. : *kinésithérapie*
Klepto... : voler. Ex. : *kleptomanie*

L

Lacto... : lait. Ex. : *lactorrhée*
Laparo... : paroi. Ex. : *laparotomie*
Laryngo... : larynx. Ex. : *laryngologie*
Latéro... : sur le côté. Ex. : *latéral*
Léiomyo... : muscle strié. Ex. : *léiomyome*

...leptique : qui inhibe. Ex. : *neuroleptique*
Léthal... Létal... : mort. Ex. : *dose léthale*
Leuco... : blanc. Ex. : *leucocytose*
Lipo... : graisse. Ex. : *lipome*
Lipoprotéino... : lipoprotéine. Ex. : *lipoprotéinémie*
...listhésis : glissement. Ex. : *spondylisthésis*
Litho... : pierre. Ex. : *lithotricie*
Lobo... : lobe. Ex. : *lobotomie*
...logie ...logue : science de. Ex. : *sémiologie*
Lombo... : lombaire. Ex. : *lombalgie*
Lumin... : lumière. Ex. : *luminescence*
Lymphangio... : vaisseaux lymphatiques. Ex. : *lymphangite*
Lympho... : lymphe. Ex. : *lymphocyte*
...lyse ...lytique : qui détruit. Ex. : *cytolyse*

M

Macro... : grand. Ex. : *macrophage*
...malaco : mou. Ex. : *ostéomalacie*
Mammo... Masto... : sein. Ex. : *mastose*
...manie : tic. Ex. : *kleptomanie*
Manu... : main. Ex. : *manucure*
Médiastino... : médiastin. Ex. : *médiastinal*
Média... Méso... : entre. Ex. : *mésocardie*
Médullo... : moelle. Ex. : *médullaire*
Méga... : dilaté. Ex. : *mégacôlon*
Mégalo... : très grand. Ex. : *mégalomanie*
Mélano... : noir. Ex. : *mélanocyte*
Mélo... : membre. Ex. : *rhizomélique*
...ménorrhée : écoulement. Ex. : *aménorrhée*
...métrie : mesure. Ex. : *gazométrie*
Métro... : utérus. Ex. : *métrorragie*
Micro... : très petit. Ex. : *microscope*
...mnémo ...mnéso : mémoire. Ex. : *anamnèse*
Mono... : un seul. Ex. : *mononucléose*
Muco... : mucus. Ex. : *mucolytique*
Myco... : champignon. Ex. : *mycosique*
Myélo... : moelle. Ex. : *myéloblaste*
Myo... : muscle. Ex. : *myopathie*
Myocardo... : cœur. Ex. : *myocardite*
Myringo... : tympan. Ex. : *myringotomie*
Mytho... : mensonge. Ex. : *mythomane*

N

Narco... : sommeil. Ex. : *narcotique*
Nat... : naissance. Ex. : *natal*
Natro... : sodium. Ex. : *natrémie*
Nécro... : mort. Ex. : *nécrologie*
Néo... : nouveau. Ex. : *néoplasie*
Néphro... : rein. Ex. : *néphrite*
Neuro... : nerf. Ex. : *neurologie*
Neutro... : neutre. Ex. : *neutropénie*
Névro... : nerf. Ex. : *névralgie*
Noso... : maladie. Ex. : *nosologie*
Nulli... : nul. Ex. : *nullipare*
Nycto... : nuit. Ex. : *nycthémère*

O

Ocy... : qui hâte. Ex. : *ocytocite*
Odonto... : dent. Ex. : *orthodontie*
...ole : petit. Ex. : *bronchiole*
Olfacto : odorat. Ex. : *olfaction*
Oligo... : peu. Ex. : *oligurie*
Omni... : tout. Ex. : *omnipraticien*
Onco... : cancer. Ex. : *oncologie*
Onyx... Onycho... : ongle. Ex. : *onyxis*
Ophtalmo... Oculo... : œil. Ex. : *ophtalmologie, oculiste*
...opsie : vue. Ex. : *biopsie*
Opt... : qui concerne la vue. Ex. : *opticien*
Orchi... : testicule. Ex. : *orchidectomie*
...orex : faim. Ex. : *anorexie*
Ortho... : droit, normal. Ex. : *orthoptie*
...ose : état pathologique. Ex. : *cirrhose*
Osm... : odeur. Ex. : *anosmie*
Ostéo... : os. Ex. : *ostéoporose*
Oto... : oreille. Ex. : *otite*
Ovario... : ovaire. Ex. : *ovariectomie*
...oxy : oxygène. Ex. : *dioxygène*

P

Pachy... : épais. Ex. : *pachyderme*
Palato... : palais. Ex. : *palatodysraphie*
Pan... : tout. Ex. : *pancolite*
Pancréato... : pancréas. Ex. : *pancréatite*
Para... Juxta... : à côté/à travers. Ex. : *parentéral*
Parasito... : parasite. Ex. : *parasitaire*
...parésie : paralysie légère. Ex. : *hémiparésie*
Pariéto... : externe. Ex. : *pariétal*
Par/Para... : protection. Ex. : *parodontie, paracentèse*
...part ...pare : accouchement. Ex. : *multipare*
Patello... : rotule. Ex. : *patellectomie*
Patho... Pathie... : maladie. Ex. : *pathologie*
Pauci... : peu nombreux. Ex. : *paucisymptomatique*
...pause : pause. Ex. : *ménopause*
Pector... : poitrine. Ex. : *expectorer*
Péd... Pédo... : enfant. Ex. : *pédiatrie*
Pélo... : boue. Ex. : *pélothérapie*
Pelvi... : bassin. Ex. : *pelvimétrie*
...pénie : peu. Ex. : *leucopénie*
...pepso ...pepto : digestion. Ex. : *dyspepsie*
Per... : à travers. Ex. : *percutané*
Péri... : autour. Ex. : *péricarde*
...pexie : fixer. Ex. : *colpopexie*
Phaco... : cristallin. Ex. : *phacomalacie*
...phago ...phagie : manger. Ex. : *dysphagie*
Pharma... : médicament. Ex. : *pharmacologie*
Pharyngo... : pharynx. Ex. : *pharyngite*
...phasie : parole. Ex. : *aphasie*
...phile : qui aime. Ex. : *hydrophile*
Phéo... : brun, couleur foncée. Ex. : *phéochromocytome*
Phlébo... : veine. Ex. : *phlébite*
...phobe : peur. Ex. : *hydrophobe*
...phono : voix. Ex. : *aphonie*

Photo... : lumière. Ex. : *photophobie*
Phréno... : diaphragme. Ex. : *phrénique*
...phylaxie : protection. Ex. : *prophylaxie*
...physe : excroissance, croissance. Ex. : *apophyse*
Phyto... : plante. Ex. : *phytothérapie*
Pituit... : sécrétion. Ex. : *pituitaire*
...plasie : former, croissance. Ex. : *aplasie*
...plastie : refaire. Ex. : *rhinoplastie*
...plégie : paralysie. Ex. : *hémiplégie*
Pleuro... : plèvre. Ex. : *pleurésie*
...pnée : respirer. Ex. : *apnée*
Pneumo... : poumon. Ex. : *pneumonie*
Podo... Pédi... : pied. Ex. : *pédicure*
...poïèse ...poïéto : fabriquer. Ex. : *hématopoïèse*
Polio... : gris. Ex. : *poliomyélite*
Pollaki... : souvent. Ex. : *pollakiurie*
Poly... : plusieurs, trop. Ex. : *polynucléaire*
...poro : poreux. Ex. : *ostéoporose*
Poso... : dose. Ex. : *posologie*
Post... : après. Ex. : *postprandial*
Poto... : boire. Ex. : *potomanie*
Pré... : avant. Ex. : *prénatal*
Presby... : vieillard. Ex. : *presbytie*
Pro... : pour, en avant. Ex. : *pronostic*
Procto... : anus. Ex. : *proctologie*
Prostato... : prostate. Ex. : *prostatique*
Psycho... : mental. Ex. : *psychose*
...ptose : chute. Ex. : *ptosis*
Ptyalo... : salive. Ex. : *ptyalorrhée*
...ptysie : cracher. Ex. : *hémoptysie*
Puéri... : enfant. Ex. : *puériculture*
Puva... : UV... ultra-violet. Ex. : *puvathérapie*
Pyélo... : bassinet. Ex. : *pyélonéphrite*
Pyo... : pus. Ex. : *pyurie*
...pyréto ...pyrex : fièvre. Ex. : *apyrexie*

R

...rachie : dans le LCR. Ex. : *glycorachie*
Rachi... Rachido... : rachis. Ex. : *rachidien*
Radico... Radiculo... : racine des nerfs. Ex. : *radiculaire*
Radio... : rayon. Ex. : *radioscopie*
Recto... : rectum. Ex. : *rectorragie*
Rétino... : rétine. Ex. : *rétinite*
Rétro... : en arrière. Ex. : *rétrosternal*
Rhino... : nez. Ex. : *rhinite*
Rhizo... : racine. Ex. : *rhizomélique*
...rraphie : suture. Ex. : *hystérorraphie*
Rrhée... (...rragie) : écoulement (de sang). Ex. : *rhinorrhée, rectorragie*

S

Sacro... : sacrum. Ex. : *lombo-sacré*
Salpingo... : salpinx, trompe. Ex. : *salpingite*
Scapulo... : épaule. Ex. : *scapulo-huméral*
Schizo... : rupture, dissociation. Ex. : *schizophrénie*
Scléro... : dur. Ex. : *sclérose*
...scopie scope : visualiser. Ex. : *fibroscope*

Sébo... : sébum. Ex. : *séborrhée*
Sémio... Séméio... : signe. Ex. : *sémiologie*
Séro... : sérum. Ex. : *sérologie*
Sialo... : salive. Ex. : *sialorrhée*
Sidéro... : fer. Ex. : *sidérémie*
Sinuso... : sinus. Ex. : *sinusite*
...somno : sommeil. Ex. : *insomnie*
Spanio... : rare. Ex. : *spanioménorrhée*
Spermatocysto... : sperme. Ex. : *spermatocyte*
Spiro... : respiration. Ex. : *spirométrie*
Spléno... : rate. Ex. : *splénomégalie*
Spondylo... : vertèbre. Ex. : *spondylarthrite*
...stase : arrêt. Ex. : *hémostase*
Stéat... : graisse. Ex. : *stéatorrhée*
Sténo... : rétrécissement. Ex. : *sténose*
Sterno... : sternum. Ex. : *sternotomie*
Stéro... : relation aux hormones. Ex. : *stérolytique*
...sthéno : force. Ex. : *asthénie*
Stomato... : bouche. Ex. : *stomatologue*
...stomie : aboucher. Ex. : *colostomie*
Sub... : presque. Ex. : *subictère*
Sudor... : sueur. Ex. : *sudorifique*
Supra... : au-dessus. Ex. : *supra-ventriculaire*
Sur... : au-dessus. Ex. : *surrénal*
Sus... : au-dessus. Ex. : *susiliaque*
Syndesmo... : ligament. Ex. : *syndesmotomie*
Syn... Sym... : ensemble. Ex. : *syndactylie*

T

Tachy... : rapide. Ex. : *tachycardie*
Tal... : talon. Ex. : *talalgie*
Télé... : loin. Ex. : *télangiectomie*
Ténos... Tendino... : tendon. Ex. : *tendinite*
Térato... : monstre. Ex. : *tératogène*
Tétra... : quatre. Ex. : *tétraplégique*
Thalasso... : eau de mer. Ex. : *thalassothérapie*
Thanatos... : mort. Ex. : *thanatophobie*
Thermo... : température. Ex. : *thermomètre*
Thoraco... : thorax. Ex. : *thoracotomie*
Thrombo... : caillot. Ex. : *thrombocyte*
...thymo : humeur. Ex. : *cyclothymique*
...toco ...toci : accouchement. Ex. : *Eutocie*
...tomie : incision. Ex. : *laparotomie*
Tomo... : coupe. Ex. : *tomographie*
...ton : tonus. Ex. : *hypotonie*
Topo... : lieu. Ex. : *topologie*
Toxikon... : poison. Ex. : *toxicomanie*
Trachéo... : trachée. Ex. : *trachéotomie*
Trans... : à travers. Ex. : *transcutané*
...tricho : poil. Ex. : *hypertrichose*
...trito ...trico : broyer. Ex. : *lithotricie*
...trope : qui agit sur. Ex. : *psychotrope*
...trophie : nutrition. Ex. : *dystrophie*
Tubulo... : tube distal. Ex. : *tubulopathie*

U

...ule : petit. Ex. : *valvule*
Ungéo... : ongle. Ex. : *unguéal*
...urèse : uriner. Ex. : *diurèse*
Urétro... : urètre. Ex. : *urétrographie*
Urico... : acide urique. Ex. : *uricopoïese*
...urie : dans l'urine. Ex. : *dysurie*
Uvéo... : uvée. Ex. : *uvéite*

V

Vagino... : vagin. Ex. : *vaginite*
Valvulo... : valvule. Ex. : *valvulectomie*
Varico... : varice. Ex. : *varicocèle*
Vaso... Vasculo... : vaisseau. Ex. : *vasculaire*
Veino... : veine. Ex. : *veinite*
Ventriculo... : ventricule. Ex. : *ventriculostomie*
Vesper... : soir. Ex. : *vespéranopsie*
Vir... : homme. Ex. : *virilité*
Viro... : virus. Ex. : *virose*
Vulvo... : vulve. Ex. : *vulvite*

X

Xantho... : Jaune. Ex. : *xanthome*
Xéno... : étranger. Ex. : *xénophobie*

Fiche 15

Principaux sigles et abréviations

Principaux sigles et abréviations

Cette liste n'est pas exhaustive.

A

AAA (ou 3A)	asthénie, anorexie et amaigrissement
ABO	système des groupes sanguins
ACE	antigène carcino-embryonnaire (marqueur tumoral)
ACR	arrêt cardiaque ou arrêt cardiovasculaire
ACTH	corticostimuline (Adrénocorticotropic Hormon)
ADH	hormone antidiurétique (vasopressine)
ADN	acide désoxyribonucléique
AG	anesthésie générale
Ag	antigène
AINS	anti-inflammatoire non stéroïdien (médicament)
AIT	accident ischémique transitoire
AL	anesthésie locale
ALAT	aminotransférase (transaminase : SGPT)
AMM	autorisation de mise sur le marché
ARN	acide ribonucléique
ASAT	aspartate aminotransférase (transaminase : SGOT)
ASLO	antistreptolysine
ASP	abdomen sans préparation (radiographie)
ATBG	antibiogramme
ATCD	antécédents
ATT	aérateur transtympanique
AVC	accident vasculaire cérébral
AVK	antivitamine K (médicament anticoagulant)
AZT	azidothymidine (médicament antiviral)

B

BAV	bloc auriculo-ventriculaire (trouble du rythme)
BBS	maladie de Besmier-Bœck-Schaumann ou sarcoïdose
BCG	bacille de Calmette et Guérin (vaccin contre la tuberculose)
BK	bacille de Koch (agent de la tuberculose)
BPCO	bronchopneumopathie chronique obstructive
BW	Bordet-Wassermann (recherche syphilis)
BZD	benzodiazépine

C

CAE	conduit auditif externe
CAT	conduite à tenir
CCHM	concentration corpusculaire hémoglobinique moyenne
CE	corps étranger
CEC	circulation extracorporelle

CIA .... communication inter-auriculaire (malformation cardiaque)
CIC .... complexes immuns circulants (anomalie immunitaire)
CIV .... communication inter-ventriculaire (malformation cardiaque)
CIVD .... coagulation intravasculaire disséminée (trouble de la coagulation)
CMI .... concentration minimale inhibitrice
CMV .... cytomégalovirus
CPA .... cœur pulmonaire aigu
CPC .... cœur pulmonaire chronique
CPK .... créatine phosphokinase (enzyme)
CRP .... protéine C réactive (C reactiv protein)
CV .... capacité vitale

D

DCI .... dénomination commune internationale (des médicaments)
DDB .... dilatation des bronches
DDR .... date des dernières règles
Δ .... (lettre grecque delta) : diagnostic
Dg .... diagnostic
DID .... diabète insulino-dépendant
DIU .... dispositif intra-utérin (stérilet)
DNID .... diabète non insulino-dépendant
DT .... delirium tremens
DTCP .... diphtérie-tétanos-coqueluche-polio (vaccin)
DTTAB .... diphtérie-tétanos-typhoïde A et B (vaccin)

E

ECBU .... examen cyto-bactériologique des urines
ECG .... électrocardiogramme
EEG .... électroencéphalogramme
EER .... épuration extra-rénale
EFR .... exploration fonctionnelle respiratoire
EMG .... électromyogramme
EP .... embolie pulmonaire
ESV .... extrasystole ventriculaire

F

FC .... fausse couche
FEV .... fraction d'éjection du ventricule (gauche)
FID .... fosse iliaque droite (région de l'abdomen)
FIG .... fosse iliaque gauche (région de l'abdomen)
FIV .... fécondation in vitro
FIVETE .... fécondation in vitro et transfert d'embryon
FO .... fond d'œil
FP .... face et profil (examen sous incidences ou F + P)
FSH .... hormone folliculostimulante

G

GGT ou GT .... gammaglutamyl transpeptidase
γ .... (lettre grecque gamma) : grossesse
γγ .... (lettres grecques gamma) : ganglions
GB .... globule blanc
GEU .... grossesse extra-utérine
GH .... hormone de croissance (Growth Hormon)
GNA .... glomérulonéphrite aiguë
GR .... globule rouge

H

HAD .... hypertrophie auriculaire droite
HAG .... hypertrophie auriculaire gauche
Hb .... hémoglobine
HCG .... hormone chorionique gonadotrope
HDL .... lipoprotéine de haute densité (High Density Lipoprotein)
HDM .... histoire de la maladie
HED .... hématome extra-dural
HGPO .... hyperglycémie provoquée par voie orale
HIC .... hypertension intracranienne
HIV .... signe anglais du VIH
HLA .... système de groupes de compatibilité tissulaire chez l'homme (Human Leucocyte Antigen)
HLM .... débit minute des hématies et des leucocytes
HPV .... papillomavirus chez l'homme
HSD .... hématome sous-dural
HSV .... herpès virus
HTA .... hypertension artérielle
HVD .... hypertrophie ventriculaire droite
HVG .... hypertrophie ventriculaire gauche

I

IA .... insuffisance aortique
IC .... insuffisance cardiaque
IDM .... infarctus du myocarde
IDR .... intradermo-réaction à la tuberculine (pour tester le BCG)
Ig .... immunoglobuline
IM .... intra-musculaire (injection) ou initiales pour insuffisance mitrale
IMAO .... inhibiteur de la mono-amino-oxydase (médicament)
INR .... ratio international de normalisation (unité de mesure)
IPD .... interphalangienne distale (articulation)
IPP .... interphalangienne proximale (articulation)
IRA .... insuffisance rénale aiguë
IRC .... insuffisance rénale chronique
IRC .... insuffisance respiratoire chronique
IRM .... imagerie par résonance magnétique nucléaire (examen)
IST .... infection sexuellement transmissible
IU .... intra-utérin
IUE .... incontinence urinaire d'effort
IV .... intraveineuse (injection)
IVD .... insuffisance ventriculaire droite
IVG .... Insuffisance ventriculaire gauche
IVG .... interruption volontaire de grossesse

K

K .... cancer
KT .... cathéter

L

LCR .... liquide céphalo-rachidien
LDH .... lactico déshydrogénase
LDL .... lipoprotéine de basse densité (Low Density Lipoprotein)
LED .... lupus érythémateux disséminé
LEMP .... leuco-encéphalite multifocale progressive (dans le sida)

M

MNI	mononucléose infectieuse
MP	métacarpo-phalangienne (articulation)
MSN	mort subite du nourrisson
MST	maladie sexuellement transmissible

N

N	normal
NFS	numération formule sanguine

O

OAP	œdème aigu du poumon
OMI	œdème des membres inférieurs
ORL	oto-rhino-laryngologie

P

P1	première phalange (et P2, P3)
P_{CO_2}	pression artérielle en CO_2
Pa_{O_2}	pression partielle d'oxygène
PAC	pontage aorto-coronaire
PB	ponction-biopsie
PC	perte de connaissance
PCE	polyarthrite chronique évolutive
PCR	technique d'amplification génique (Polymerase Chain Reaction)
PCU	phénylcétonurie
PDF	produits de dégradation de la fibrine
PET	scanner, tomographie par émission de positons
π	(lettre grecque pi) : pouls
PL	ponction lombaire
PLS	position latérale de sécurité
PMA	procréation médicalement assistée
PMD	psychose maniaco-dépressive
PR	polyarthrite rhumatoïde
PSA	antigène spécifique de la prostate
φ	(lettre grecque psi) : psychisme et termes dérivés
PUVA	psoralène et ultraviolets A (traitement)

R

RA	rétrécissement aortique
RA	réserve alcaline
RAA	rhumatisme articulaire aigu
RCH	recto-colite hémorragique
RCIU	retard de croissance intra-utérin
Rh	rhésus
RIG	réaction immunologique de grossesse
RM	rétrécissement mitral
RMN	résonance magnétique nucléaire (même examen que l'IRM)
ROR	rougeole-oreillons-rubéole (vaccin)
ROT	réflexes ostéo-tendineux
RP	radiographie pulmonaire
RU 486	médicament abortif

S

SC .... sous-cutanée (injection)
SEP .... sclérose en plaques
SGOT .... glutamic oxalic transaminase
SGPT .... glutamic pyruvic transaminase
SIDA .... syndrome d'immunodéficience acquise
SNC .... système nerveux central

T

T3, T4 .... hormones thyroïdiennes
TA .... tension artérielle
θ .... (lettre grecque thêta) : température
TC .... traumatisme crânien
TC .... temps de coagulation
TCA .... temps de céphaline activée
TCK .... temps de céphaline-kaolin
TDM .... tomodensitométrie (scanner ou scanographie)
TEP .... tomographie par émission de positons
TH .... temps de Howell
TNM .... classification tumeur-ganglion-métastase des cancers (Tumor-lymph Node-Metastasis)
TNT .... trinitrine
TOGD .... transit œso-gastro-duodénal (radiographie)
TP .... taux de prothrombine
TR .... toucher rectal
TS .... temps de saignement
TS .... tentative de suicide
TSH .... thyréostimuline (Thyroïd Stimulating Hormon)
TT .... traitement
TV .... toucher vaginal

U

UIV .... urographie intraveineuse (radiographie)
USI .... unité soins intensifs
UV .... ultra violet

V

VEMS .... volume expiratoire maximum par seconde
VGM .... volume globulaire moyen
VIH .... virus de l'immunodéficience humaine (nom français du HIV)
VS .... vitesse de sédimentation

Fiche 16

Passer du nom à l'adjectif et de l'adjectif au nom

Passer du nom à l'adjectif

Cette liste de noms, accompagnés des adjectifs auxquels ils se rapportent, n'est pas exhaustive.

Noms	Adjectifs
A	
Avortement	abortif (ive)
Accouchement	obstétrical(e), puerpéral(e)
Aine	inguinal(e)
Aisselle	axillaire
Alvéole (dentaire ou pulmonaire)	alvéolaire
Amnios	amniotique
Appendice	appendiculaire
B	
Bassin	pelvien (enne)
Bassinet	pyélique
Bile	biliaire
Bras	brachial(e)
Bouche	buccal(e)
C	
Cæcum	cæcal(e)
Calice du rein	caliciel(le)
Cancer	cancéreux/malin
Cerveau	cérébral(e)
Cervelet	cérébelleux (euse)
Champignon	fongique, mycosique
Cheveux	capillaire
Clavicule	claviculaire
Cœur	cardiaque
Côlon	colique
Contracture	spasmodique, spastique
Convulsion	convulsif (ive)
Corps	somatique
Cortex	cortical(e)
Côte	costal(e)
Cou, col	cervical(e)
Cuisse	crural(e)
D E	
Diaphragme	phrénique
Enfant	infantil(e)
Épaule	scapulaire
Épilepsie	comitial(e)
Estomac	gastrique, stomacal(e)

F G

Fer .... martial(e)
Fesse .... glutéal(e)
Fièvre jaune .... amaril(e)
Foie .... hépatique
Gale .... scabieux (euse)
Gencive .... gingival(e)
Graisse .... adipeux (euse)
Grossesse .... gravide

H I J

Hanche .... coxal(e)
Hôpital .... nosocomial(e)
Infection .... septique
Intestin grêle .... entérique
Jambe, mollet .... sural(e)

L

Langue .... lingual(e)
Larme .... lacrymal(e)
Lèvre .... labial(e)

M

Maladie .... morbide
Mésentère (repli de péritoine) .... mésentérique
Moelle épinière .... spinal(e)
Moelle osseuse .... myéloïde
Moelle osseuse ou épinière .... médullaire
Mort .... létal(e)

N

Naissance .... natal(e)
Névrose .... névrotique
Nez .... nasal(e)
Noyau .... nucléaire

O

Œil .... oculaire
Ongle .... unguéal(e)
Oreille, oreillette .... auriculaire
Oreillons .... ourlien (enne)

P

Paludisme .... paludéen (déenne) palustre
Pancréas .... pancréatique
Paupière .... palpébral(e)
Peau .... cutané(e)
Plèvre .... pleural(e)
Poil .... pileux (euse)
Poumon .... pulmonaire
Prurit .... prurigineux (euse)
Psychose .... psychotique

R

Rachis .... rachidien (enne)
Rate .... splénique
Règles, menstruations .... menstruel (elle)
Rein .... rénal(e)
Repas .... prandial(e)
Rougeole .... morbilleux (euse)

S

Scrotum .... scrotal(e)
Sein .... mammaire
Selles .... fécal(e)
Septum (cloison entre cœur droit et cœur gauche) .... septal(e)

T

Testicule .... testiculaire
Tête .... céphalique
Trachée .... trachéal(e)
Trompe .... tubaire salpingien (enne)

V Z

Vagin .... vaginal(e)
Vaisseau .... vasculaire
Veine .... veineux (euse)
Vésicule biliaire .... vésiculaire
Vessie .... vésical(e)
Viscères .... viscéral(e)
Zona .... zostérien (enne)

Passer de l'adjectif au nom

Cette liste d'adjectifs, accompagnés des noms auxquels ils se rapportent, n'est pas exhaustive.

Adjectifs **Noms**

A

Abortif (ive) .... avortement
Adipeux (euse) .... graisse
Alvéolaire .... alvéole (dentaire ou pulmonaire)
Amaril(e) .... fièvre jaune
Amniotique .... amnios
Appendiculaire .... appendice
Auriculaire .... oreille, oreillette
Axillaire .... aisselle

B

Biliaire .... bile
Brachial(e) .... bras
Buccal(e) .... bouche

C

Cæcal(e) .... cæcum
Caliciel(le) .... calice du rein
Capillaire .... cheveux
Cardiaque .... cœur
Céphalique .... tête
Cérébelleux (euse) .... cervelet
Cérébral(e) .... cerveau
Cervical(e) .... cou, col
Claviculaire .... clavicule
Colique .... côlon
Comitial(e) .... épilepsie
Convulsif (ive) .... convulsion
Cortical(e) .... cortex
Costal(e) .... côte
Coxal(e) .... hanche
Crural(e) .... cuisse
Cutané(e) .... peau

E F G

Entérique .... intestin grêle
Fécal(e) .... selles
Fongique .... champignon
Gastrique .... estomac
Gingival(e) .... gencive
Glutéal(e) .... fesse
Gravide .... grossesse

H I

Hépatique .... foie
Infantil(e) .... enfant
Inguinal(e) .... aine

L

Labial(e) .... lèvre
Lacrymal(e) .... larme
Létal(e) .... mort
Lingual(e) .... langue

M

Mammaire .... sein
Martial(e) .... fer
Médullaire .... moelle osseuse ou épinière
Menstruel (elle) .... règles, menstruations
Mésentérique .... mésentère (repli de péritoine)
Morbide .... maladie
Morbilleux (euse) .... rougeole
Mycosique .... champignon
Myéloïde .... moelle osseuse

N

Nasal(e) .... nez
Natal(e) .... naissance
Névrotique .... névrose
Nosocomial(e) .... hôpital
Nucléaire .... noyau
Numérique .... avec affichage d'indications chiffrées

O

Obstétrical(e) ... accouchement
Oculaire ... œil
Ourlien (enne) ... oreillons

P

Palpébral(e) ... paupière
Paludéen (déenne) ... paludisme
Palustre ... paludisme
Pancréatique ... pancréas
Pelvien (enne) ... bassin
Phrénique ... diaphragme
Pileux (euse) ... poil
Pleural(e) ... plèvre
Prandial(e) ... repas
Prurigineux (euse) ... prurit
Psychotique ... psychose
Puerpéral(e) ... accouchement
Pulmonaire ... poumon
Pyélique ... bassinet

R

Rachidien (enne) ... rachis
Rénal(e) ... rein

S

Salpingien (enne) ... trompe
Scabieux (euse) ... gale
Scapulaire ... épaule
Scrotal(e) ... scrotum
Septal(e) ... septum (cloison entre cœur droit et cœur gauche)
Septique ... infection
Somatique ... corps
Spasmodique ... contracture
Spastique ... contracture
Spinal(e) ... moelle épinière
Splénique ... rate
Stomacal(e) ... estomac
Sural(e) ... jambe, mollet

T

Testiculaire ... testicule
Trachéal(e) ... trachée
Tubaire ... trompe

U V Z

Unguéal(e) ... ongle
Vaginal(e) ... vagin
Vasculaire ... vaisseau
Veineux (euse) ... veine
Vésical(e) ... vessie
Vésiculaire ... vésicule biliaire
Viscéral(e) ... viscères
Zostérien (enne) ... zona

Fiche 17

Rappels orthographiques essentiels

Une **phrase** est formée d'une succession ordonnée de mots. Elle commence toujours par une majuscule et se termine toujours par un point (ou point d'interrogation, d'exclamation, points de suspension). Toute phrase qui contient un verbe conjugué se nomme **proposition**.
La **nature d'un mot** ne varie pas. En revanche, le rôle qu'il joue dans une phrase, c'est-à-dire sa **fonction**, peut changer.

1. Le nom et le verbe

A. Le nom commun

- Un nom commun est un mot qui est précédé d'un déterminant (article, adjectif possessif, démonstratif, indéfini). Il nomme un être ou une chose. Il est du genre masculin ou féminin. Un adjectif qualificatif peut accompagner le nom ; il indique alors une qualité, donne une précision par rapport à ce nom.
- Lorsqu'il fait ou subit une action, le nom est **sujet** du verbe.

Exemple

Le **téléphone** sonne sans cesse, l'**après-midi** devient pénible.

- Lorsque le nom précise un objet, un fait, une circonstance, il est **complément** (d'objet ou de lieu, de manière, de temps, etc.).

Exemples

Il cherche le dossier du patient. (*« chercher » est un verbe transitif direct, « dossier » est le nom* ***complément d'objet direct*** *(COD) du verbe « chercher » car il n'existe pas de préposition entre le verbe et le nom*)
Le secrétaire part aux archives. (*« archive » est* ***complément circonstanciel de lieu*** *du verbe « partir »*)
Le malade parle au médecin. (*« médecin » est* ***complément d'objet indirect*** *(COI) du verbe « parler »*)

Remarque

Un pronom remplace souvent un nom ; le pronom est donc également un mot qui désigne un être ou une chose, mais sans les nommer. Il existe des pronoms personnels (je, tu, il, elle, nous, etc.), des pronoms possessifs (le mien, le tien, etc.), des pronoms démonstratifs (ce, ceux, celui, celle-ci, etc.), et des pronoms indéfinis (on, plusieurs, chacun, etc.).

B. Le verbe

Le verbe exprime généralement une action. Il peut aussi indiquer un état.

• Le verbe **s'accorde** en genre (masculin/féminin) et en nombre (singulier/pluriel) **avec son sujet**. Un verbe à l'infinitif prend les mêmes fonctions qu'un nom.

• Pour trouver le sujet d'un verbe, il faut :
– repérer le verbe conjugué ;
– se poser la question : « qui est-ce qui ? » ou « qu'est-ce qui ? » fait l'action exprimée par le verbe.

• Pour trouver le complément d'objet direct du verbe, il faut poser la question « qui ? », « quoi ? » **après** le verbe.

2. Le pluriel des noms

• Le pluriel des noms se forme généralement en ajoutant un « **s** » au singulier.

Exemples

un toit/des toits
la trousse/les trousses

Toutefois, plusieurs **règles spécifiques** existent.

• Les noms se terminant par un « **s** », « **x** », « **z** » s'écrivent de la même façon au singulier et au pluriel.

Exemples

un nez/des nez
la souris/les souris
le houx/les houx

• Les noms se terminant en « **au** », « **eau** », « **eu** » prennent un « x » au pluriel.

Exemples

un tuyau/des tuyaux
un seau/des seaux
un neveu/des neveux

Exceptions

Landau, sarrau, bleu, lieu (poisson) et émeu (autruche) prennent un « s ».

• Les noms se terminant en « **ou** » prennent un « s » au pluriel.

Exceptions

Bijou, caillou, chou, genou, hibou, joujou et pou prennent un « x ».

• Les noms se terminant en « **al** » forment leur pluriel en « aux ».

Exemples

un cheval/des chevaux
un canal/des canaux

Exceptions

Aval, bal, cal, carnaval, cérémonial, chacal, festival, régal et santal prennent un « s ».

• Les noms se terminant en « **ail** » forment leur pluriel en « ails ».

Exemple

le chandail/les chandails

Exceptions

Bail, corail, émail, soupirail, travail, ventail et vitrail se terminent par « aux ».

Remarque

Certains noms ne s'emploient qu'au pluriel.

Exemples

des arrhes, des catacombes, des bestiaux, des environs, des funérailles, des dépens, des mœurs, des gravats, des obsèques, des fiançailles, des floralies…

3. Le pluriel des noms composés

• Les noms composés formés de deux mots accolés forment leur pluriel comme un nom simple.

Exemples

le portefeuille/les portefeuilles
un contremaître/des contremaîtres

Exceptions

Mesdames, mesdemoiselles, messieurs, bonshommes, gentilshommes

• Lorsque le nom est composé de deux noms ou d'un adjectif et d'un nom, les deux mots se mettent au pluriel.

Exemples

un coffre-fort/des coffres-forts
un chef-lieu/des chefs-lieux

Exceptions

les noms composés avec « demi », « saint » et « sang » : une demi-heure/des demi-heures, un pur-sang/des pur-sang

Toutefois, certains noms ne prennent pas la marque du pluriel en raison du sens.

Exemples

un timbre-poste/des timbres-poste (*pour la poste*)
un abat-jour/des abat-jour (*qui abattent le jour*)

Par ailleurs, lorsqu'une préposition sépare les deux noms, seul le premier prend la marque du pluriel.

Exemples

la pomme de terre/les pommes de terre
un arc-en-ciel/des arcs-en-ciel

• Lorsque le nom est composé d'un verbe et d'un nom, seul le nom prend la marque du pluriel, le verbe est invariable. Toutefois, si le verbe désigne une personne, il peut s'accorder.

Exemples

un ouvre-bouteille/des ouvre-bouteilles
un aide-soignant/des aides-soignants

4. Le pluriel des adjectifs

A. L'adjectif qualificatif

• L'adjectif qualificatif s'accorde en genre et en nombre avec le(s) nom(s) au(x) quel(s) il se rapporte. En règle générale, le pluriel de l'adjectif se forme en ajoutant un « s » au singulier ; certains adjectifs dérogent à cette règle.
Lorsque l'adjectif se rapporte à des noms de genres différents, c'est le masculin qui domine.

Exemples

La fillette porte une nouvelle robe et un manteau neuf.
La fillette porte une robe et un manteau neufs.

• Les adjectifs qualificatifs se terminant par « **s** » ou par « **x** » au singulier ne changent pas au pluriel.

Exemples

un cheval gris/des chevaux gris
un dessert délicieux/des desserts délicieux

• Les adjectifs qualificatifs se terminant par « **au** » forment leur pluriel en « aux ».

Exemple

un beau matelot/des beaux matelots

- Les adjectifs qualificatifs se terminant par « **al** » forment leur pluriel en « aux ».

EXEMPLE

un regroupement familial/des regroupements familiaux

EXCEPTIONS

Bancal, banal, fatal, final, glacial, naval, natal et tribal prennent un « s » au pluriel.

- Lorsqu'un adjectif qualificatif est formé de deux adjectifs, les deux prennent la marque du pluriel.

EXEMPLE

un enfant sourd-muet/des enfants sourds-muets

- Lorsqu'un adjectif qualificatif composé contient un adverbe ou quand le premier adjectif a le sens d'un adverbe, seul le second adjectif prend la marque du pluriel.

EXEMPLES

un légume extra-fin/des légumes extra-fins
une onde ultra-courte/des ondes ultra-courtes
un enfant nouveau-né/des enfants nouveau-nés

REMARQUE

Les adjectifs « ci-joint » et « ci-inclus » sont invariables lorsqu'ils sont placés avant le nom auquel ils se rapportent. Ils s'accordent s'ils sont placés après le nom.

EXEMPLES

ci-joint les certificats de naissance
Vous trouverez les copies ci-incluses.

- Les adjectifs de couleur suivent la règle générale sauf si, à l'origine, le mot désignant la couleur était un nom.

EXEMPLE

des vêtements marron (*de la couleur du marron*)

EXCEPTIONS

Cependant, sept adjectifs de couleur provenant d'un nom font exception : écarlate, fauve, incarnat, mauve, pourpre, rose, vermeil.

EXEMPLES

des volets rouges et roses

- L'adjectif de couleur composé est invariable.

EXEMPLES

des bagues vert turquoise
des murs bleu ciel

B. Les adjectifs numéraux

- Lorsque les adjectifs numéraux désignent un ordre : le premier, le quatrième, etc., ils sont appelés « adjectifs ordinaux ». L'adjectif ordinal s'accorde en genre et en nombre avec le nom auquel il se rapporte ; un adjectif ordinal peut aussi être employé comme un nom.

Exemples

Les premiers résultats sont prometteurs.
cinq centièmes de seconde

- Lorsqu'ils indiquent un nombre (trois, mille, etc.), les adjectifs numéraux sont appelés « adjectifs cardinaux ». L'adjectif numéral cardinal est invariable ; toutefois, certains obéissent à des règles particulières : « vingt » et « cent » prennent un « s » au pluriel s'ils sont multipliés par un nombre mais ne sont pas suivis d'un autre nombre.

Exemples

Sept jours forment une semaine.
Vingt-quatre heures forment une journée.
quatre-vingts gouttes (*4 × 20*)
mille trois cents candidats (*3 × 100*) et neuf cent huit candidates [(*9 × 100*) + *8*]

5. L'accord du participe passé

A. Règle générale

La règle

Le participe passé employé **sans auxiliaire** (« être » ou « avoir ») s'accorde comme un adjectif, c'est-à-dire en genre et en nombre avec le nom auquel il se rapporte.

Exemples

La consultation semble bientôt fini**e**.
Visites interdit**es** après vingt heures.

B. L'accord du participe passé employé avec l'auxiliaire « être »

La règle

Employé avec l'auxiliaire « être », le participe passé s'accorde en genre et en nombre avec le sujet du verbe.

Exemple

Les patientes du matin sont arriv**ées**.

Remarques

- Les règles d'accord du participe passé avec l'auxiliaire « être » s'appliquent aussi pour les verbes d'état : sembler, paraître, demeurer, devenir, rester, se trouver, etc.
- Lorsque le sujet du verbe « être » est « on », le participe passé s'écrit au masculin singulier, sauf si le sens de la phrase permet un accord différent.

Exemples

On est étonn**é** de l'ampleur du phénomène.
Alors Marie, on est étonn**ée** ?
Hier, on était tous étonn**és**.

C. L'accord du participe passé employé avec l'auxiliaire « avoir »

La règle

Employé avec l'auxiliaire « avoir », le participe passé reste invariable s'il n'y a pas de complément d'objet direct ou si celui-ci est placé après le verbe.

- Le participe passé s'accorde en genre et en nombre avec son complément d'objet direct **lorsque ce complément le précède.**

Exemples

Tu m'as donn**é** une bibliographie.
la bibliographie que tu m'as donn**ée**

- Le participe passé conjugué avec l'auxiliaire « avoir » reste **invariable** si **le COD qui le précède** est le pronom « **en** ».

Exemple

J'ai ramassé des pommes et j'**en** ai donn**é** à mon voisin.

Remarque

Posez-vous toujours la question « qui ? » ou « quoi ? » après le verbe. Dans l'exemple ci-dessus : « *j'ai donné quoi à mon voisin ?* » Réponse : « en », mis pour « pommes ».

D. L'accord du participe passé avec les verbes pronominaux

- Un verbe pronominal est un verbe qui ne peut jamais être conjugué sans un pronom de la même personne que le sujet.

Exemples

Il	se repent de sa faute.	Je	m' abstiens de boire.
⇑	⇑	⇑	⇑
sujet	pronom personnel réfléchi	sujet	pronom personnel réfléchi

Attention !

Certains verbes peuvent avoir deux formes : active et pronominale, avec des sens différents.

Exemples

Nous apercevons le sommet.
Nous nous apercevons qu'il est tard.

• Les temps composés des verbes pronominaux se forment toujours à l'aide de l'auxiliaire « être ».
Pour l'accord de leur participe passé, il est essentiel de savoir :
– si le verbe pronominal est réfléchi, c'est-à-dire si le pronom représente le sujet du verbe et n'a alors pas de fonction (elle s'est levée : « s'/se » représente le sujet « elle ») ;
– si le verbe pronominal est réciproque, c'est-à-dire que l'action est exercée par plusieurs sujets les uns sur les autres (ils se sont battus) ;
– où se trouve le complément d'objet direct du verbe.

La règle

Le participe passé des verbes pronominaux s'accorde avec le sujet du verbe puisqu'ils sont conjugués avec l'auxiliaire « être ».

Sauf :
– lorsque le verbe est suivi d'un complément d'objet direct ;
– lorsque le verbe est suivi d'un infinitif et que le sujet ne fait pas l'action exprimée par cet infinitif ;
– lorsque le verbe pronominal ne peut pas avoir de complément d'objet direct.

Exemples

Elle s'était **lavée.** *Le verbe est réfléchi, mais on écrit « elle s'était* ***lavé les mains*** *» : ce sont les mains qui ont été lavées !*
Les participantes se sont beaucoup plainte**s**.
Les participantes se sont beaucoup parl**é**.
Dans le premier cas, il s'agit d'un pronominal réfléchi alors que dans le second cas, il s'agit d'un pronominal réciproque.
Les manifestants se sont introduit**s** aux urgences.
Nous nous sommes fai**t** épeler tous les termes.

6. La ponctuation

La ponctuation est un système de signes permettant de séparer les phrases, les propositions, les mots d'un texte. Ces signes conventionnels ont pour but de marquer des pauses, donc de respirer lors de la lecture. La ponctuation sert aussi à marquer des nuances de la pensée ou des intonations. Elle peut parfois modifier le sens d'une phrase.

Exemples

> Je regarde la côte des falaises de Normandie.
> Je regarde la côte, des falaises de Normandie.

Dans le premier cas, le regard se porte sur la côte des falaises, alors que dans le second cas, la côte est regardée depuis les falaises.

- Le **point** (.) marque la fin de la phrase. Après un point, vous devez toujours mettre une majuscule.

- La **virgule** (,) sépare les éléments d'une énumération et marque une courte pause. Elle s'emploie aussi pour intercaler une phrase dans le discours indirect.

Exemples

> L'association a fourni des livres, des jeux et des instruments de musique.
> Nous contestons, affirma-t-il, que ces soins sont efficaces.

- Le **point-virgule** (;) sépare **deux aspects d'une même idée** et marque une pause plus importante que la virgule. Il faut cependant veiller à ne pas abuser de ce signe de ponctuation et éviter de l'utiliser en série.

Exemple

> Le train part à midi ; vous devez prendre votre titre de transport dès le matin.

- Les **deux points** (:) précèdent une citation ou un développement explicatif. Dans une énumération ou une explication, les deux points ne doivent pas se rencontrer deux fois de suite.

Exemples

> Les propos du chef de service ont été clairs : « Il est interdit de fumer ».
> Il est en retard : sa voiture n'a pas démarré.

- Le **point d'interrogation** (?) se place à la fin des phrases exprimant une interrogation directe. Après un point d'interrogation, on met une majuscule.

Exemples

> Quel temps fait-il ?
> Je lui demande : « Quelle conclusion souhaitez-vous ? »

- Le **point d'exclamation** (!) s'écrit après des interjections. Il exprime un sentiment vif (colère, surprise, souhait, etc.) ou un ordre. Après un point d'exclamation, on met une majuscule.

Exemples

> Silence ! On tourne !
> Quel dommage de taire une si jolie chanson !

- Les **points de suspension** (...) indiquent que la pensée n'est pas tout à fait exprimée ou marquent une pause dans le discours. Le nombre de points de suspension est de trois (point final d'une phrase compris).
On ne doit pas mettre de points de suspension après « etc. ».

Exemples

Votre absence de ces derniers jours me paraît... suspecte.
Je ne déjeunerai pas à la cantine, j'ai apporté de la viande, des légumes, etc.

- Les **guillemets** (« ... ») se mettent au début et à la fin d'une citation, d'une expression étrangère ou lorsque des paroles sont rapportées. Les guillemets s'utilisent aussi pour employer un mot ou une expression dans un sens inhabituel. Si la phrase citée entre les guillemets est complète, elle commence par une majuscule et se termine par un point suivi du guillemet fermant. Si elle est incomplète (ou tronquée), le point se met après le guillemet.

Exemples

Le « houmous » est un mets israélien.
Il soliloque en répétant : « je dois réfléchir ».

- Les **parenthèses** (...) servent à isoler un mot ou groupe de mots. Elles indiquent souvent une phrase ou une réflexion accessoires ou que l'on souhaite isoler.
- Le **tiret** (–) marque le début d'un dialogue, le changement d'interlocuteur. Il peut également viser à mettre en valeur un mot ou une expression.

Remarque

- On met une majuscule :
  – en début de phrase ;
  – aux noms propres quelle que soit leur place dans la phrase (personnes, lieux, noms d'habitants, etc.) (*exemple : Les Australiens habitent loin de la France*) ;
  – aux titres précédés de Monsieur ou Madame ;
  – au premier mot d'une citation.
- On ne met pas de majuscule :
  – aux adjectifs de nationalité (*exemple : La langue française*) ;
  – aux jours ;
  – aux mois.

Entraînements

Conseils préalables

- Avant de répondre à une quelconque question, vérifiez que vous avez bien lu (et relu) la consigne. Ceci est vrai quels que soient l'exercice, l'entraînement, le concours.
- Lorsque vous proposez une réponse, rédigez des phrases construites (sauf bien sûr pour les QCM ou « à cocher ») et vérifiez l'orthographe et la ponctuation.
- Travaillez chaque exercice proposé ci-après, certains d'entre eux vous obligeront à analyser, à synthétiser des textes qui eux-mêmes compléteront vos connaissances.
- Lorsque vous pensez avoir terminé votre travail écrit, relisez-vous. Consacrez toujours quelques minutes du temps imparti pour une épreuve à une réelle relecture : crayon en main pour suivre vos phrases, vos mots, etc. et corriger les éventuelles erreurs orthographiques par exemple.

1 **Ablation et exérèse sont des synonymes.**

❒ **A.** Vrai ❒ **B.** Faux

2 **Les préfixes *pré* et *rétro* ont le même sens.**

❒ **A.** Vrai ❒ **B.** Faux

3 **Quel synonyme pouvez-vous citer au terme « hémogramme » ?**

4 **L'insuline est un médicament.**

❒ **A.** Vrai ❒ **B.** Faux

5 **L'échographie, l'endoscopie et la radiographie sont des examens radiologiques.**

❒ **A.** Vrai ❒ **B.** Faux

6 **Pourquoi peut-on parler de l'apex lingual ?**

7 **Le néphron est :**

❒ **A.** une névrose.
❒ **B.** un élément figuré du sang.
❒ **C.** l'unité fonctionnelle du rein.

8 **Indiquez la ou les racine(s) utilisée(s) pour désigner les termes ci-dessous.**

a) Augmenté de volume : ....

b) Le bruit, la voix : ....

c) En dehors de : ....

d) L'appétit : ....

e) La sensibilité : ....

f) Quatre : ....

g) Deux : ....

h) À la limite de, pas très prononcé : ....

i) Glande ou ganglion lymphatique : ....

j) La brûlure, le feu : ....

9 **Donnez la signification des racines suivantes.**

a) hémo : ....

b) orchi : ....

c) mnés(o) : ....

d) tomo : ....

e) ops/opt : ....

f) stase : ....

g) pénie : ....

h) plégie : ....

10 **Donnez la racine utilisée pour désigner les termes indiqués ci-dessous et citez, sans les définir, deux exemples de termes médicaux pour chacune d'elles.**

a) Sein : ....

b) Abouchement d'un organe à la peau : ....

c) Suture chirurgicale : ....

d) La douleur : ....

e) Nouveau : ....

f) Droit, rendre correct : ....

g) Incision chirurgicale : ....

h) Soi-même : ....

11 **Faites un découpage des mots ci-après, définissez les différentes racines trouvées, puis proposez une définition du terme lui-même.**

a) Hémiplégie : ....

b) Hypoesthésie : ....

c) Dysphonie : ....

d) Albuminémie : ....

e) Incontinence : ....

f) Hystéroscopie : ....

g) Gastralgie : ....

h) Hépatomégalie : ....

i) Polyadénopathie : ....

12 **Trouvez le terme médical correspondant aux définitions ci-dessous :**

a) Inflammation de la trachée : ....

b) Écoulement de sang noir par l'anus : ....

c) Légère atténuation de la sensibilité : ....

d) Paralysie de la moitié inférieure du corps humain : ....

e) Absence d'émission d'urine : ....

f) Coloration bleue, anormale, de la peau : ....

g) Trouble de la voix : ....

h) Maladie bronchique (terme générique) : ....

i) Augmentation de taille du foie et de la rate : ....

j) Adjectif désignant une glande à sécrétion externe : ....

13 **Cochez la réponse exacte.**

a) Une « absence » de force se nomme :
❒ **A.** une asthénie.
❒ **B.** une aphasie.
❒ **C.** une anurie.

b) Une inflammation des ganglions lymphatiques se désigne par :
❒ **A.** un adénome.
❒ **B.** une lymphangite.
❒ **C.** une adénite.

c) Une perte importante de la motricité s'appelle :
❒ **A.** une paresthésie.
❒ **B.** une paralysie.
❒ **C.** une parésie.

d) La difficulté d'accoucher se nomme :
❒ **A.** une dyskinésie.
❒ **B.** une dystocie.
❒ **C.** une dysurie.

e) Les hématies portent un autre nom :
❒ **A.** des leucocytes.
❒ **B.** des érythèmes.
❒ **C.** des érythrocytes.

14 **Les termes ci-après désignent des propriétés thérapeutiques. Lesquelles ?**

a) Antifongique : ....

b) Antalgique : ....

c) Pectoral : ....

d) Anabolisant : ....

e) Laxatif : ....

15 **Définissez les termes soulignés dans le document ci-dessous.**

➜ Compte rendu d'hospitalisation : service de réanimation traumatique

• M. FAR Alain, né le : 11/09/50
Date d'admission 07/09/2000 Sortie le 28/09/2000

• Antécédents :
– dans l'enfance : primo-infection tuberculeuse ;
– 1969 : découverte d'un diabète insulinodépendant ;
– 1970 : appendicectomie ;
– 1990 : accident de moto avec fracture du fémur gauche ostéosynthésée.

• HOSPITALISÉ le 07/09/2000 pour accident de chantier : chute d'échafaudage. Prise en charge initiale par le SMUR de Garches.
Le patient présentait alors :
– un traumatisme crânien avec perte de connaissance initiale, le patient était conscient à l'arrivée des secours et l'examen neurologique initial ne retrouvait pas de déficit sensitif ou moteur mais signalait un myosis gauche ;
– un traumatisme de l'épaule gauche ;
– une fracture de jambe gauche fermée sans complication vasculo-nerveuse ;
– une importante dermabrasion du bras gauche ;
– un traumatisme thoracique gauche avec emphysème sous-cutané au niveau du cou.
Il a été perfusé avec des macromolécules, a reçu une analgésie par Fentamyl et est immobilisé en matelas-coquille et collier cervical de principe.
Bilan initial : à l'arrivée dans le service, le patient est conscient avec un examen neurologique normal. L'état hémodynamique est instable avec une tension artérielle difficilement maintenue à 90/70 sous remplissage de 500 mL d'Hestéril, un pouls à 125/min et une diminution du murmure vésiculaire à gauche. L'abdomen est souple.
L'ECG est normal, hormis la tachycardie sinusale en rapport avec le syndrome hémorragique.
La radio de thorax montre : une fracture de la clavicule gauche, des fractures de la 2e à la 6e côte gauche avec un volet thoracique, un pneumothorax gauche complet. Le reste du bilan osseux montre : une fracture du scaphoïde gauche, ainsi qu'une fracture tibia-péroné gauche fermée. Le scanner cérébral est normal. Le scanner abdominal révèle un hématome péri-rénal gauche.

• ÉVOLUTION dans le service : un drain pleural est mis en place à gauche. Le patient est intubé, ventilé et sédaté. La fracture du scaphoïde est plâtrée. Deux heures après son admission, le patient présente un brutal épisode d'hypotension avec une chute d'hémoglobine à 5 g/100 mL. Cette hypotension est contrôlée par un remplissage par macromolécules puis 3 culots globulaires ainsi que la mise sous adrénaline pendant quelques heures.

•••

•••

Le 08/09/2000, la fracture de jambe est ostéosynthésée par plaque vissée. Les suites sont marquées :
– par une pneumopathie bilatérale avec épanchement pleural bilatéral ;
– des hémocultures positives à Klebsielle multi-résistant sans porte d'entrée retrouvée.
L'évolution sous antibiothérapie est favorable. Le patient est extubé le 12/09/2000. Le drain thoracique est retiré le 13/09/2000. Il sort du service de réanimation avec le traitement suivant : Tienam 1 g × 4/24 h IV, Ciflox 400 mg × 2/24 h IV, Lovenox 40 mg/24 h SC.

• CONCLUSION : polytraumatisme avec traumatisme crânien et perte de connaissance initiale, traumatisme thoracique sévère avec pneumothorax gauche drainé, associé à un hématome péri-rénal gauche, une fracture du scaphoïde plâtrée ainsi qu'une fracture de jambe ostéosynthésée. Les suites ont été marquées par des problèmes infectieux dont l'évolution a été favorable en une dizaine de jours.

• Conformément à l'article R. 710-2 du Code de la santé publique :
transfusion de produits sanguins labiles : oui, 3 culots globulaires.

16 **Dans le tableau ci-dessous, remplissez les espaces vides par les termes qui conviennent.**

Éléments figurés ou constituants chimique du sang	Nombre augmenté	Nombre diminué
	Polyglobulie	
Globules blancs		
Éosinophiles		
	Hypermonocytoses	
		Thrombo(cyto)pénie
Calcium		
		Hyposidérémie
Potassium		
		Hyponatrémie
	Hyperchlorémie	

17 **Transcription – Un malade explique ce qu'il ressent et rappelle au médecin les examens subis. Traduisez en termes médicaux ce qui est souligné.**

« J'éprouve des douleurs au niveau du foie, une gêne respiratoire qui me contraint à rester assis, des douleurs musculaires ; j'ai une enflure au niveau des jambes et des chevilles.
J'ai perdu connaissance de façon brève et brusque l'an dernier et j'ai été hospitalisé quelques jours.
Lorsque j'étais à l'hôpital, j'ai subi des examens ; le médecin a souvent écouté mes battement cardiaques grâce à un stéthoscope et m'a dit que j'avais un rythme cardiaque trop élevé. Une infirmière a placé des électrodes au niveau des poignets, des chevilles et de la région proche du cœur afin

d'obtenir des tracés d'enregistrement des courants électriques émis par les contractions du cœur. Par ailleurs, les examens sanguins ont montré que j'avais trop de globules blancs et trop de cholestérol. »

18 **Vous devez adresser le compte rendu suivant au**
Docteur Delaroute
3, allée des chemins
99878 Bois-Fleuri

Il concerne un de ses patients, Monsieur Léon Uzwe, porteur d'une maladie de Valdenstrom depuis sept ans et présentant des lésions annulaires d'évolution centrifuge depuis décembre dernier. Ce patient a été adressé en urgence dans votre service, car son traitement antimycosique est sans effet. Le médecin traitant a débuté un traitement par Lamisil *per os* il y a 48 heures.

Vous rédigerez le courrier nécessaire en tenant compte des indications ci-dessus et en corrigeant les erreurs orthographiques contenues dans la transcription ci-dessous.

> Cliniquement, devant ces laisions arciformes, on n'évoque principalement deux diagnostics :
> – une dermatophitie en particulier à Trichophyton Rubrum. Mais normalement avec les différents traitement praiscrits, on aurez dû à voir une amélioration particullièrement nette. Il n'ait pas possible de faire réalisé un prélèvement micologique du fait de l'utilisation actuel de Lamisil et de Mycoster. Je consaille tout de même au patient de continué le traitement par Lamisil que vous avez prescris qui dans cette hipotèse devrait faire normalement disparètre les laisions ;
> – deuxième hipotèse, celle d'un éritème anulaire santrifuge. Ce tippe de dermatause est beau coup plus rare. Il peut parfois être paranéauplasyque.
> En tout cas, ce jour, réalisation d'une bi-opsye cutané qui devrait j'espère, bien édé le diagnostic.
> Monsieur U. repassera me voir dans une quinsaine de jour, afin de voir l'évolution sous Lamisil et de confronter la clinic aux résultats de la bi-opsye.

19 **Indiquez pour chaque mot ci-dessous s'il s'agit d'un nom commun ou d'un adjectif, puis nommez, selon le cas, l'adjectif ou le nom de la même famille.**

a) Axillaire : ....

b) Bassin : ....

c) Cérébelleux : ....

d) Costal : ....

e) Phrénique : ....

f) Myélique : ....

g) Cœur : ....

h) Hanche : ....

i) Tubaire : ....

j) Omoplate : ....

k) Vessie : ....

l) Auriculaire : ....

20 **À partir de la fiche de synthèse suivante, rédigez le courrier de sortie post-chimiothérapie à l'intention du médecin généraliste de la patiente.**

Isabelle M.
Née le 13.03.1964
Restauratrice dans un collège
2 enfants (8 et 12 ans)
Suivi **Dr ZIBON** (Médecin généraliste), **Dr BOYAU** (Gastroentérologue), **Dr AIR** (pneumologue), **Dr CRABE** (oncologue)

ANTÉCÉDENTS MÉDICAUX :
- Thrombopénie familiale
- Psoriasis

ANTÉCÉDENTS CHIRURGICAUX
- **1972 :** Adénoïdectomie + Amygdalectomie
- **Avril 2005 :** rectosigmoïdectomie >> Adénocarcinome à 20 cm de la marge anale classification pT3N2 (5N+3RC/14)
- surexpression EGFR
- **Mai 2007 :** localisations hépatiques, segment 6 et 7 >>> bisegmentectomie hépatique
- **Février 2008 :** Élévation des ACE >>> chimiothérapie FOLFIRI AVASTIN * 11 cures + radiothérapie lombo aortique de 46 pays sur adénopathies
- **Avril 2009 :** kystectomie ovarienne bénin
- **Novembre 2009 :** augmentation ACE + découvertes adénopathies rétropéitonéales et nodules hépatiques >>> reprise chimiothérapie
- **Décembre 2009 :** thrombophlébite du tronc veineux splénomésaraique >>> AVK (Préviscan)

ANTÉCÉDENTS GYNÉCOLOGIQUES :
- G2P2 (Tony 1998 césarienne / Jordy 2002 diabète gestationnel)

Interrogatoire (Dr Boyau 12/02/10)
Vient faire la cure de chimiothérapie (2/12) prévue
Reportée à trois reprises pour thrombopénie (plaquettes ce jour 83 000), cystite à répétition avec hématurie macroscopique et gastroentérite infectieuse
Dernière cure : nausées +++ / dermite séborrhéique du visage (ERBITUX)/GEA infectieuse probable/tachycardie réactionnelle
Ce jour : absence de signes cutanés. Absence de diarrhée. Constipation

Biologie (Labo Sengain 10/02/10)
GB 5500 (PNN 3400)
Hémoglobine 11,8 g

•••

•••

Plaquetttes 83 000
Créatinine 5 mg
INR 1,8 (Préviscan 1 cp par jour)

Traitement
1re cure de reprise de chimiothérapie FOLFORI à 80 % + ERBITUX 400 mg/m^2

Observation de l'infirmière de jour
Vomissement en fin de séance

Suivi à prévoir (Dr Boyau)
Chimio à poursuivre à domicile 5 FU en continu 48 h
EMEND 80 (antiémétique)
LOPERAMIDE si diarrhée
Pas de corticothérapie de soutien (problème cutané précédente chimiothérapie)
VOGALENE LYOC avant le repas 5 jours
XANAX 0,25, 1/2 1/2 1 pendant 5 jours
Soins de bouche systématiques (PAROEX + eau bicarbonatée + LORAMIC) si candidose buccale
Prévention problèmes cutanés : Toilette avec savon doux, rinçage +++, puis ERYFLUID sur le visage, puis après 30 min COLD CREAM. Le tout matin et soir. Sur le reste du corps DEXERYL 2x par jour.
Antihistaminique 1 cp par jour
Réadaptation de l'anticoagulant pour INR à l'objectif
Prochaine cure de chimio prévue le 24 mars selon biologie

21 **Donnez la définition des mots suivants :**

a) Cranioplagiose
b) Dyspareunie
c) Rectocèle
d) Iatrogénie
e) Aboulie
f) Acrosyndactylie

22 **Remplacez les définitions suivantes par des termes médicaux :**

a) Présence de sang dans les vomissements
b) Traitement empêchant de vomir
c) Coloration jaune de la peau et des conjonctives
d) Ralentissement de la pensée
e) Contractions répétées et involontaires des muscles des paupières
f) Besoin irrépressible de parler en flux continu

23 **Donnez les contraires en termes médicaux des mots suivants :**

a) Pollakiurie
b) Bradypnée

24 **Que signifient les abréviations suivantes :**

a) ECBU
b) RCH

25 **Répondez aux questions portant sur l'observation médicale suivante.**

> Une patiente de 38 ans présente à l'imagerie des calculs intra-vésiculaires. En raison d'une valvulopathie, elle devra subir une cholécystectomie conventionnelle. Dans ce contexte, les suites sont simples si certaines précautions sont prises. Mme X., 38 ans, est secrétaire administrative. Elle est porteuse d'une insuffisance mitrale connue et traitée. Une nuit, elle a ressenti de violentes douleurs sous-costales droites, assez mal calmées par les antispasmodiques. Le lendemain matin, l'échographie confirmait la présence de calculs intra vésiculaires, le bilan biologique hépatique était normal. L'interrogatoire a retrouvé plusieurs antécédents douloureux évocateurs de coliques hépatiques et l'indication d'une cholécystectomie conventionnelle en semi urgence a été posée, car la patiente redoutait une nouvelle récidive douloureuse. La notion de valvulopathie avait fait récuser l'intervention par voie cœlioscopique.
> Elle a donc bénéficié d'une micro-laparotomie sous-costale droite, l'incision ayant été centrée par repérage échographique de la vésicule. La plaie opératoire a été refermée avec un drainage simple du lit vésiculaire (pour limiter le risque d'hématome résiduel). L'alimentation liquide a été reprise à J1, puis élargie progressivement dès J2. Elle a bénéficié d'un traitement antispasmodique postopératoire et d'une prévention par héparine de bas poids moléculaire pendant la durée de l'alitement. Le drain a été ôté à la reprise du transit. Les suites ayant été simples, la sortie fut donc possible à J16 sans traitement spécifique. Il n'y a pas de complications particulières à domicile, hormis les rares phlébites tardives. Le pansement sera refait chaque jour et la lettre établie à l'intention du médecin traitant rappelle que l'ablation des points est à prévoir au dixième jour. Hormis la surveillance de la cicatrice, il est conseillé au malade d'éviter les efforts et les expositions solaires au cours du premier mois postopératoire, ce qui correspond d'ailleurs à la durée de l'arrêt de travail. Il n'y a pas de régime particulier à observer ; on conseillera une alimentation équilibrée et variée, en se méfiant toutefois d'une dérive quantitative, qui est toujours susceptible d'apparaître, puisque la douleur n'est plus un facteur limitant. À la fin du premier mois, la consultation postopératoire permettra d'apprécier la qualité de la cicatrisation et, surtout, de vérifier que l'intervention a bien résolu la totalité du problème, car, à défaut, il faudrait remettre en cause le diagnostic initial et poursuivre les investigations.

a) Quels sont les antécédents de la patiente ?
b) Quel est l'examen complémentaire qui a permis de confirmer le diagnostic et quel est ce diagnostic ?
c) Quelle est la localisation de ses douleurs actuelles ?
d) Pourquoi n'a-t-on pas pu opérer par voie cœlioscopique ?

e) Cette patiente avait-elle déjà souffert de douleurs abdominales ?
f) Qu'est-ce qu'un drain ?
g) Que signifient les abréviations J1, J2, J16 ?
h) Quelle intervention chirurgicale a été pratiquée ?
i) Que signifie postopératoire ?
j) À partir des informations ci-dessus, indiquez quel travail de secrétariat sera réalisé.
k) Vous définirez dans l'ordre les termes soulignés.

26 **Que savez-vous de l'AMP ? Quelles sont ses missions ?**

27 **Que savez-vous de la loi Léonetti-Claeys ? Vous répondrez à cette question en indiquant qui est concerné par ce texte et quels en sont les principes essentiels. Vous préciserez ce que désigne la sédation, qui et quand peut-on y recourir.**

28 **Qu'est-ce que la CDU, qui la compose et quelles sont ses missions ?**

29 **Vous étudierez le dossier ci-après puis vous répondrez aux questions suivantes en justifiant vos propos.**

a) Qu'est ce que le dossier médical électronique du malade hospitalisé ?
b) Quelles formalités particulières faut-il effectuer avant la mise en œuvre de ce dossier médical ?
c) Quelles différences faites-vous entre le dossier médical électronique et le dossier médical papier du malade hospitalisé ?

Document n° 1

Loi n° 78-17 du 6 janvier 1978 relative à l'informatique, aux fichiers et aux libertés

L'Assemblée nationale et le Sénat ont adopté.
Le président de la République promulgue la loi dont la teneur suit :

CHAPITRE Ier - PRINCIPES ET DÉFINITIONS

Article 1er

L'informatique doit être au service de chaque citoyen. Son développement doit s'opérer dans le cadre de la coopération internationale. Elle ne doit porter atteinte ni à l'identité humaine, ni aux droits de l'homme, ni à la vie privée, ni aux libertés individuelles ou publiques.

•••

•••

Article 2

La présente loi s'applique aux traitements automatisés de données à caractère personnel, ainsi qu'aux traitements non automatisés de données à caractère personnel contenues ou appelées à figurer dans des fichiers, à l'exception des traitements mis en œuvre pour l'exercice d'activités exclusivement personnelles, lorsque leur responsable remplit les conditions prévues à l'article 5.

Constitue une donnée à caractère personnel toute information relative à une personne physique identifiée ou qui peut être identifiée, directement ou indirectement, par référence à un numéro d'identification ou à un ou plusieurs éléments qui lui sont propres. Pour déterminer si une personne est identifiable, il convient de considérer l'ensemble des moyens en vue de permettre son identification dont dispose ou auxquels peut avoir accès le responsable du traitement ou toute autre personne.

Constitue un traitement de données à caractère personnel toute opération ou tout ensemble d'opérations portant sur de telles données, quel que soit le procédé utilisé, et notamment la collecte, l'enregistrement, l'organisation, la conservation, l'adaptation ou la modification, l'extraction, la consultation, l'utilisation, la communication par transmission, diffusion ou toute autre forme de mise à disposition, le rapprochement ou l'interconnexion, ainsi que le verrouillage, l'effacement ou la destruction.

Constitue un fichier de données à caractère personnel tout ensemble structuré et stable de données à caractère personnel accessibles selon des critères déterminés.

La personne concernée par un traitement de données à caractère personnel est celle à laquelle se rapportent les données qui font l'objet du traitement.

Article 3

I. - Le responsable d'un traitement de données à caractère personnel est, sauf désignation expresse par les dispositions législatives ou réglementaires relatives à ce traitement, la personne, l'autorité publique, le service ou l'organisme qui détermine ses finalités et ses moyens.

II. - Le destinataire d'un traitement de données à caractère personnel est toute personne habilitée à recevoir communication de ces données autre que la personne concernée, le responsable du traitement, le sous-traitant et les personnes qui, en raison de leurs fonctions, sont chargées de traiter les données. Toutefois, les autorités légalement habilitées, dans le cadre d'une mission particulière ou de l'exercice d'un droit de communication, à demander au responsable du traitement de leur communiquer des données à caractère personnel ne constituent pas des destinataires.

Article 4

Les dispositions de la présente loi ne sont pas applicables aux copies temporaires qui sont faites dans le cadre des activités techniques de transmission et de fourniture d'accès à un réseau numérique, en vue du stockage automatique, intermédiaire et transitoire des données et à seule fin de permettre à d'autres destinataires du service le meilleur accès possible aux informations transmises.

•••

•••

Article 5

I. - Sont soumis à la présente loi les traitements de données à caractère personnel :

1° Dont le responsable est établi sur le territoire français. Le responsable d'un traitement qui exerce une activité sur le territoire français dans le cadre d'une installation, quelle que soit sa forme juridique, y est considéré comme établi ;

2° Dont le responsable, sans être établi sur le territoire français ou sur celui d'un autre État membre de la Communauté européenne, recourt à des moyens de traitement situés sur le territoire français, à l'exclusion des traitements qui ne sont utilisés qu'à des fins de transit sur ce territoire ou sur celui d'un autre État membre de la Communauté européenne.

II. - Pour les traitements mentionnés au 2° du I, le responsable désigne à la Commission nationale de l'informatique et des libertés un représentant établi sur le territoire français, qui se substitue à lui dans l'accomplissement des obligations prévues par la présente loi ; cette désignation ne fait pas obstacle aux actions qui pourraient être introduites contre lui.

CHAPITRE II - CONDITIONS DE LICÉITÉ DES TRAITEMENTS DE DONNÉES À CARACTÈRE PERSONNEL

Section 1 : Dispositions générales

Article 6

Un traitement ne peut porter que sur des données à caractère personnel qui satisfont aux conditions suivantes :

1° Les données sont collectées et traitées de manière loyale et licite ;

2° Elles sont collectées pour des finalités déterminées, explicites et légitimes et ne sont pas traitées ultérieurement de manière incompatible avec ces finalités. Toutefois, un traitement ultérieur de données à des fins statistiques ou à des fins de recherche scientifique ou historique est considéré comme compatible avec les finalités initiales de la collecte des données, s'il est réalisé dans le respect des principes et des procédures prévus au présent chapitre, au chapitre IV et à la section 1 du chapitre V ainsi qu'aux chapitres IX et X et s'il n'est pas utilisé pour prendre des décisions à l'égard des personnes concernées ;

3° Elles sont adéquates, pertinentes et non excessives au regard des finalités pour lesquelles elles sont collectées et de leurs traitements ultérieurs ;

4° Elles sont exactes, complètes et, si nécessaire, mises à jour ; les mesures appropriées doivent être prises pour que les données inexactes ou incomplètes au regard des finalités pour lesquelles elles sont collectées ou traitées soient effacées ou rectifiées ;

5° Elles sont conservées sous une forme permettant l'identification des personnes concernées pendant une durée qui n'excède pas la durée nécessaire aux finalités pour lesquelles elles sont collectées et traitées.

Article 7

Un traitement de données à caractère personnel doit avoir reçu le consentement de la personne concernée ou satisfaire à l'une des conditions suivantes :

•••

• • •

1° Le respect d'une obligation légale incombant au responsable du traitement ;
2° La sauvegarde de la vie de la personne concernée ;
3° L'exécution d'une mission de service public dont est investi le responsable ou le destinataire du traitement ;
4° L'exécution, soit d'un contrat auquel la personne concernée est partie, soit de mesures précontractuelles prises à la demande de celle-ci ;
5° La réalisation de l'intérêt légitime poursuivi par le responsable du traitement ou par le destinataire, sous réserve de ne pas méconnaître l'intérêt ou les droits et libertés fondamentaux de la personne concernée.

Section 2 : Dispositions propres à certaines catégories de données
Article 8
I. - Il est interdit de collecter ou de traiter des données à caractère personnel qui font apparaître, directement ou indirectement, les origines raciales ou ethniques, les opinions politiques, philosophiques ou religieuses ou l'appartenance syndicale des personnes, ou qui sont relatives à la santé ou à la vie sexuelle de celles-ci.

II. - Dans la mesure où la finalité du traitement l'exige pour certaines catégories de données, ne sont pas soumis à l'interdiction prévue au I :
1° Les traitements pour lesquels la personne concernée a donné son consentement exprès, sauf dans le cas où la loi prévoit que l'interdiction visée au I ne peut être levée par le consentement de la personne concernée ;
2° Les traitements nécessaires à la sauvegarde de la vie humaine, mais auxquels la personne concernée ne peut donner son consentement par suite d'une incapacité juridique ou d'une impossibilité matérielle ;
3° Les traitements mis en œuvre par une association ou tout autre organisme à but non lucratif et à caractère religieux, philosophique, politique ou syndical :
– pour les seules données mentionnées au I correspondant à l'objet de ladite association ou dudit organisme ;
– sous réserve qu'ils ne concernent que les membres de cette association ou de cet organisme et, le cas échéant, les personnes qui entretiennent avec celui-ci des contacts réguliers dans le cadre de son activité ;
– et qu'ils ne portent que sur des données non communiquées à des tiers, à moins que les personnes concernées n'y consentent expressément ;
4° Les traitements portant sur des données à caractère personnel rendues publiques par la personne concernée ;
5° Les traitements nécessaires à la constatation, à l'exercice ou à la défense d'un droit en justice ;
6° Les traitements nécessaires aux fins de la médecine préventive, des diagnostics médicaux, de l'administration de soins ou de traitements, ou de la gestion de services de santé et mis en œuvre par un membre d'une profession de santé, ou par une autre personne à laquelle s'impose en raison de ses fonctions l'obligation de secret professionnel prévue par l'article 226-13 du Code pénal ;
7° Les traitements statistiques réalisés par l'Institut national de la statistique et des études économiques ou l'un des services statistiques ministériels dans le respect de la loi n° 51-711 du 7 juin 1951 sur l'obligation, la coordination et

• • •

•••

le secret en matière de statistiques, après avis du Conseil national de l'information statistique et dans les conditions prévues à l'article 25 de la présente loi ;
8° Les traitements nécessaires à la recherche dans le domaine de la santé selon les modalités prévues au chapitre IX.

III. - Si les données à caractère personnel visées au I sont appelées à faire l'objet à bref délai d'un procédé d'anonymisation préalablement reconnu conforme aux dispositions de la présente loi par la Commission nationale de l'informatique et des libertés, celle-ci peut autoriser, compte tenu de leur finalité, certaines catégories de traitements selon les modalités prévues à l'article 25. Les dispositions des chapitres IX et X ne sont pas applicables.

IV. - De même, ne sont pas soumis à l'interdiction prévue au I les traitements, automatisés ou non, justifiés par l'intérêt public et autorisés dans les conditions prévues au I de l'article 25 ou au II de l'article 26.

Article 9
Les traitements de données à caractère personnel relatives aux infractions, condamnations et mesures de sûreté ne peuvent être mis en œuvre que par :
1° Les juridictions, les autorités publiques et les personnes morales gérant un service public, agissant dans le cadre de leurs attributions légales ;
2° Les auxiliaires de justice, pour les stricts besoins de l'exercice des missions qui leur sont confiées par la loi ;
3° [Dispositions déclarées non conformes à la Constitution par décision du Conseil constitutionnel n° 2004-499 DC du 29 juillet 2004 ;]
4° Les personnes morales mentionnées aux articles L. 321-1 et L. 331-1 du Code de la propriété intellectuelle, agissant au titre des droits dont elles assurent la gestion ou pour le compte des victimes d'atteintes aux droits prévus aux livres Ier, II et III du même code aux fins d'assurer la défense de ces droits.

Article 10
Aucune décision de justice impliquant une appréciation sur le comportement d'une personne ne peut avoir pour fondement un traitement automatisé de données à caractère personnel destiné à évaluer certains aspects de sa personnalité.
Aucune autre décision produisant des effets juridiques à l'égard d'une personne ne peut être prise sur le seul fondement d'un traitement automatisé de données destiné à définir le profil de l'intéressé ou à évaluer certains aspects de sa personnalité.
Ne sont pas regardées comme prises sur le seul fondement d'un traitement automatisé les décisions prises dans le cadre de la conclusion ou de l'exécution d'un contrat et pour lesquelles la personne concernée a été mise à même de présenter ses observations, ni celles satisfaisant les demandes de la personne concernée.

[...]

•••

•••

CHAPITRE IV - FORMALITÉS PRÉALABLES À LA MISE EN ŒUVRE DES TRAITEMENTS

Article 22

I. - À l'exception de ceux qui relèvent des dispositions prévues aux articles 25, 26 et 27 ou qui sont visés au deuxième alinéa de l'article 36, les traitements automatisés de données à caractère personnel font l'objet d'une déclaration auprès de la Commission nationale de l'informatique et des libertés.

II. - Toutefois, ne sont soumis à aucune des formalités préalables prévues au présent chapitre :
1° Les traitements ayant pour seul objet la tenue d'un registre qui, en vertu de dispositions législatives ou réglementaires, est destiné exclusivement à l'information du public et est ouvert à la consultation de celui-ci ou de toute personne justifiant d'un intérêt légitime ;
2° Les traitements mentionnés au 3° du II de l'article 8.

III. - Les traitements pour lesquels le responsable a désigné un correspondant à la protection des données à caractère personnel chargé d'assurer, d'une manière indépendante, le respect des obligations prévues dans la présente loi sont dispensés des formalités prévues aux articles 23 et 24, sauf lorsqu'un transfert de données à caractère personnel à destination d'un État non membre de la Communauté européenne est envisagé.
La désignation du correspondant est notifiée à la Commission nationale de l'informatique et des libertés. Elle est portée à la connaissance des instances représentatives du personnel.
Le correspondant est une personne bénéficiant des qualifications requises pour exercer ses missions. Il tient une liste des traitements effectués immédiatement accessible à toute personne en faisant la demande et ne peut faire l'objet d'aucune sanction de la part de l'employeur du fait de l'accomplissement de ses missions. Il peut saisir la Commission nationale de l'informatique et des libertés des difficultés qu'il rencontre dans l'exercice de ses missions.
En cas de non-respect des dispositions de la loi, le responsable du traitement est enjoint par la Commission nationale de l'informatique et des libertés de procéder aux formalités prévues aux articles 23 et 24. En cas de manquement constaté à ses devoirs, le correspondant est déchargé de ses fonctions sur demande, ou après consultation, de la Commission nationale de l'informatique et des libertés.

IV. - Le responsable d'un traitement de données à caractère personnel qui n'est soumis à aucune des formalités prévues au présent chapitre communique à toute personne qui en fait la demande les informations relatives à ce traitement mentionnées aux 2° à 6° du I de l'article 31.

Section 1 : Déclaration

Article 23

I. - La déclaration comporte l'engagement que le traitement satisfait aux exigences de la loi. Elle peut être adressée à la Commission nationale de l'informatique et des libertés par voie électronique. La commission délivre sans délai

•••

•••

un récépissé, le cas échéant par voie électronique. Le demandeur peut mettre en œuvre le traitement dès réception de ce récépissé ; il n'est exonéré d'aucune de ses responsabilités.

II. - Les traitements relevant d'un même organisme et ayant des finalités identiques ou liées entre elles peuvent faire l'objet d'une déclaration unique. Dans ce cas, les informations requises en application de l'article 30 ne sont fournies pour chacun des traitements que dans la mesure où elles lui sont propres.

Article 24

I. - Pour les catégories les plus courantes de traitements de données à caractère personnel, dont la mise en œuvre n'est pas susceptible de porter atteinte à la vie privée ou aux libertés, la Commission nationale de l'informatique et des libertés établit et publie, après avoir reçu le cas échéant les propositions formulées par les représentants des organismes publics et privés représentatifs, des normes destinées à simplifier l'obligation de déclaration.

Ces normes précisent :

1° Les finalités des traitements faisant l'objet d'une déclaration simplifiée ;

2° Les données à caractère personnel ou catégories de données à caractère personnel traitées ;

3° La ou les catégories de personnes concernées ;

4° Les destinataires ou catégories de destinataires auxquels les données à caractère personnel sont communiquées ;

5° La durée de conservation des données à caractère personnel.

Les traitements qui correspondent à l'une de ces normes font l'objet d'une déclaration simplifiée de conformité envoyée à la commission, le cas échéant par voie électronique.

II. - La commission peut définir, parmi les catégories de traitements mentionnés au I, celles qui, compte tenu de leurs finalités, de leurs destinataires ou catégories de destinataires, des données à caractère personnel traitées, de la durée de conservation de celles-ci et des catégories de personnes concernées, sont dispensées de déclaration.

Dans les mêmes conditions, la commission peut autoriser les responsables de certaines catégories de traitements à procéder à une déclaration unique selon les dispositions du II de l'article 23.

Section 2 : Autorisation

Article 25

I. - Sont mis en œuvre après autorisation de la Commission nationale de l'informatique et des libertés, à l'exclusion de ceux qui sont mentionnés aux articles 26 et 27 :

1° Les traitements, automatisés ou non, mentionnés au 7° du II, au III et au IV de l'article 8 ;

2° Les traitements automatisés portant sur des données génétiques, à l'exception de ceux d'entre eux qui sont mis en œuvre par des médecins ou des biologistes et qui sont nécessaires aux fins de la médecine préventive, des diagnostics médicaux ou de l'administration de soins ou de traitements ;

•••

•••

3° Les traitements, automatisés ou non, portant sur des données relatives aux infractions, condamnations ou mesures de sûreté, sauf ceux qui sont mis en œuvre par des auxiliaires de justice pour les besoins de leurs missions de défense des personnes concernées ;
4° Les traitements automatisés susceptibles, du fait de leur nature, de leur portée ou de leurs finalités, d'exclure des personnes du bénéfice d'un droit, d'une prestation ou d'un contrat en l'absence de toute disposition législative ou réglementaire ;
5° Les traitements automatisés ayant pour objet :
– l'interconnexion de fichiers relevant d'une ou de plusieurs personnes morales gérant un service public et dont les finalités correspondent à des intérêts publics différents ;
– l'interconnexion de fichiers relevant d'autres personnes et dont les finalités principales sont différentes.
6° Les traitements portant sur des données parmi lesquelles figure le numéro d'inscription des personnes au répertoire national d'identification des personnes physiques et ceux qui requièrent une consultation de ce répertoire sans inclure le numéro d'inscription à celui-ci des personnes ;
7° Les traitements automatisés de données comportant des appréciations sur les difficultés sociales des personnes ;
8° Les traitements automatisés comportant des données biométriques nécessaires au contrôle de l'identité des personnes.

II. - Pour l'application du présent article, les traitements qui répondent à une même finalité, portent sur des catégories de données identiques et ont les mêmes destinataires ou catégories de destinataires peuvent être autorisés par une décision unique de la commission. Dans ce cas, le responsable de chaque traitement adresse à la commission un engagement de conformité de celui-ci à la description figurant dans l'autorisation.

III. - La Commission nationale de l'informatique et des libertés se prononce dans un délai de deux mois à compter de la réception de la demande. Toutefois, ce délai peut être renouvelé une fois sur décision motivée de son président. Lorsque la commission ne s'est pas prononcée dans ces délais, la demande d'autorisation est réputée rejetée.

Article 26

I. - Sont autorisés par arrêté du ou des ministres compétents, pris après avis motivé et publié de la Commission nationale de l'informatique et des libertés, les traitements de données à caractère personnel mis en œuvre pour le compte de l'État et :
1° Qui intéressent la sûreté de l'État, la défense ou la sécurité publique ;
2° Ou qui ont pour objet la prévention, la recherche, la constatation ou la poursuite des infractions pénales ou l'exécution des condamnations pénales ou des mesures de sûreté.
L'avis de la commission est publié avec l'arrêté autorisant le traitement.

•••

•••

II. - Ceux de ces traitements qui portent sur des données mentionnées au I de l'article 8 sont autorisés par décret en Conseil d'État pris après avis motivé et publié de la commission ; cet avis est publié avec le décret autorisant le traitement.

III. - Certains traitements mentionnés au I et au II peuvent être dispensés, par décret en Conseil d'État, de la publication de l'acte réglementaire qui les autorise ; pour ces traitements, est publié, en même temps que le décret autorisant la dispense de publication de l'acte, le sens de l'avis émis par la commission.

IV. - Pour l'application du présent article, les traitements qui répondent à une même finalité, portent sur des catégories de données identiques et ont les mêmes destinataires ou catégories de destinataires peuvent être autorisés par un acte réglementaire unique. Dans ce cas, le responsable de chaque traitement adresse à la commission un engagement de conformité de celui-ci à la description figurant dans l'autorisation.

Article 27

I. - Sont autorisés par décret en Conseil d'État, pris après avis motivé et publié de la Commission nationale de l'informatique et des libertés :

1° Les traitements de données à caractère personnel mis en œuvre pour le compte de l'État, d'une personne morale de droit public ou d'une personne morale de droit privé gérant un service public, qui portent sur des données parmi lesquelles figure le numéro d'inscription des personnes au répertoire national d'identification des personnes physiques ;

2° Les traitements de données à caractère personnel mis en œuvre pour le compte de l'État qui portent sur des données biométriques nécessaires à l'authentification ou au contrôle de l'identité des personnes.

II. - Sont autorisés par arrêté ou, en cas de traitement opéré pour le compte d'un établissement public ou d'une personne morale de droit privé gérant un service public, par décision de l'organe délibérant chargé de leur organisation, pris après avis motivé et publié de la Commission nationale de l'informatique et des libertés :

1° Les traitements mis en œuvre par l'État ou les personnes morales mentionnées au I qui requièrent une consultation du répertoire national d'identification des personnes physiques sans inclure le numéro d'inscription à ce répertoire ;

2° Ceux des traitements mentionnés au I :

– qui ne comportent aucune des données mentionnées au I de l'article 8 ou à l'article 9 ;

– qui ne donnent pas lieu à une interconnexion entre des traitements ou fichiers correspondant à des intérêts publics différents ;

– et qui sont mis en œuvre par des services ayant pour mission, soit de déterminer les conditions d'ouverture ou l'étendue d'un droit des administrés, soit d'établir l'assiette, de contrôler ou de recouvrer des impositions ou taxes de toute nature, soit d'établir des statistiques ;

3° Les traitements relatifs au recensement de la population, en métropole et dans les collectivités situées outre-mer ;

•••

•••

4° Les traitements mis en œuvre par l'État ou les personnes morales mentionnées au I aux fins de mettre à la disposition des usagers de l'administration un ou plusieurs téléservices de l'administration électronique, si ces traitements portent sur des données parmi lesquelles figurent le numéro d'inscription des personnes au répertoire national d'identification ou tout autre identifiant des personnes physiques.

III. - Les dispositions du IV de l'article 26 sont applicables aux traitements relevant du présent article.

Article 28

I. - La Commission nationale de l'informatique et des libertés, saisie dans le cadre des articles 26 ou 27, se prononce dans un délai de deux mois à compter de la réception de la demande. Toutefois, ce délai peut être renouvelé une fois sur décision motivée du président.

II. - L'avis demandé à la commission sur un traitement, qui n'est pas rendu à l'expiration du délai prévu au I, est réputé favorable.

Article 29

Les actes autorisant la création d'un traitement en application des articles 25, 26 et 27 précisent :

1° La dénomination et la finalité du traitement ;

2° Le service auprès duquel s'exerce le droit d'accès défini au chapitre VII ;

3° Les catégories de données à caractère personnel enregistrées ;

4° Les destinataires ou catégories de destinataires habilités à recevoir communication de ces données ;

5° Le cas échéant, les dérogations à l'obligation d'information prévues au V de l'article 32.

Section 3 : Dispositions communes

Article 30

Modifié par Loi n° 2006-64 du 23 janvier 2006 art. 13 (JORF 24 janvier 2006)

I. - Les déclarations, demandes d'autorisation et demandes d'avis adressées à la Commission nationale de l'informatique et des libertés en vertu des dispositions des sections 1 et 2 précisent :

1° L'identité et l'adresse du responsable du traitement ou, si celui-ci n'est établi ni sur le territoire national ni sur celui d'un autre État membre de la Communauté européenne, celle de son représentant et, le cas échéant, celle de la personne qui présente la demande ;

2° La ou les finalités du traitement, ainsi que, pour les traitements relevant des articles 25, 26 et 27, la description générale de ses fonctions ;

3° Le cas échéant, les interconnexions, les rapprochements ou toutes autres formes de mise en relation avec d'autres traitements ;

4° Les données à caractère personnel traitées, leur origine et les catégories de personnes concernées par le traitement ;

5° La durée de conservation des informations traitées ;

•••

•••

6° Le ou les services chargés de mettre en œuvre le traitement ainsi que, pour les traitements relevant des articles 25, 26 et 27, les catégories de personnes qui, en raison de leurs fonctions ou pour les besoins du service, ont directement accès aux données enregistrées ;
7° Les destinataires ou catégories de destinataires habilités à recevoir communication des données ;
8° La fonction de la personne ou le service auprès duquel s'exerce le droit d'accès prévu à l'article 39, ainsi que les mesures relatives à l'exercice de ce droit ;
9° Les dispositions prises pour assurer la sécurité des traitements et des données et la garantie des secrets protégés par la loi et, le cas échéant, l'indication du recours à un sous-traitant ;
10° Le cas échéant, les transferts de données à caractère personnel envisagés à destination d'un État non membre de la Communauté européenne, sous quelque forme que ce soit, à l'exclusion des traitements qui ne sont utilisés qu'à des fins de transit sur le territoire français ou sur celui d'un autre État membre de la Communauté européenne au sens des dispositions du 2° du I de l'article 5.
Les demandes d'avis portant sur les traitements intéressant la sûreté de l'État, la défense ou la sécurité publique peuvent ne pas comporter tous les éléments d'information énumérés ci-dessus. Un décret en Conseil d'État, pris après avis de la Commission nationale de l'informatique et des libertés, fixe la liste de ces traitements et des informations que les demandes d'avis portant sur ces traitements doivent comporter au minimum.

II. - Le responsable d'un traitement déjà déclaré ou autorisé informe sans délai la commission :
– de tout changement affectant les informations mentionnées au I ;
– de toute suppression du traitement.

Article 31
I. - La commission met à la disposition du public la liste des traitements automatisés ayant fait l'objet d'une des formalités prévues par les articles 23 à 27, à l'exception de ceux mentionnés au III de l'article 26.
Cette liste précise pour chacun de ces traitements :
1° L'acte décidant la création du traitement ou la date de la déclaration de ce traitement ;
2° La dénomination et la finalité du traitement ;
3° L'identité et l'adresse du responsable du traitement ou, si celui-ci n'est établi ni sur le territoire national ni sur celui d'un autre État membre de la Communauté européenne, celles de son représentant ;
4° La fonction de la personne ou le service auprès duquel s'exerce le droit d'accès prévu à l'article 39 ;
5° Les catégories de données à caractère personnel faisant l'objet du traitement, ainsi que les destinataires et catégories de destinataires habilités à en recevoir communication ;
6° Le cas échéant, les transferts de données à caractère personnel envisagés à destination d'un État non membre de la Communauté européenne.

•••

• • •

II. - La commission tient à la disposition du public ses avis, décisions ou recommandations.

III. - La Commission nationale de l'informatique et des libertés publie la liste des États dont la Commission des Communautés européennes a établi qu'ils assurent un niveau de protection suffisant à l'égard d'un transfert ou d'une catégorie de transferts de données à caractère personnel.

CHAPITRE V - OBLIGATIONS INCOMBANT AUX RESPONSABLES DE TRAITEMENTS ET DROITS DES PERSONNES

Section 1 : Obligations incombant aux responsables de traitements

Article 32

Modifié par l'ordonnance n° 2011-1012 du 24/08/2011

I. - La personne auprès de laquelle sont recueillies des données à caractère personnel la concernant est informée, sauf si elle l'a été au préalable, par le responsable du traitement ou son représentant :

1° De l'identité du responsable du traitement et, le cas échéant, de celle de son représentant ;

2° De la finalité poursuivie par le traitement auquel les données sont destinées ;

3° Du caractère obligatoire ou facultatif des réponses ;

4° Des conséquences éventuelles, à son égard, d'un défaut de réponse ;

5° Des destinataires ou catégories de destinataires des données ;

6° Des droits qu'elle tient des dispositions de la section 2 du présent chapitre (droits des personnes à l'égard des traitements de données) ;

7° Le cas échéant, des transferts de données à caractère personnel envisagés à destination d'un État non membre de la Communauté européenne.

Lorsque de telles données sont recueillies par voie de questionnaires, ceux-ci doivent porter mention des prescriptions figurant aux 1°, 2°, 3° et 6°.

II. - Modifié par l'ordonnance n° 2011-1012 du 24/08/2011 - art. 37

Tout abonné ou utilisateur d'un service de communications électroniques doit être informé de manière claire et complète, sauf s'il l'a été au préalable, par le responsable du traitement ou son représentant :

– de la finalité de toute action tendant à accéder, par voie de transmission électronique, à des informations déjà stockées dans son équipement terminal de communications électroniques, ou à inscrire des informations dans cet équipement ;

– des moyens dont il dispose pour s'y opposer.

Ces accès ou inscriptions ne peuvent avoir lieu qu'à condition que l'abonné ou la personne utilisatrice ait exprimé, après avoir reçu cette information, son accord qui peut résulter de paramètres appropriés de son dispositif de connexion ou de tout autre dispositif placé sous son contrôle.

Ces dispositions ne sont pas applicables si l'accès aux informations stockées dans l'équipement terminal de l'utilisateur ou l'inscription d'informations dans l'équipement terminal de l'utilisateur :

– soit a pour finalité exclusive de permettre ou faciliter la communication par voie électronique ;

• • •

•••

– soit est strictement nécessaire à la fourniture d'un service de communication en ligne à la demande expresse de l'utilisateur.

III. - Lorsque les données à caractère personnel n'ont pas été recueillies auprès de la personne concernée, le responsable du traitement ou son représentant doit fournir à cette dernière les informations énumérées au I dès l'enregistrement des données ou, si une communication des données à des tiers est envisagée, au plus tard lors de la première communication des données. Lorsque les données à caractère personnel ont été initialement recueillies pour un autre objet, les dispositions de l'alinéa précédent ne s'appliquent pas aux traitements nécessaires à la conservation de ces données à des fins historiques, statistiques ou scientifiques, dans les conditions prévues au livre II du code du patrimoine ou à la réutilisation de ces données à des fins statistiques dans les conditions de l'article 7 bis de la loi n° 51-711 du 7 juin 1951 sur l'obligation, la coordination et le secret en matière de statistiques. Ces dispositions ne s'appliquent pas non plus lorsque la personne concernée est déjà informée ou quand son information se révèle impossible ou exige des efforts disproportionnés par rapport à l'intérêt de la démarche.

IV. - Si les données à caractère personnel recueillies sont appelées à faire l'objet à bref délai d'un procédé d'anonymisation préalablement reconnu conforme aux dispositions de la présente loi par la Commission nationale de l'informatique et des libertés, les informations délivrées par le responsable du traitement à la personne concernée peuvent se limiter à celles mentionnées au 1° et au 2° du I.

V. - Les dispositions du I ne s'appliquent pas aux données recueillies dans les conditions prévues au III et utilisées lors d'un traitement mis en œuvre pour le compte de l'État et intéressant la sûreté de l'État, la défense, la sécurité publique ou ayant pour objet l'exécution de condamnations pénales ou de mesures de sûreté, dans la mesure où une telle limitation est nécessaire au respect des fins poursuivies par le traitement.

VI. - Les dispositions du présent article ne s'appliquent pas aux traitements de données ayant pour objet la prévention, la recherche, la constatation ou la poursuite d'infractions pénales.

Article 33

Sauf consentement exprès de la personne concernée, les données à caractère personnel recueillies par les prestataires de services de certification électronique pour les besoins de la délivrance et de la conservation des certificats liés aux signatures électroniques doivent l'être directement auprès de la personne concernée et ne peuvent être traitées que pour les fins en vue desquelles elles ont été recueillies.

Article 34

Le responsable du traitement est tenu de prendre toutes précautions utiles, au regard de la nature des données et des risques présentés par le traitement, pour préserver la sécurité des données et, notamment, empêcher qu'elles soient déformées, endommagées, ou que des tiers non autorisés y aient accès.

•••

•••

[...]

Section 2 : Droits des personnes à l'égard des traitements de données à caractère personnel

Article 38

Toute personne physique a le droit de s'opposer, pour des motifs légitimes, à ce que des données à caractère personnel la concernant fassent l'objet d'un traitement.

Elle a le droit de s'opposer, sans frais, à ce que les données la concernant soient utilisées à des fins de prospection, notamment commerciale, par le responsable actuel du traitement ou celui d'un traitement ultérieur.

Les dispositions du premier alinéa ne s'appliquent pas lorsque le traitement répond à une obligation légale ou lorsque l'application de ces dispositions a été écartée par une disposition expresse de l'acte autorisant le traitement.

Article 39

I. - Toute personne physique justifiant de son identité a le droit d'interroger le responsable d'un traitement de données à caractère personnel en vue d'obtenir :

1° La confirmation que des données à caractère personnel la concernant font ou ne font pas l'objet de ce traitement ;

2° Des informations relatives aux finalités du traitement, aux catégories de données à caractère personnel traitées et aux destinataires ou aux catégories de destinataires auxquels les données sont communiquées ;

3° Le cas échéant, des informations relatives aux transferts de données à caractère personnel envisagés à destination d'un État non membre de la Communauté européenne ;

4° La communication, sous une forme accessible, des données à caractère personnel qui la concernent ainsi que de toute information disponible quant à l'origine de celles-ci ;

5° Les informations permettant de connaître et de contester la logique qui sous-tend le traitement automatisé en cas de décision prise sur le fondement de celui-ci et produisant des effets juridiques à l'égard de l'intéressé. Toutefois, les informations communiquées à la personne concernée ne doivent pas porter atteinte au droit d'auteur au sens des dispositions du livre Ier et du titre IV du livre III du Code de la propriété intellectuelle.

Une copie des données à caractère personnel est délivrée à l'intéressé à sa demande. Le responsable du traitement peut subordonner la délivrance de cette copie au paiement d'une somme qui ne peut excéder le coût de la reproduction.

En cas de risque de dissimulation ou de disparition des données à caractère personnel, le juge compétent peut ordonner, y compris en référé, toutes mesures de nature à éviter cette dissimulation ou cette disparition.

II. - Le responsable du traitement peut s'opposer aux demandes manifestement abusives, notamment par leur nombre, leur caractère répétitif ou systématique. En cas de contestation, la charge de la preuve du caractère manifestement abusif des demandes incombe au responsable auprès duquel elles sont adressées.

•••

•••

Les dispositions du présent article ne s'appliquent pas lorsque les données à caractère personnel sont conservées sous une forme excluant manifestement tout risque d'atteinte à la vie privée des personnes concernées et pendant une durée n'excédant pas celle nécessaire aux seules finalités d'établissement de statistiques ou de recherche scientifique ou historique. Hormis les cas mentionnés au deuxième alinéa de l'article 36, les dérogations envisagées par le responsable du traitement sont mentionnées dans la demande d'autorisation ou dans la déclaration adressée à la Commission nationale de l'informatique et des libertés.

Article 40

Toute personne physique justifiant de son identité peut exiger du responsable d'un traitement que soient, selon les cas, rectifiées, complétées, mises à jour, verrouillées ou effacées les données à caractère personnel la concernant, qui sont inexactes, incomplètes, équivoques, périmées, ou dont la collecte, l'utilisation, la communication ou la conservation est interdite.

Lorsque l'intéressé en fait la demande, le responsable du traitement doit justifier, sans frais pour le demandeur, qu'il a procédé aux opérations exigées en vertu de l'alinéa précédent.

En cas de contestation, la charge de la preuve incombe au responsable auprès duquel est exercé le droit d'accès sauf lorsqu'il est établi que les données contestées ont été communiquées par l'intéressé ou avec son accord.

Lorsqu'il obtient une modification de l'enregistrement, l'intéressé est en droit d'obtenir le remboursement des frais correspondant au coût de la copie mentionnée au I de l'article 39.

Si une donnée a été transmise à un tiers, le responsable du traitement doit accomplir les diligences utiles afin de lui notifier les opérations qu'il a effectuées conformément au premier alinéa.

Les héritiers d'une personne décédée justifiant de leur identité peuvent, si des éléments portés à leur connaissance leur laissent présumer que les données à caractère personnel la concernant faisant l'objet d'un traitement n'ont pas été actualisées, exiger du responsable de ce traitement qu'il prenne en considération le décès et procède aux mises à jour qui doivent en être la conséquence.

Lorsque les héritiers en font la demande, le responsable du traitement doit justifier, sans frais pour le demandeur, qu'il a procédé aux opérations exigées en vertu de l'alinéa précédent.

Article 41

Par dérogation aux articles 39 et 40, lorsqu'un traitement intéresse la sûreté de l'État, la défense ou la sécurité publique, le droit d'accès s'exerce dans les conditions prévues par le présent article pour l'ensemble des informations qu'il contient.

La demande est adressée à la commission qui désigne l'un de ses membres appartenant ou ayant appartenu au Conseil d'État, à la Cour de cassation ou à la Cour des comptes pour mener les investigations utiles et faire procéder aux modifications nécessaires. Celui-ci peut se faire assister d'un agent de la commission. Il est notifié au requérant qu'il a été procédé aux vérifications.

•••

•••

Lorsque la commission constate, en accord avec le responsable du traitement, que la communication des données qui y sont contenues ne met pas en cause ses finalités, la sûreté de l'État, la défense ou la sécurité publique, ces données peuvent être communiquées au requérant.
Lorsque le traitement est susceptible de comprendre des informations dont la communication ne mettrait pas en cause les fins qui lui sont assignées, l'acte réglementaire portant création du fichier peut prévoir que ces informations peuvent être communiquées au requérant par le gestionnaire du fichier directement saisi.

Article 42
Les dispositions de l'article 41 sont applicables aux traitements mis en œuvre par les administrations publiques et les personnes privées chargées d'une mission de service public qui ont pour mission de prévenir, rechercher ou constater des infractions, ou de contrôler ou recouvrer des impositions, si un tel droit a été prévu par l'autorisation mentionnée aux articles 25, 26 ou 27.

Article 43
Lorsque l'exercice du droit d'accès s'applique à des données de santé à caractère personnel, celles-ci peuvent être communiquées à la personne concernée, selon son choix, directement ou par l'intermédiaire d'un médecin qu'elle désigne à cet effet, dans le respect des dispositions de l'article L. 1111-7 du Code de la santé publique.

[...]

CHAPITRE IX - TRAITEMENTS DE DONNÉES À CARACTÈRE PERSONNEL AYANT POUR FIN LA RECHERCHE DANS LE DOMAINE DE LA SANTÉ

Article 53
Les traitements de données à caractère personnel ayant pour fin la recherche dans le domaine de la santé sont soumis aux dispositions de la présente loi, à l'exception des articles 23 à 26, 32 et 38.
Les traitements de données ayant pour fin le suivi thérapeutique ou médical individuel des patients ne sont pas soumis aux dispositions du présent chapitre. Il en va de même des traitements permettant d'effectuer des études à partir des données ainsi recueillies si ces études sont réalisées par les personnels assurant ce suivi et destinées à leur usage exclusif.

Article 54
Pour chaque demande de mise en œuvre d'un traitement de données à caractère personnel, un comité consultatif sur le traitement de l'information en matière de recherche dans le domaine de la santé, institué auprès du ministre chargé de la recherche et composé de personnes compétentes en matière de recherche dans le domaine de la santé, d'épidémiologie, de génétique et de

•••

•••

biostatistique, émet un avis sur la méthodologie de la recherche au regard des dispositions de la présente loi, la nécessité du recours à des données à caractère personnel et la pertinence de celles-ci par rapport à l'objectif de la recherche, préalablement à la saisine de la Commission nationale de l'informatique et des libertés.

Le comité consultatif dispose d'un mois pour transmettre son avis au demandeur. À défaut, l'avis est réputé favorable. En cas d'urgence, ce délai peut être ramené à quinze jours.

Le président du comité consultatif peut mettre en œuvre une procédure simplifiée. La mise en œuvre du traitement de données est ensuite soumise à l'autorisation de la Commission nationale de l'informatique et des libertés, qui se prononce dans les conditions prévues à l'article 25.

Pour les catégories les plus usuelles de traitements automatisés ayant pour finalité la recherche dans le domaine de la santé et portant sur des données ne permettant pas une identification directe des personnes concernées, la commission peut homologuer et publier des méthodologies de référence, établies en concertation avec le comité consultatif ainsi qu'avec les organismes publics et privés représentatifs, et destinées à simplifier la procédure prévue aux quatre premiers alinéas du présent article.

Ces méthodologies précisent, eu égard aux caractéristiques mentionnées à l'article 30, les normes auxquelles doivent correspondre les traitements pouvant faire l'objet d'une demande d'avis et d'une demande d'autorisation simplifiées.

Pour les traitements répondant à ces normes, seul un engagement de conformité à l'une d'entre elles est envoyé à la commission. Le président de la commission peut autoriser ces traitements à l'issue d'une procédure simplifiée d'examen.

Pour les autres catégories de traitements, le comité consultatif fixe, en concertation avec la Commission nationale de l'informatique et des libertés, les conditions dans lesquelles son avis n'est pas requis.

Article 55

Nonobstant les règles relatives au secret professionnel, les membres des professions de santé peuvent transmettre les données à caractère personnel qu'ils détiennent dans le cadre d'un traitement de données autorisé en application de l'article 53.

Lorsque ces données permettent l'identification des personnes, elles doivent être codées avant leur transmission. Toutefois, il peut être dérogé à cette obligation lorsque le traitement de données est associé à des études de pharmacovigilance ou à des protocoles de recherche réalisés dans le cadre d'études coopératives nationales ou internationales ; il peut également y être dérogé si une particularité de la recherche l'exige. La demande d'autorisation comporte la justification scientifique et technique de la dérogation et l'indication de la période nécessaire à la recherche. À l'issue de cette période, les données sont conservées et traitées dans les conditions fixées à l'article 36.

La présentation des résultats du traitement de données ne peut en aucun cas permettre l'identification directe ou indirecte des personnes concernées.

•••

• • •

Les données sont reçues par le responsable de la recherche désigné à cet effet par la personne physique ou morale autorisée à mettre en œuvre le traitement. Ce responsable veille à la sécurité des informations et de leur traitement, ainsi qu'au respect de la finalité de celui-ci.
Les personnes appelées à mettre en œuvre le traitement de données ainsi que celles qui ont accès aux données sur lesquelles il porte sont astreintes au secret professionnel sous les peines prévues à l'article 226-13 du Code pénal.

Article 56
Toute personne a le droit de s'opposer à ce que les données à caractère personnel la concernant fassent l'objet de la levée du secret professionnel rendue nécessaire par un traitement de la nature de ceux qui sont visés à l'article 53.
Dans le cas où la recherche nécessite le recueil de prélèvements biologiques identifiants, le consentement éclairé et exprès des personnes concernées doit être obtenu préalablement à la mise en œuvre du traitement de données.
Les informations concernant les personnes décédées, y compris celles qui figurent sur les certificats des causes de décès, peuvent faire l'objet d'un traitement de données, sauf si l'intéressé a, de son vivant, exprimé son refus par écrit.

Article 57
Les personnes auprès desquelles sont recueillies des données à caractère personnel ou à propos desquelles de telles données sont transmises sont, avant le début du traitement de ces données, individuellement informées :
1° De la nature des informations transmises ;
2° De la finalité du traitement de données ;
3° Des personnes physiques ou morales destinataires des données ;
4° Du droit d'accès et de rectification institué aux articles 39 et 40 ;
5° Du droit d'opposition institué aux premier et troisième alinéas de l'article 56 ou, dans le cas prévu au deuxième alinéa de cet article, de l'obligation de recueillir leur consentement.
Toutefois, ces informations peuvent ne pas être délivrées si, pour des raisons légitimes que le médecin traitant apprécie en conscience, le malade est laissé dans l'ignorance d'un diagnostic ou d'un pronostic grave.
Dans le cas où les données ont été initialement recueillies pour un autre objet que le traitement, il peut être dérogé à l'obligation d'information individuelle lorsque celle-ci se heurte à la difficulté de retrouver les personnes concernées.
Les dérogations à l'obligation d'informer les personnes de l'utilisation de données les concernant à des fins de recherche sont mentionnées dans le dossier de demande d'autorisation transmis à la Commission nationale de l'informatique et des libertés, qui statue sur ce point.

Article 58
Sont destinataires de l'information et exercent les droits prévus aux articles 56 et 57 les titulaires de l'autorité parentale, pour les mineurs, ou le représentant légal, pour les personnes faisant l'objet d'une mesure de tutelle.

• • •

•••

Article 59
Une information relative aux dispositions du présent chapitre doit être assurée dans tout établissement ou centre où s'exercent des activités de prévention, de diagnostic et de soins donnant lieu à la transmission de données à caractère personnel en vue d'un traitement visé à l'article 53.

Article 60
La mise en œuvre d'un traitement de données en violation des conditions prévues par le présent chapitre entraîne le retrait temporaire ou définitif, par la Commission nationale de l'informatique et des libertés, de l'autorisation délivrée en application des dispositions de l'article 54.
Il en est de même en cas de refus de se soumettre aux vérifications prévues par le f du 2° de l'article 11.

Article 61
La transmission vers un État n'appartenant pas à la Communauté européenne de données à caractère personnel non codées faisant l'objet d'un traitement ayant pour fin la recherche dans le domaine de la santé n'est autorisée, dans les conditions prévues à l'article 54, que sous réserve du respect des règles énoncées au chapitre XII.

CHAPITRE X - TRAITEMENTS DE DONNÉES DE SANTÉ À CARACTÈRE PERSONNEL À DES FINS D'ÉVALUATION OU D'ANALYSE DES PRATIQUES OU DES ACTIVITÉS DE SOINS ET DE PRÉVENTION

Article 62
Les traitements de données de santé à caractère personnel qui ont pour fin l'évaluation des pratiques de soins et de prévention sont autorisés dans les conditions prévues au présent chapitre.
Les dispositions du présent chapitre ne s'appliquent ni aux traitements de données à caractère personnel effectuées à des fins de remboursement ou de contrôle par les organismes chargés de la gestion d'un régime de base d'assurance maladie, ni aux traitements effectués au sein des établissements de santé par les médecins responsables de l'information médicale dans les conditions prévues au deuxième alinéa de l'article L. 6113-7 du Code de la santé publique.

Article 63
Les données issues des systèmes d'information visés à l'article L. 6113-7 du Code de la santé publique, celles issues des dossiers médicaux détenus dans le cadre de l'exercice libéral des professions de santé, ainsi que celles issues des systèmes d'information des caisses d'assurance maladie, ne peuvent être communiquées à des fins statistiques d'évaluation ou d'analyse des pratiques et des activités de soins et de prévention que sous la forme de statistiques agrégées ou de données par patient constituées de telle sorte que les personnes concernées ne puissent être identifiées.

•••

●●●

Il ne peut être dérogé aux dispositions de l'alinéa précédent que sur autorisation de la Commission nationale de l'informatique et des libertés dans les conditions prévues aux articles 64 à 66. Dans ce cas, les données utilisées ne comportent ni le nom, ni le prénom des personnes, ni leur numéro d'inscription au répertoire national d'identification des personnes physiques.

Article 64

Pour chaque demande, la commission vérifie les garanties présentées par le demandeur pour l'application des présentes dispositions et, le cas échéant, la conformité de sa demande à ses missions ou à son objet social. Elle s'assure de la nécessité de recourir à des données à caractère personnel et de la pertinence du traitement au regard de sa finalité déclarée d'évaluation ou d'analyse des pratiques ou des activités de soins et de prévention. Elle vérifie que les données à caractère personnel dont le traitement est envisagé ne comportent ni le nom, ni le prénom des personnes concernées, ni leur numéro d'inscription au répertoire national d'identification des personnes physiques. En outre, si le demandeur n'apporte pas d'éléments suffisants pour attester la nécessité de disposer de certaines informations parmi l'ensemble des données à caractère personnel dont le traitement est envisagé, la commission peut interdire la communication de ces informations par l'organisme qui les détient et n'autoriser le traitement que des données ainsi réduites.

La commission détermine la durée de conservation des données nécessaires au traitement et apprécie les dispositions prises pour assurer leur sécurité et la garantie des secrets protégés par la loi.

Article 65

La commission dispose, à compter de sa saisine par le demandeur, d'un délai de deux mois, renouvelable une seule fois, pour se prononcer. À défaut de décision dans ce délai, ce silence vaut décision de rejet.

Les traitements répondant à une même finalité portant sur des catégories de données identiques et ayant des destinataires ou des catégories de destinataires identiques peuvent faire l'objet d'une décision unique de la commission.

Article 66

Les traitements autorisés conformément aux articles 64 et 65 ne peuvent servir à des fins de recherche ou d'identification des personnes. Les personnes appelées à mettre en œuvre ces traitements, ainsi que celles qui ont accès aux données faisant l'objet de ces traitements ou aux résultats de ceux-ci lorsqu'ils permettent indirectement d'identifier les personnes concernées, sont astreintes au secret professionnel sous les peines prévues à l'article 226-13 du Code pénal.

Les résultats de ces traitements ne peuvent faire l'objet d'une communication, d'une publication ou d'une diffusion que si l'identification des personnes sur l'état desquelles ces données ont été recueillies est impossible.

Document n° 2

Code pénal :

Article 226-18-1

Créé par loi n° 2004-801 du 6 août 2004 - art. 14 JORF 7 août 2004

Le fait de procéder à un traitement de données à caractère personnel concernant une personne physique malgré l'opposition de cette personne, lorsque ce traitement répond à des fins de prospection, notamment commerciale, ou lorsque cette opposition est fondée sur des motifs légitimes, est puni de cinq ans d'emprisonnement et de 300 000 euros d'amende.

Article 226-19

Modifié par loi n° 2012-954 du 6 août 2012 - art. 4

Le fait, hors les cas prévus par la loi, de mettre ou de conserver en mémoire informatisée, sans le consentement exprès de l'intéressé, des données à caractère personnel qui, directement ou indirectement, font apparaître les origines raciales ou ethniques, les opinions politiques, philosophiques ou religieuses, ou les appartenances syndicales des personnes, ou qui sont relatives à la santé ou à l'orientation ou identité sexuelle de celles-ci, est puni de cinq ans d'emprisonnement et de 300 000 euros d'amende.

Est puni des mêmes peines le fait, hors les cas prévus par la loi, de mettre ou de conserver en mémoire informatisée des données à caractère personnel concernant des infractions, des condamnations ou des mesures de sûreté.

Document n° 3

CSP

Article L. 1110-4

Toute personne prise en charge par un professionnel, un établissement, un réseau de santé ou tout autre organisme participant à la prévention et aux soins a droit au respect de sa vie privée et du secret des informations la concernant.

Excepté dans les cas de dérogation, expressément prévus par la loi, ce secret couvre l'ensemble des informations concernant la personne venues à la connaissance du professionnel de santé, de tout membre du personnel de ces établissements ou organismes et de toute autre personne en relation, de par ses activités, avec ces établissements ou organismes. Il s'impose à tout professionnel de santé, ainsi qu'à tous les professionnels intervenant dans le système de santé.

Deux ou plusieurs professionnels de santé peuvent toutefois, sauf opposition de la personne dûment avertie, échanger des informations relatives à une même personne prise en charge, afin d'assurer la continuité des soins ou de déterminer la meilleure prise en charge sanitaire possible. Lorsque la personne est prise en charge par une équipe de soins dans un établissement de santé, les informations la concernant sont réputées confiées par le malade à l'ensemble de l'équipe.

Les informations concernant une personne prise en charge par un professionnel de santé au sein d'une maison ou d'un centre de santé sont réputées

•••

•••

confiées par la personne aux autres professionnels de santé de la structure qui la prennent en charge, sous réserve :

1° Du recueil de son consentement exprès, par tout moyen, y compris sous forme dématérialisée. Ce consentement est valable tant qu'il n'a pas été retiré selon les mêmes formes ;

2° De l'adhésion des professionnels concernés au projet de santé mentionné aux articles L. 6323-1 et L. 6323-3.

La personne, dûment informée, peut refuser à tout moment que soient communiquées des informations la concernant à un ou plusieurs professionnels de santé.

Afin de garantir la confidentialité des informations médicales mentionnées aux alinéas précédents, leur conservation sur support informatique, comme leur transmission par voie électronique entre professionnels, sont soumises à des règles définies par décret en Conseil d'État pris après avis public et motivé de la Commission nationale de l'informatique et des libertés. Ce décret détermine les cas où l'utilisation de la carte de professionnel de santé mentionnée au dernier alinéa de l'article L. 161-33 du Code de la sécurité sociale ou un dispositif équivalent agréé par l'organisme chargé d'émettre la carte de professionnel de santé est obligatoire. La carte de professionnel de santé et les dispositifs équivalents agréés sont utilisés par les professionnels de santé, les établissements de santé, les réseaux de santé ou tout autre organisme participant à la prévention et aux soins.

Le fait d'obtenir ou de tenter d'obtenir la communication de ces informations en violation du présent article est puni d'un an d'emprisonnement et de 15 000 euros d'amende.

En cas de diagnostic ou de pronostic grave, le secret médical ne s'oppose pas à ce que la famille, les proches de la personne malade ou la personne de confiance définie à l'article L. 1111-6 reçoivent les informations nécessaires destinées à leur permettre d'apporter un soutien direct à celle-ci, sauf opposition de sa part. Seul un médecin est habilité à délivrer, ou à faire délivrer sous sa responsabilité, ces informations.

Le secret médical ne fait pas obstacle à ce que les informations concernant une personne décédée soient délivrées à ses ayants droit, dans la mesure où elles leur sont nécessaires pour leur permettre de connaître les causes de la mort, de défendre la mémoire du défunt ou de faire valoir leurs droits, sauf volonté contraire exprimée par la personne avant son décès.

Article L. 1111-8

Les professionnels de santé ou les établissements de santé ou la personne concernée peuvent déposer des données de santé à caractère personnel, recueillies ou produites à l'occasion des activités de prévention, de diagnostic ou de soins, auprès de personnes physiques ou morales agréées à cet effet. Cet hébergement de données, quel qu'en soit le support, papier ou informatique, ne peut avoir lieu qu'avec le consentement exprès de la personne concernée.

•••

•••

Les traitements de données de santé à caractère personnel que nécessite l'hébergement prévu au premier alinéa, quel qu'en soit le support, papier ou informatique, doivent être réalisés dans le respect des dispositions de la loi n° 78-17 du 6 janvier 1978 relative à l'informatique, aux fichiers et aux libertés.
La prestation d'hébergement, quel qu'en soit le support, fait l'objet d'un contrat. Lorsque cet hébergement est à l'initiative d'un professionnel de santé ou d'un établissement de santé, le contrat prévoit que l'hébergement des données, les modalités d'accès à celles-ci et leurs modalités de transmission sont subordonnées à l'accord de la personne concernée.
Les conditions d'agrément des hébergeurs des données, quel qu'en soit le support, sont fixées par décret en Conseil d'État pris après avis de la Commission nationale de l'informatique et des libertés et des conseils de l'ordre des professions de santé. Ce décret mentionne les informations qui doivent être fournies à l'appui de la demande d'agrément, notamment les modèles de contrats prévus au deuxième alinéa et les dispositions prises pour garantir la sécurité des données traitées en application de l'article 34 de la loi n° 78-17 du 6 janvier 1978 précitée, en particulier les mécanismes de contrôle et de sécurité dans le domaine informatique ainsi que les procédures de contrôle interne. Les dispositions de l'article L. 4113-6 s'appliquent aux contrats prévus à l'alinéa précédent.
La détention et le traitement sur des supports informatiques de données de santé à caractère personnel par des professionnels de santé, des établissements de santé ou des hébergeurs de données de santé à caractère personnel sont subordonnés à l'utilisation de systèmes d'information conformes aux prescriptions adoptées en application de l'article L. 1110-4 et aux référentiels d'interopérabilité et de sécurité arrêtés par le ministre chargé de la santé après avis du groupement mentionné à l'article L. 1111-24 (1).
Les professionnels et établissements de santé peuvent, par dérogation aux dispositions de la dernière phrase des deux premiers alinéas du présent article, utiliser leurs propres systèmes ou des systèmes appartenant à des hébergeurs agréés, sans le consentement exprès de la personne concernée dès lors que l'accès aux données détenues est limité au professionnel de santé ou à l'établissement de santé qui les a déposées, ainsi qu'à la personne concernée dans les conditions prévues par l'article L. 1111-7.
L'agrément peut être retiré, dans les conditions prévues par l'article 24 de la loi n° 2000-321 du 12 avril 2000 relative aux droits des citoyens dans leurs relations avec les administrations, en cas de violation des prescriptions législatives ou réglementaires relatives à cette activité ou des prescriptions fixées par l'agrément.
Seuls peuvent accéder aux données ayant fait l'objet d'un hébergement les personnes que celles-ci concernent et les professionnels de santé ou établissements de santé qui les prennent en charge et qui sont désignés par les personnes concernées, selon des modalités fixées dans le contrat prévu au deuxième alinéa, dans le respect des dispositions des articles L. 1110-4 et L. 1111-7.
Les hébergeurs tiennent les données de santé à caractère personnel qui ont été déposées auprès d'eux à la disposition de ceux qui les leur ont confiées.

•••

•••

Ils ne peuvent les utiliser à d'autres fins. Ils ne peuvent les transmettre à d'autres personnes que les professionnels de santé ou établissements de santé désignés dans le contrat prévu au deuxième alinéa.
Lorsqu'il est mis fin à l'hébergement, l'hébergeur restitue les données qui lui ont été confiées, sans en garder de copie, au professionnel, à l'établissement ou à la personne concernée ayant contracté avec lui.
Les hébergeurs de données de santé à caractère personnel et les personnes placées sous leur autorité qui ont accès aux données déposées sont astreintes au secret professionnel dans les conditions et sous les peines prévues à l'article 226-13 du Code pénal.
Les hébergeurs de données de santé à caractère personnel ou qui proposent cette prestation d'hébergement sont soumis, dans les conditions prévues aux articles L. 1421-2 et L. 1421-3, au contrôle de l'Inspection générale des affaires sociales et des agents mentionnés aux articles L. 1421-1 et L. 1435-7. Les agents chargés du contrôle peuvent être assistés par des experts désignés par le ministre chargé de la santé.
Tout acte de cession à titre onéreux de données de santé identifiantes, directement ou indirectement, y compris avec l'accord de la personne concernée, est interdit sous peine des sanctions prévues à l'article 226-21 du Code pénal.

30 **Quelles sont les dérogations légales au secret médical ?**

31 **En France, 31 pathologies sont dites « à déclaration obligatoire ». Auprès de quelle structure y a-t-il lieu d'effectuer cette déclaration et quels en sont les objectifs ? Citez 4 MDO.**

32 **Définissez RUM et RSS puis expliquez quelles sont leurs liaisons.**

33 **Quelles sont les trois catégories d'établissements de santé en 2016 ?**

34 **En 1995, les pouvoirs publics publient une charte du malade hospitalisé. Après avoir défini l'objectif de ce texte, vous indiquerez ce qu'il en est aujourd'hui.**

35 **Quel est le rôle du département d'information médicale ?**

36 **De quand date la régionalisation du système de santé français. Quelles structures en sont les garantes et avec quelles compétences ?**

37 **Qu'est-ce qu'un contrat de pôle ?**

38 **Que savez-vous de l'obligation de consentement pour la délivrance des soins à un majeur sous tutelle ?**

39 **Qu'est-ce que la personne de confiance ?**

40 **Que signifie « saisine du médiateur » ? Détaillez votre réponse.**

41 **Que regroupe la catégorie « d'établissements publics de santé » ?**

42 **Définissez les ESPIC et indiquez quelles sont leurs obligations.**

43 **Dans le domaine de la santé, comment la loi redéfinit-elle le territoire ?**

44 **Qui détient le pouvoir décisionnel dans un établissement public de santé ? Justifiez votre réponse.**

45 **Quelles sont les compétences de la CME ?**

46 **Quelles sont les fonctions du chef de pôle ?**

47 **Qu'est-ce que le CCNE ?**

48 **Que savez-vous des innovations essentielles apportées par la loi de bioéthique du 7 juillet 2011 ?**

49 **L'ordonnance n° 2005-406 du 2 mai 2005 prévoyant la simplification du régime juridique des établissements de santé a mis un certain nombre de réformes en place comme la nouvelle gouvernance avec les « pôles d'activités » que la loi HPST a rendu obligatoires. Définissez le pôle et son fonctionnement.**

50 **La loi de modernisation du système de Santé a fait évoluer le dossier médical personnel instauré en 2004. Quelle(s) différence(s) faites-vous entre le DMP et le dossier du patient hospitalisé ?**

51 **Monsieur Vincent A., né le 27 juillet 1935, a été hospitalisé dans le service de court séjour gériatrique du 05/09/2012 au 11/09/2012. Il est sorti de l'établissement à sa demande exclusive et unilatérale. Son fils, venu le chercher, réclame l'intégralité du dossier médical de son père afin de le faire prendre en charge à l'extérieur (docteur Chantal B., médecin traitant).**

a) Quelle procédure particulière devez-vous respecter pour la sortie de Monsieur Vincent A. ?

b) Le médecin du service rédige le compte rendu ci-inclus pour sa consœur : vous êtes chargé de lui adresser.

c) Définissez les termes en gras soulignés dans ce compte rendu.

d) Grâce à vos connaissances et aux documents joints, vous répondrez aux questions ci-après de manière précise et argumentée.

1. Quelle suite donnerez-vous à la demande du fils de Monsieur Vincent A. ?

2. Le dossier médical de Monsieur Vincent A. peut-il être librement transmis à son médecin traitant ? À un autre praticien ?

Document n° 1

Centre Hospitalier de XXX
Allée des Roses - 00 000 XXX

COURT SÉJOUR DE GÉRIATRIE

xxx, le .. /.. /..

COMPTE RENDU D'HOSPITALISATION

Motif de l'hospitalisation : suspicion d'**érysipèle**.

Antécédents médico-chirurgicaux :
– Hernie discale,
– **Cataracte**,
– Hernie inguinale,
– **Arthrose** diffuse,
– Vertige.

Conditions sociales et autonomie :
Vit seul à domicile. Aide 4h/semaine.
2 enfants dans la région.

Traitement actuel :
Vastarel 20 x 3, vit. D 3, Piascledine.

Affection actuelle :
Monsieur Vincent A. présente une **pollakiurie** avec fuites urinaires depuis quelques jours pour laquelle un traitement par Oflocet a été débuté.
24 heures avant l'hospitalisation, le patient présente une confusion ainsi qu'une fièvre à 39°. Un médecin de garde est appelé et découvre une grosse jambe douloureuse à gauche.

Examen clinique à l'admission :
Poids 69 kg.
Pas de désorientation temporo-spatiale. Pas de douleurs. Œdème et **érythème** du membre inférieur gauche. La peau est luisante. Je ne retrouve pas d'**adénopathie** satellite. Les pouls pédieux sont perçus. A noter par ailleurs une roue dentée discrète prédominante à gauche avec un réflexe naso-palpébral inépuisable mais sans **akinésie**.

Examens complémentaires :
Biologie : créatinine 75 pmol/L soit une clairance évaluée à 90 mL/mn selon MDRD. CRP 268, **leucocytes** 10 500 dont 8 600 PNN, Hg 13,7 g, électrophorèse des protéines sans particularité. Vit D et TSH normales. **Hémocultures** stériles. **ECBU** : stérile.

Doppler veineux des membres inférieurs : pas de **thrombose** veineuse profonde. Nombreuses adénopathies inguinales.

Échographie vésico-prostatique : **hypertrophie** prostatique (63/42/40 mm), contour prostatique régulier. L'échostructure est homogène hormis une petite formation liquidienne banale de 12 mm dans le lobe droit. Refoulement du bas fond vésical avec petit épaississement pariétal de la vessie. Pas de masse pariétale vésicale.
ASP : stase stercorale pan colique. Pas de fécalome.

Évolution au cours du séjour :
Le patient est **apyrétique** en 24 heures. Le syndrome inflammatoire diminue. La pollakiurie persiste avec impériosité mictionnelle et fuites abondantes. On ne constate pas de résidus post-mictionnel (28 cc). Notre urologue préconise la réalisation d'une **cystoscopie** lors d'une consultation.
Un traitement par Chibroproscar est déjà introduit. Enfin, la constipation présentée par le patient et confirmée par l'ASP doit participer à cette irritabilité vésicale.

Conclusion :
Erysipèle.
Pollakiurie, liée à une constipation opiniâtre, une hypertrophie bénigne de prostate. Une cystoscopie est recommandée afin d'éliminer un problème vésical.

Traitement de sortie :
Pyostacine, 1 g x 3/j jusqu'au 15 09 09 inclus (10 jours en tout), Vastarel 35, 2/j
Forlax 10, 1/j,
Arixtra 2,5 mg, 1 inj. le matin, pendant 15 jours

Docteur Y.

Document n° 2

Communication du dossier médical :

Commentaire de l'arrêt de la cour administrative d'appel de Paris du 16 septembre 2004

« Les notes manuscrites du médecin traitant qui ont contribué à l'élaboration et au suivi du diagnostic et du traitement de l'intéressé [...] et qui ont été conservées font partie du dossier médical [...]. » Le dossier médical, institutionnalisé depuis la réforme hospitalière du 31 juillet 1991, est désormais un outil indispensable et obligatoire en établissement de santé public ou privé. Sa communication répond à des modalités précises qui doivent être respectées le plus fidèlement afin de garantir une certaine efficacité. C'est en substance ce que rappelle l'arrêt rendu par la cour administrative d'appel de Paris le 16 septembre 2004, en contribuant notamment à définir la notion d'informations formalisées jusqu'alors restée floue dans les esprits des professionnels de santé.

Par un jugement du 24 septembre 1999, le tribunal administratif de Versailles a annulé la décision par laquelle un centre hospitalier a refusé de communiquer son dossier médical à l'une de ses patientes, suivie par un médecin psychiatre de l'établissement.

En exécution de ce jugement, le centre hospitalier a adressé le dossier au médecin traitant désigné par la patiente, qui le lui a remis en mains propres (conformément aux dispositions de la loi du 17 juillet 1978 alors en vigueur).

La requérante, estimant que le dossier n'avait été que partiellement communiqué puisque dénué des notes manuscrites du praticien, a saisi le tribunal afin de faire exécuter correctement le jugement rendu. Le tribunal ayant rejeté sa demande, la patiente fait appel de ce jugement daté du 3 mars 2003.

La problématique rencontrée par les juges est de déterminer si des informations manuscrites du professionnel de santé sont des informations formalisées et, par conséquent, communicables.

Cette notion d'information formalisée est décisive. L'Assemblée nationale a rappelé à ce sujet, lors des débats parlementaires du 4 octobre 2001 : « C'est le dossier formalisé qui devient le dossier médical, à l'exclusion de tout autre document. »

Il convient de rappeler les dispositions légales et réglementaires en vigueur à cette époque, ainsi que les difficultés qui y sont attachées. Cela permettra d'apprécier la portée de cet arrêt et de mettre en exergue l'apport de cette décision : la définition d'une information formalisée.

• Dispositions législatives et réglementaires en vigueur

Loi du 17 juillet 1978

La loi du 17 juillet 1978 portant diverses mesures d'amélioration des relations entre l'administration et le public [...] dispose, en son article 6, dans sa rédaction applicable au moment des faits : « Les personnes qui le demandent ont droit à la communication [...] des documents de caractère nominatif les concernant [...]. Toutefois, les informations à caractère médical ne peuvent être communiquées à l'intéressé que par l'intermédiaire d' un médecin qu'il désigne à cet effet. »

• • •

• • •

Loi du 4 mars 2002 et son décret d'application du 29 avril 2002

L'article L. 1111-7 du Code de la santé publique, issu de la loi du 4 mars 2002 relative aux droits des malades et à la qualité du système de santé, consacre l'accès (direct ou par l'intermédiaire d'un médecin) de toute personne « à l'ensemble des informations concernant sa santé détenues par des professionnels et des établissements de santé, qui sont formalisées et ont contribué à l'élaboration et au suivi du diagnostic et du traitement [...] ».

Par ailleurs. selon l'article R. 1112-2 du même Code, issu du décret du 29 avril 2002, un dossier médical est constitué pour chaque patient hospitalisé dans un établissement de santé public ou privé, et doit contenir « au moins » trois catégories de documents : « Les informations formalisées recueillies lors des consultations externes dispensées dans l'établissement, [...], lors de l'accueil au service des urgences ou au moment de l'admission et au cours du séjour hospitalier, [...], les informations formalisées établies à la fin du séjour et enfin les informations mentionnant qu'elles ont été recueillies auprès de tiers [...] ou concernant de tels tiers. » Il est précisé que seules sont communicables les deux premières catégories d'informations.

S'agissant de la tenue du dossier médical, ce même décret a précisé des mentions obligatoires énumérées par l'article R. 1112-3 du Code de la santé publique : « Chaque pièce du dossier est datée et comporte l'identité du patient avec son nom, son prénom, sa date de naissance ou son numéro d'identification [...]. »

• Le silence des textes sur la notion d'« informations formalisées »

Dès l'application de ces textes, une grande incertitude a vu le jour au regard de la notion même d'« informations formalisées » et de sa signification. La loi restait silencieuse sur le sort réservé à certaines notes des professionnels de santé, notamment les notes manuscrites dont on ne connaît pas la nature précise (notes personnelles ou professionnelles). Sur quel critère peut-on se fonder pour décider du caractère communicable ou non d'une information contenue dans un dossier médical et, plus encore, les notes manuscrites des professionnels de santé sont-elles des informations formalisées ?

• Éléments de réponse

Arrêté du 5 mars 2004

L'arrêté du 5 mars 2004 – portant homologation des recommandations de bonnes pratiques de l'Agence nationale d'accréditation et d'évaluation en santé (Anaes) relatives à l'accès aux informations concernant la santé d'une personne, et notamment l'accompagnement de cet accès – précise la notion d'« informations de santé formalisées » : il s'agit d'informations « auxquelles est donné un support (écrit, photographie, enregistrement, etc.) avec l'intention de les conserver et sans lequel elles seraient objectivement inaccessibles ». Ce sont donc des informations matérialisées destinées à la conservation et, par extension, susceptibles d'être échangées ou communiquées.

Cet arrêté s'attache également à définir la notion de « notes personnelles des professionnels de santé » jusqu'alors ignorée par les textes : « Certaines notes des professionnels de santé ne sont pas destinées à être conservées, réutilisées ou, le cas échéant, échangées parce qu'elles ne peuvent contribuer à l'élaboration et au suivi du diagnostic et du traitement ou à une action de prévention [...]. »

• • •

•••

Ces notes sont par conséquent intransmissibles et inaccessibles à la personne concernée comme aux tiers, professionnels ou non. Elles font partie de la catégorie des informations non formalisées.

L'arrêté du 5 mars 2004 contribue à répondre aux interrogations persistantes et à combler les lacunes des textes. Mais il ne s'agit ici que de recommandations de bonnes pratiques dont la valeur demeure incertaine. En règle générale, elles ont une valeur modérée et n'ont pas de force juridique contraignante. Leur homologation par arrêté leur confère plus de poids, néanmoins, la question se pose de connaître l'attitude que le juge adoptera devant ces recommandations et la force juridique qu'il leur reconnaîtra.

Avis de la Commission d'accès aux documents administratifs du 15 avril 2004

La Commission d'accès aux documents administratifs (Cada) a émis un avis favorable à la communication de documents manuscrits composant le dossier médical dans la mesure où ils ont contribué à l'établissement du diagnostic (Conseil n° 20041645). Ainsi, la Cada estime que ce sont des documents communicables de plein droit en application de l'article L. 1111-7 du Code de la santé publique, « même si les praticiens n'ont pas jugé utile de les formaliser davantage ».

Cette dernière précision ne manque pas de susciter notre intérêt. La retranscription dactylographique du document n'apparaît pas pour la Cada comme une condition indispensable pour le rendre communicable. La Cada confère la qualité d'« informations formalisées » parce que ces informations ont contribué à l'établissement du diagnostic.

Elle considère donc un document manuscrit comme pouvant être une « information formalisée » au sens de l'article L. 1111-7 du Code de la santé publique.

La Cada n'est pas une juridiction ni un organe législatif, c'est un organe consultatif indépendant. À ce titre, aucune force contraignante de ses avis ou conseils n'est à envisager.

• **Apports de l'arrêt de la cour administrative d'appel de Paris du 16 septembre 2004**

La requérante a interjeté appel du jugement du tribunal administratif de Versailles qui a considéré que le jugement en date du 24 septembre 1999, enjoignant le centre hospitalier de communiquer le dossier médical de la patiente selon les dispositions législatives en vigueur, avait été correctement exécuté. La requérante reproche au centre hospitalier de lui avoir fait parvenir un document ne contenant qu'un résumé, non daté et non signé, rédigé *a posteriori*, des notes manuscrites du médecin qui l'avait suivie dans cet établissement. Dans ces circonstances, la patiente a estimé son dossier incomplet et demande la communication de l'intégralité de celui-ci, comprenant les notes manuscrites contenues dans son dossier.

Communicabilité des notes manuscrites confirmée désormais par la jurisprudence

Les notes manuscrites ne sont pas exclues de la catégorie des informations formalisées.

•••

•••

Le centre hospitalier soutient que des notes manuscrites d'un professionnel de santé n'ont pas d'existence tant qu'elles ne sont pas dactylographiées, car ce n'est qu'à ce moment qu'elles sont validées par le médecin traitant.

Cela reviendrait à considérer que des notes manuscrites sont systématiquement non communicables, car considérées comme notes personnelles du professionnel.

L'établissement fait en outre valoir que c'est aux praticiens d'apprécier eux-mêmes la portée de la définition des informations formalisées au moment du tri des informations communicables.

La cour administrative d'appel de Paris n'exclut pas ces notes manuscrites des informations formalisées. Elle considère que les notes en question sont communicables de plein droit car faisant partie du dossier. La cour ne s'appuie pas sur l'arrêté du 5 mars 2004 pour fonder son raisonnement. Celui-ci est pourtant clair quant à la notion d'informations formalisées définie principalement par son existence physique, à savoir un « support » (un écrit, une photographie...).

Si le caractère « formalisé » de l'information est obligatoire puisque édicté à l'article L. 1111-7 du Code de la santé publique, le caractère dactylographié ne l'est pas.

La cour étend la notion d'« informations formalisées » aux informations manuscrites contenues dans le dossier médical et confirme ainsi le raisonnement de la Cada. Par analogie avec ce dernier, cette juridiction va privilégier un autre argument quant à la détermination du caractère communicable de ces notes manuscrites.

Critères de qualification d'une information médicale formalisée

La qualification d'« information formalisée » repose sur le rôle des notes dans la prise en charge du patient.

La cour écarte le moyen du centre hospitalier considérant qu'une note manuscrite n'a pas d'existence et n'est, par conséquent, pas communicable.

La cour fait en effet primer le fait que ces notes manuscrites ont contribué à l'élaboration du diagnostic et du traitement de la patiente et qu'elles ont été conservées par le centre hospitalier, pour décider de leur appartenance au dossier médical de celle-ci. Le dossier, désormais communicable directement en vertu de la loi du 4 mars 2002, ne doit pas être dénué de ces notes au risque de le rendre incomplet.

Le critère de participation active de ces informations à la prise en charge du patient est érigé en condition indispensable pour devenir une information communicable.

La cour reprend implicitement et *a contrario* le raisonnement de l'arrêté du 5 mars 2004 qui dispose que « les notes personnelles des professionnels ne sont pas destinées à être conservées ». Le fait qu'elles aient été conservées par l'hôpital leur ôte le caractère personnel et donc non transmissible.

Le formalisme entourant les notes du praticien, relégué dans un second plan, comme l'avait énoncé la Cada dans son conseil précédemment cité, est confirmé par la jurisprudence qui érige comme critère de qualification d'informations communicables le rôle de ces informations dans la prise en charge du patient.

•••

• • •

• **Conclusion**

C'est donc la fonction de ces notes qui prime sur leur forme dans la qualification d'informations formalisées. Cela contribue à une communication objective et partiale du dossier. Si le seul fait que les documents soient manuscrits les rendait impropres à la communication, il est à craindre que leur retranscription *a posteriori* ne soit pas « fidèle » aux informations d'origine. Devant ces nouvelles exigences de la jurisprudence sur les modalités de communication du dossier du patient, la plus grande prudence est de rigueur. Le tri des informations contenues dans le dossier médical doit être réalisé au fur et à mesure, et l'Anaes recommande aux professionnels d'élaborer régulièrement des synthèses précises et fidèles aux exigences de formes posées par les textes. La difficulté est toujours, comme chacun le sait, le peu de temps dont disposent les médecins pour élaborer et compléter les dossiers.

Document n° 3

Le dossier du patient : du secret à la transparence

Le « secret médical » impose à tous les membres de l'équipe médicale le respect du caractère confidentiel des informations concernant un patient. Il correspond à une nécessité : il était et reste protégé par la loi.

Christophe Got*
Pr Louis-Michel Wolf**
* Directeur, direction de l'analyse, de la prospective et de l'évaluation, centre hospitalier universitaire de Rouen ;
** Président des médecins conciliateurs des CHU de France

• **Le patient, de l'objet des soins à l'acteur de sa santé**

Le secret médical n'a jamais été opposable au patient lui-même, mais une tradition paternaliste, ancienne et bien ancrée, a souvent fait obstacle à la transparence de l'information à son égard. Dans un esprit de protection certes : « Faites-nous confiance, nous faisons pour le mieux, tout ira bien… ».

Reconnaissons que cette façon de procéder rassurait nombre de patients, et gagnait beaucoup de temps. Mais ce pouvait être aussi une facilité abusive, faisant peu de cas du droit du patient à consentir de façon *éclairée* aux décisions le concernant et à participer activement à son propre traitement. Aussi les tribunaux se sont-ils montrés de plus en plus sévères pour les défauts d'information. Il était naturel que la loi prenne acte de ces évolutions de la jurisprudence, qui sont aussi celles de la société elle-même : les media diffusent de nombreuses notions médicales, et les individus souhaitent être partie prenante dans les décisions qui les touchent personnellement, en devenant des *acteurs informés*.

C'est pourquoi la loi du 4 mars 2002 a précisé les modalités concrètes du droit à l'information, en premier lieu dans un domaine réclamé depuis longtemps par des associations : l'accès direct au dossier médical. Cette nouveauté est un « défi » pour les équipes soignantes, pour qui il s'agissait d'un document interne. Il implique d'adapter désormais les pratiques professionnelles à ce nouveau droit.

• • •

• • •

• Le dossier du patient : du document interne au document « public »

Adapter sa pratique professionnelle aux nouveaux textes sur l'accès au dossier médical

L'accès au dossier médical aurait pu se limiter aux éléments concourant à l'établissement du ou des diagnostic(s) : résultats d'examens, conclusions médicales. Mais le décret du 29 avril 2002 va plus loin en fixant une liste minutieuse des documents visés, incluant les pièces manuscrites et notamment les *transmissions infirmières*. Sont cependant exclues les informations concernant ou émanant d'une tierce personne.

En outre, le délai de production des dossiers datant de moins de cinq ans est en principe limité à huit jours : ce délai est irréaliste en l'absence de moyens appropriés pour faire le tri de ces informations, d'autant qu'il s'agit souvent de dossiers déjà archivés, et il ne peut se justifier que lorsqu'il s'agit de recourir à un autre avis.

Les difficultés résultant de ces dispositions ne pourront être résolues que par des changements dans la tenue des *futurs* dossiers : rangement *d'emblée* séparé des informations impliquant des tiers, modification des habitudes de rédaction éliminant les impressions personnelles au profit des constatations objectives. Le cas des dossiers psychiatriques reste particulièrement ardu, et là plus qu'ailleurs, il ne sera plus possible d'écrire sans précaution dans un dossier.

En revanche, la prise de connaissance directe ne devrait pas être cause de choc brutal si l'information préalable a été bien faite *et bien comprise*. En effet, la loi laisse l'entière liberté au patient de se faire accompagner par un médecin lors de la consultation du dossier. Il reste la possibilité d'erreur d'interprétation des données techniques, mais la demande du dossier sans présence et commentaires d'un médecin de son choix n'est imposée à personne ! À terme donc, il faudra savoir tirer avantage de cette loi, pour mieux formaliser les dossiers et en faire des outils adaptés à la demande d'information croissante de la population.

Adopter une démarche qualité

« Les écrits restent ! » pourrait devenir le nouveau refrain de la pratique médicale et paramédicale. Face aux évolutions sociales et juridiques en cours, le travail de l'équipe de soins s'appuiera davantage sur les procédures écrites, avec le souci de placer dans le dossier du patient les mots « justes », respectueux du patient et adaptés à une communication externe que la loi du 4 mars 2002 rend plus fréquente et plus facile.

Cette évolution coïncide avec celle que connaissent les hôpitaux depuis 1996 avec le lancement de la procédure d'*accréditation*. Démarche obligatoire pour chaque établissement de santé, l'accréditation se fonde sur un effort permanent d'analyse des pratiques et d'amélioration de la qualité de la prise en charge, sur la base de référentiels nationaux élaborés par des professionnels de santé. Elle va au-delà de la recherche de la seule sécurité des soins et englobe l'ensemble des actions qui servent à la promotion de la qualité des soins : actes médicaux, hygiène, mais aussi adaptation du patient à ses conditions de séjour, information du malade et de sa famille, préparation de sa sortie dans de bonnes conditions…

• • •

• • •

L'implication de chaque professionnel est nécessaire, la qualité étant un « tout ». Dans ce cadre, le rôle de l'aide-saignante, garante – en collaboration avec l'infirmière – de l'alimentation, de l'hygiène et des soins de confort du patient, est bien sûr primordial : la qualité de la prise en charge du patient est une chaîne qui se doit d'être sans faille !

• Un dossier bien tenu et bien transmis, un atout pour la continuité des soins
Il faut prévenir les risques d'erreurs et de dysfonctionnements : des cas pratiques
Les aides-soignants sont spécialement concernés par le « dossier de soins » et les « transmissions ciblées ». Leur participation à l'établissement de ces documents est soulignée par la circulaire du 19 janvier 1996 précisant leurs missions. Quelques exemples concrets où leur rôle est important :
– **modalités d'accès au dossier.** Le droit d'accès du patient à son dossier médical s'exerce dans des conditions définies par la loi. Mais ni lui, ni à plus forte raison d'autres personnes n'ont accès au dossier en-dehors de ces conditions (sauf avec autorisation du responsable médical du service quand il s'agit d'un médecin extérieur). Il faut donc rappeler que ni les dossiers médicaux, ni leurs éléments ne doivent « traîner » sur les lits, dans les chambres, ou ailleurs, et qu'ils doivent être fermés pour être transmis à un autre service. Il faut noter que les indispensables feuilles de soins, parfois exposées à la vue des visiteurs, sont susceptibles de révéler malencontreusement des données confidentielles ;
– **modalités de tenue du dossier**. L'expérience montre la grande utilité du dossier de soins infirmier et des observations qu'il contient sur l'état du patient, son évolution, ses réactions, ainsi que celles de ses proches. Imaginons toutefois qu'après un décès ceux-ci peuvent être amenés à lire ces notations ! C'est dire qu'il faut s'efforcer de rédiger en s'en tenant à des faits objectifs, non à des « états d'âme » (mais l'agressivité, par exemple, peut être un fait objectif) ;
– **gestion des confidences**. Chacun, dans une équipe peut se trouver choisi pour recevoir des confidences, du patient ou de son entourage. Elles peuvent être importantes, et il faut alors en faire part, oralement ou par une fiche écrite, au responsable médical. En revanche, elles ne peuvent être mentionnées directement dans le dossier ;
– **information des patients et de leur famille.** Les informations données doivent être *cohérentes* dans le fond et le choix des termes, sous peine de les décrédibiliser et de déstabiliser patients et familles. Tout conflit dans l'équipe, toute divergence dans ce que disent les uns et les autres risquent de saper leur confiance. D'où la nécessité, comme pour les soins, du travail en équipe : donner les informations sur lesquelles on s'est mis d'accord, ne pas répondre à la place de la personne qualifiée.
La « vérité » dans les réponses n'implique pas la brutalité, et la loi permet, voire suggère, l'adaptation des éléments d'information selon le moment et la personnalité, non pour les dissimuler, mais pour les amener progressivement si besoin est, afin d'éviter un choc préjudiciable ;
– **le travail de nuit.** La nuit est longue à l'hôpital, les saignants y sont plus isolés, mais leurs observations sont différentes de celles de l'équipe de jour : les transmissions revêtent donc une importance particulière. Les circonstances

• • •

• • •

d'un décès nocturne par exemple restent souvent mal ou pas connues de l'équipe de jour, qui sera interrogée à ce sujet par les proches (« qu'a-t-il dit ? », « a-t-il souffert ? »). Comme les autres événements vécus par l'équipe de nuit, et même davantage, il faut les préciser par écrit...

La continuité des soins : éviter le « maillon faible »

Prévenir les atteintes à la dignité de la personne, informer le patient et sa famille, veiller au respect de la confidentialité : les droits du malade et la déontologie professionnelle se rejoignent sur ces objectifs. Mais ils ne s'arrêtent pas à la porte de l'hôpital ! La sortie du patient, qu'il s'agisse d'un retour à domicile ou de son transfert vers un autre établissement, doit également respecter pleinement les droits du malade et la continuité des soins, sous peine de conséquences graves.

La transmission des informations en temps utile y tient une place primordiale. Une enquête menée en région Haute-Normandie en 2002 révélait ainsi que 50 % des transferts entre établissements ne s'accompagnaient pas d'une transmission du dossier du patient avant son arrivée. Parmi les dysfonctionnements que ces pratiques provoquent, on note le manque de suivi des prescriptions, les manques d'information sur les circonstances particulières (sociales, religieuses, comportementales...), l'absence de renseignements sur le degré d'autonomie de la personne...

Le manuel d'accréditation de l'Anaes précise[1] que la sortie du patient doit être envisagée dès son arrivée dans le service, et qu'elle doit être coordonnée pour éviter toute rupture de prise en charge. Le patient doit disposer des informations nécessaires à sa sortie, qui est organisée avec lui et son entourage.

L'aide-soignante, par son travail en collaboration avec l'infirmière, collabore à la réussite du transfert, par exemple en veillant à ce que les papiers ou les affaires ne suivent pas plusieurs jours après ! Mais aussi, en indiquant de manière précise toutes les informations sur l'autonomie de la personne qui sont pertinentes pour figurer au dossier, y compris ses réactions à un médicament, sa fragilité face à certains gestes de manutention...

Les principes sont simples mais chaque acteur de l'équipe de soins doit les respecter pour réussir un transfert : partager une information de qualité, soigner les transmissions, maintenir le secret au moment de la sortie... permettent de faire en sorte que la sortie ne soit pas le « maillon faible » du séjour hospitalier du patient.

Les textes législatifs sur les droits des malades comme les procédures qualité impliquent chaque jour une vigilance particulière sur la transmission de l'information dans le service de soins. Désormais, l'écrit devra davantage être utilisé avec des mots choisis pour être, à la fois, suffisants pour favoriser le bien-être quotidien de la personnes soignée, et assez précis pour éviter toute ambiguïté ou risque lorsque le patient demande à être directement informé. Un équilibre nouveau est à trouver, qui pour autant ne devrait pas empêcher la confiance dans la relation quotidienne entre saignants et soignés !

Note

1. Agence Nationale d'Accréditation et d'Évaluation en Santé. Référentiel OPC 12, Manuel d'accréditation. Anes, 1999.

Document n° 4

Le secret professionnel

Il s'applique à tous les agents de la fonction publique hospitalière.
Le secret professionnel : c'est l'obligation de ne pas divulguer des faits confidentiels appris dans l'exercice de la profession.
L'article 226-13 du Code pénal (1994) dit : « *la révélation d'une information à caractère secret par une personne qui en est dépositaire soit par état, soit par profession, soit en raison d'une fonction ou d'une mission temporaire, est punie d'un an d'emprisonnement et 15 000 euros d'amende.* »

• Obligation du secret professionnel

L'obligation du secret professionnel s'impose à tous les agents de la fonction publique hospitalière, pas seulement sur ceux qui assurent les tâches de soins, car il revêt une importance primordiale dans le cadre hospitalier.
En effet, les informations relatives aux malades et notamment les informations médicales sont typiquement de celles dont le code pénal interdit formellement la divulgation.
L'obligation du secret concerne naturellement l'état de santé des patients, mais elle peut s'étendre au fait même de leur présence à l'hôpital.
Les malades peuvent exiger que leur présence à l'hôpital ne soit pas révélée (art. 44 du décret n° 74-24 du 14/01/1974).

• Obligation de discrétion

L'obligation de discrétion professionnelle est plus large que l'obligation du secret car elle s'étend à toute sorte d'informations, et non à une catégorie spécifique de faits couverts par un secret, et qu'elle ne concerne pas nécessairement des informations sur les personnes, alors que, dans le cadre hospitalier tout au moins, l'obligation de secret concerne essentiellement des informations confidentielles sur les personnes.
Cette obligation est relative à tous faits, informations ou documents dont l'agent a connaissance dans l'exercice de ses fonctions. Cette discrétion professionnelle vise à protéger les tiers, notamment le malade, mais aussi l'administration.
L'obligation de discrétion diffère également de l'obligation de secret en ce que son non-respect n'expose le fonctionnaire qu'à des sanctions disciplinaires.

Éléments de correction

Nous vous fournissons ci-après des éléments de correction assez détaillés afin de compléter vos connaissances. Il va de soi que vous pouvez rédiger les réponses différemment, étant entendu que vous écrivez des phrases bien construites et sans erreur orthographique.

1 **Réponse A : Vrai.**
Les deux termes désignent un retrait d'organe, tumeur, etc. par intervention chirurgicale.

2 **Réponse B : Faux.**
Ces deux préfixes renvoient à une idée d'antériorité, mais *pré* signifie « avant », alors que *rétro* signifie « en arrière de », « derrière ».

3 **Réponse : NFS (numération formule sanguine).**

4 **Réponse B : Faux.**
L'insuline est une hormone.

5 **Réponse B : Faux.**
Seule la radiographie (*radio*… : rayons X) fait partie des examens radiologiques puisque l'échographie donne une image grâce à des ultrasons et l'endoscopie utilise des fibres optiques.

6 **Réponse : l'apex désigne la pointe d'un organe.**

7 **Réponse C : l'unité fonctionnelle du rein.**

8 **Racines**

a) Augmenté de volume : **mégalo**.
b) Le bruit, la voix : **phon**(**o**).
c) En dehors de : **ec, ex**.
d) L'appétit : **orex**.
e) La sensibilité : **esthésie**.
f) Quatre : **tétra, quadri**.
g) Deux : **di, bi**.
h) À la limite de, pas très prononcé : **sub**.
i) Glande ou ganglion lymphatique : **adén**(**o**).
j) La brûlure, le feu : **pyr**(**o**).

9 **Signification**

a) hémo : **sang**.
b) orchi : **testicule**.
c) mnés(o) : **mémoire**.
d) tomo : **coupe**.
e) ops/opt : **vision**.

f) stase : **arrêt d'un écoulement.**
g) pénie : **baisse, diminution du nombre de cellules du sang.**
h) plégie : **paralysie.**

10 **Racine et exemples de termes médicaux**
a) Sein : **masto…, mammo… → mastodynie, mammographie.**
b) Abouchement d'un organe à la peau : **…stomie → colostomie, anastomose.**
c)Suture chirurgicale : **…rraphie → cystorraphie, angiorraphie.**
d) La douleur : **algo… → analgésie, algodystrophie.**
e) Nouveau : **néo… → néonatalité, néoplasie.**
f) Droit, rendre correct : **ortho… → orthoptie, orthognathique.**
g) Incision chirurgicale : **…tomie → laparotomie, thoracotomie.**
h) Soi-même **: auto… → autolyse, autotransfusion.**

11 **Réponses :**
a) *Hémi* : moitié, *plégie* : paralysie → paralysie de la moitié (gauche ou droite) du corps.
b) *Hypo* : diminution, *esthésie* : sensibilité → diminution de la sensibilité en général.
c) *Dys* : trouble, gêne, *phonie* : voix → trouble de la voix, de la phonation.
d) *Albumine*, *…émie* : dans le sang → présence et taux d'albumine dans le sang.
e) *In* : préfixe privatif, *continence* : retenir → émission involontaire d'urine ou de matières fécales.
f) *Hystéro* : utérus, *scopie* : examen visuel direct → examen visuel direct de l'utérus (endoscopie).
g) *Gastro* : estomac, *algie* : douleur → douleur ressentie au niveau de l'estomac.
h) *Hépato* : foie, *mégalo* : qui a augmenté de volume → augmentation du volume du foie.
i) *Poly* : plusieurs, *adéno* : ganglion, *pathie* : maladie → augmentation anormale du volume de plusieurs ganglions lymphatiques (synonyme d'adénomégalie).

12 **Réponses :**
a) Trachéite.
b) Melæna.
c) Hypoesthésie.
d) Paraplégie.
e) Anurie.
f) Cyanose.
g) Dysphonie.
h) Bronchopathie.
i) Hépato-splénomégalie.
j) Exocrine.

13 **Réponses :**

a) Réponse A : une asthénie.
b) Réponse C : une adénite.
c) Réponse B : une paralysie.
d) Réponse B : une dystocie.
e) Réponse C : des érythrocytes.

14 **Réponse :**

a) Antifongique : **lutte contre les champignons microscopiques.**
b) Antalgique : **lutte contre les douleurs.**
c) Pectoral : **lutte contre les affections des bronches** (pectoral : poitrine).
d) Anabolisant : **favorise le système musculaire.**
e) Laxatif : **favorise l'évacuation des matières fécales.**

15 **Réponses :**

a) Primo-infection : **réaction de l'organisme face à un germe (ici, BK) pour la 1re fois.**
b) Diabète insulinodépendant : **maladie métabolique due à l'absence de sécrétion d'insuline.**
c) Myosis : **rétrécissement permanent de la pupille.**
d) Dermabrasion : **atteinte de la peau par frottements.**
e) Emphysème sous-cutané : **infiltration gazeuse diffuse sous la peau.**
f) Hémodynamique : **qui concerne les conditions de la circulation du sang (pression…).**
g) ECG : **électro-cardiogramme, examen d'enregistrement graphique de l'activité électrique du cœur.**
h) Tachycardie : **accélération (*tachy*) des battements cardiaques.**
i) Scaphoïde : **os court du carpe.**
j) Hématome péri-rénal : **amas sanguin enkysté autour du rein.**
k) Ostéosynthésée : **relatif à la réparation osseuse avec du matériel.**
l) Pneumopathie bilatérale : **affection atteignant les deux poumons.**
m) Extubé : **adjectif indiquant que l'on retire un tube.**
n) Polytraumatisme : **lésions associées en différents points de l'organisme à la suite d'un accident.**

16 **Réponse :**

Éléments figurés ou constituants chimiques du sang	Nombre augmenté	Nombre diminué
Globules rouges	Polyglobulie	Érythro(cyto)pénie
Globules blancs	Hyperleucocytose	Leuco(cyto)pénie
Éosinophiles	Hyperéosinophilie	Éosino(cyto)pénie
Monocytes	Hypermonocytose	Mono(cyto)pénie
Thrombocytes	Hyperthrombocytose	Thrombo(cyto)pénie

•••

Éléments figurés ou constituants chimiques du sang	Nombre augmenté	Nombre diminué
Calcium	Hypercalcémie	Hypocalcémie
Fer	Hypersidérémie	Hyposidérémie
Potassium	Hyperkaliémie	Hypokaliémie
Sodium	Hypernatrémie	Hyponatrémie
Chlore	Hyperchlorémie	Hypochlorémi

17 **Réponse :**

« J'éprouve des hépatalgies, une orthopnée, des myalgies ; j'ai un œdème au niveau des jambes et des chevilles.
J'ai eu une syncope l'an dernier et j'ai été hospitalisé quelques jours.
Lorsque j'étais à l'hôpital, j'ai subi des examens ; le médecin a souvent m'a ausculté et m'a dit que j'avais de la tachycardie. Une infirmière a placé des électrodes au niveau des poignets, des chevilles et de la région proche du cœur afin d'obtenir un électrocardiogramme. Par ailleurs, les examens sanguins ont montré que j'avais hyperleucocytose et hypercholestérolémie. »

18 **Rédaction d'un compte rendu :**

CENTRE HOSPITALIER DE XXX
Adresse et téléphone

Service de .....
Docteur ABCD

Monsieur le Docteur DELAROUTE
3 allée des chemins
99878 BOIS-FLEURI

XXX, la date du jour

Mon Cher Confrère,
Je vous remercie de m'avoir adressé Monsieur Léon UZWE, porteur d'une maladie de Valdenstrom depuis 7 ans et présentant, depuis le mois de décembre dernier, des lésions annulaires d'évolution centrifuge et qui continuent à se multiplier malgré votre traitement antimycosique. Vous veniez de débuter un traitement par Lamisil *per os* il y a 48 heures.
Cliniquement, devant ces lésions arciformes, on évoque principalement deux diagnostics :
– une dermatophytie, en particulier à Trichophyton Rubrum. Mais normalement, avec les différents traitements prescrits, on aurait dû avoir une amélioration particulièrement nette. Il n'est pas possible de faire réaliser un prélèvement mycologique du fait de l'utilisation actuelle de Lamisil et de Mycoster. Je conseille tout de même au patient de continuer le traitement par Lamisil que vous avez prescrit et qui, dans cette hypothèse, devrait faire normalement disparaître les lésions ;

– un érythème annulaire centrifuge en deuxième hypothèse. Ce type de dermatose est beaucoup plus rare. Il peut parfois être paranéoplasique.
En tout cas, ce jour, réalisation d'une biopsie cutanée qui devrait, j'espère, bien aider le diagnostic.
Monsieur Uzwe repassera me voir dans une quinzaine de jours, afin de voir l'évolution sous Lamisil et de confronter la clinique aux résultats de la biopsie.
En vous remerciant de votre confiance, croyez, Mon Cher Confrère, en l'expression de mes sentiments dévoués.

Docteur ABCD

19 **Réponses :**

a) Axillaire : **adjectif** ; nom : **aisselle.**
b) Bassin : **nom** ; adjectif : **pelvien.**
c) Cérébelleux : **adjectif** ; nom : **cervelet.**
d) Costal : **adjectif** ; nom : **côte.**
e) Phrénique : **adjectif** ; nom : **diaphragme.**
f) Myélique : **adjectif** ; nom : **moelle.**
g) Cœur : **nom** ; adjectif : **cardiaque.**
h) Hanche : **nom** ; adjectif : **coxal.**
i) Tubaire : **adjectif** ; nom : **trompe.**
j) Omoplate : **nom** ; adjectif : **scapulaire.**
k) Vessie : **nom** ; adjectif : **vésical.**
l) Auriculaire : **adjectif** ; nom : **oreillette.**

20 **Réponse :**

Rédaction d'un courrier de sortie à l'aide d'une fiche de synthèse

N'oubliez pas « lettre de liaison » cf. HAS (voir p. 23).

Cet exercice nécessitait une bonne lecture de la consigne et une connaissance des règles de rédaction d'une lettre professionnelle. Il fallait d'abord repérer quel était le destinataire du courrier et se souvenir qu'une lettre émanant d'un service hospitalier se rédige sur un papier à en-tête. Vous aviez donc à réfléchir dans deux directions : la forme et le fond.

• **La forme**

Vous devez « créer » une page à en-tête avec mention du centre hospitalier (exemple : Centre hospitalier AAA), en vous souvenant qu'il ne faut pas inscrire l'adresse de votre lieu de travail si vous travaillez en hôpital : cela pourrait être qualifié de « signe distinctif ». N'oubliez pas le service : ici, il s'agit vraisemblablement du service de gastroentérologie.
Une lettre est toujours datée et comporte le nom de signataire : ici, le Docteur BOYAU. La formule de politesse reprend toujours la formule d'appel introductrice. La lettre était adressée au médecin traitant, vous devez donc l'indiquer comme destinataire.

• **Le fond**

Votre courrier aura sélectionné les éléments essentiels qui concernent donc le suivi du traitement de la patiente et le rappel de la prochaine cure en fonction des résultats des examens biologiques préalables prescrits à la patiente.

21 **Réponses :**

a) Cranioplagiose : ce terme peut définir une malformation crânienne.

b) Dyspareunie : ce mot désigne des douleurs chez la femme lors de rapports sexuels.

c) Rectocèle : il s'agit d'une forme de hernie (*cf.* suffixe « -cèle ») : c'est une saillie rectale dans le vagin.

d) Iatrogénie : ce mot peut être défini comme une pathologie d'origine médicale ; l'adjectif « iatrogène » est plus communément utilisé pour indiquer les effets néfastes (secondaires) provoqués par un médicament prescrit par un médecin (*cf.* préfixe « iatro- »).

e) Aboulie : ce terme indique l'absence/disparition de la volonté chez un individu.

f) Acrosyndactylie : ce mot désigne une malformation des doigts ou des orteils qui sont soudés à l'endroit des dernières phalanges (« acro » : extrémité).

22 **Réponses :**

a) Hématémèse
b) Antiémétique
c) Ictère
d) Bradypsychie
e) Blépharospasmes
f) Logorrhée

23 **Réponses :**

a) Anurie
b) Tachypnée

24 **Réponses :**

a) ECBU : Examen Cyto-Bactériologique des Urines
b) RCH : Rectocolite hémorragique

25 **Réponses :**

Dans cet exercice, vous devez répondre à une série de questions. Trouver les réponses est relativement simple puisqu'il s'agit d'effectuer une bonne lecture du texte ; il faut par ailleurs connaître les textes médicaux qui vous permettent de bien comprendre ce que vous lisez.

a) Le compte rendu indique que Mme X. est porteuse d'une insuffisance mitrale. L'interrogatoire permet de savoir qu'elle a déjà souffert de coliques hépatiques.

b) C'est une échographie, c'est-à-dire un examen d'imagerie médicale par ultrasons qui a permis de confirmer le diagnostic de lithiase vésiculaire (coliques hépatiques dues à la présence de calculs intra vésiculaires).
c) La patiente souffre de douleurs sous-costales droites.
d) L'intervention n'a pas pu s'effectuer par voie cœlioscopique car Mme X. souffre d'une valvulopathie.
e) À l'interrogatoire, on apprend qu'elle a des antécédents douloureux qui évoquaient des coliques hépatiques.
f) Un drain est un tube souple, posé à la suite d'une intervention chirurgicale, afin de permettre l'évacuation d'éventuelles sécrétions : on évite ainsi l'infection et on favorise la cicatrisation.
g) Les lettres « J + un chiffre » indiquent le nombre de jours après l'opération : J1 = le jour suivant l'intervention, J2 = deux jours après l'intervention et J16 = 16 jours plus tard.
h) Une ablation de la vésicule biliaire a été effectuée.
i) Cet adjectif indique la période qui suit l'intervention, « après l'opération ».
j) Le compte rendu précise qu'une consultation postopératoire devra avoir lieu un mois après l'intervention, la secrétaire devra donc proposer un rendez-vous postopératoire en respectant ce délai.
k) Définitions :
– **Intra-vésiculaire :** cet adjectif signifie qui se trouve à l'intérieur de la vésicule biliaire.
– **Valvulopathie** : il s'agit d'une atteinte des valvules cardiaques.
– **Cholécystectomie conventionnelle :** ceci indique une ablation de la vésicule biliaire avec ouverture de la paroi abdominale (à la différence de la voie cœlioscopique).
– **Échographie :** c'est un examen d'imagerie médicale par ultrasons.
– **Récidive :** ce terme désigne une réapparition, ici des douleurs.
– **Cœlioscopique :** cet adjectif est relatif à une technique qui permet d'intervenir à l'intérieur de l'abdomen grâce à des petites incisions par lesquelles on introduit les instruments nécessaires.
– **Micro-laparotomie sous-costale droite** : cette expression indique une petite incision située sur la face antérieure de l'abdomen, à droite.

26 **Réponse :**

À SAVOIR

Article L. 2141-10 du Code de la Santé publique : « *La loi française requiert que la mise en œuvre de l'assistance médicale à la procréation soit précédée de plusieurs entretiens particuliers du couple avec les membres de l'équipe médicale clinicobiologique pluridisciplinaire du centre.* »

L'assistance médicale à la procréation regroupe des pratiques biologiques permettant à des couples diagnostiqués « infertiles » d'avoir un enfant. Cette procréation médicalement assistée est très encadrée, notamment par les lois de bioéthique de 1994 et 2004. L'AMP est considérée comme « un acte médical ayant principalement pour objectif de suppléer l'altération de processus naturels de la reproduction humaine » dont les principales techniques sont la fécondation *in vitro* (FIV) et l'insémination artificielle. La mission essentielle de l'AMP est bien de répondre au projet d'enfant des couples infertiles grâce au recours de techniques « palliatives » permettant la procréation en dehors du processus naturel.

27 **Réponses :**

La loi Léonetti-Claeys est en fait une révision de la première loi Léonetti de 2005, elle concerne donc les personnes en fin de vie à qui elle accorde de nouveaux droits. De surcroît, la loi tend au développement des soins palliatifs : « *toute personne a droit à une fin de vie digne et apaisée. Les professionnels de santé mettent en œuvre tous les moyens à leur disposition pour que ce droit soit respecté* ».

Elle précise et renforce les principes de la loi de 2005 :
– le droit à l'apaisement de la souffrance : le médecin doit tout mettre en œuvre pour soulager le patient même si les traitements/soins peuvent avoir comme effet d'abréger la vie ;
– l'acharnement thérapeutique est illégal (refus de l'obstination déraisonnable art. L 1110-5-1CSP) ;
– le malade a le droit de refuser un traitement et sa volonté doit être simplement respectée ;
– toute personne peut exprimer à l'avance des instructions, des « directives anticipées », sur la conduite à adopter par le médecin dans le cas où elle ne pourrait plus exprimer ses souhaits. Les volontés du patient « *s'imposeront au médecin, pour toute décision d'investigation, d'actes, d'intervention ou de traitement, sauf en cas d'urgence vitale pendant le temps nécessaire à une évaluation complète de la situation* » ;
– le patient a droit à une sédation profonde et continue jusqu'au décès.

La sédation signifie l'apaisement au moyen d'une substance qui calme l'activité fonctionnelle exagérée d'un organe (d'après *Le Robert*). Ici, il s'agit de personnes malades chez lesquelles on provoque une diminution ou une perte de conscience, afin de les soulager d'une douleur jugée insupportable. Il s'agit d'une forme de soins palliatifs pour des patients atteints d'une maladie **grave et incurable** dont le **pronostic vital est engagé à court terme**, et qui souffrent de manière intolérable. Ces malades peuvent demander l'arrêt de tout traitement (y compris hydratation et alimentation) et bénéficier d'une sédation « *provoquant une altération de la conscience maintenue jusqu'au décès associée à une analgésie* ». Le droit à la sédation profonde et continue est également prévu lors de l'arrêt du traitement chez des patients hors d'état d'exprimer personnellement leur volonté (personne de confiance).

28 **Réponse :**

La commission des usagers (CDU) a remplacé la commission des relations avec les usagers et de la qualité de la prise en charge instituée par le décret du 2 mars 2005. Son fonctionnement est prévu par le décret n° 2016-726 du 1er juin 2016. Elle est composée :

– du représentant légal de l'établissement ou de la personne qu'il désigne à cet effet ;

– de deux médiateurs (un médecin et un non-médecin) et leurs suppléants, désignés par le représentant légal de l'établissement ;

– de deux représentants des usagers, et leurs suppléants, désignés par le directeur général de l'Agence régionale de santé (ARS).

Cette composition peut être élargie.

La commission des usagers veille à faire respecter les droits des usagers et à faciliter leurs démarches pour tout litige mettant en cause la politique d'accueil et de prise en charge des malades. La CDU informe les usagers sur les voies de recours et de conciliation dont elle dispose. Elle est également chargée de faire des propositions à la direction de l'établissement pour améliorer l'accueil et la prise en charge des malades et de leurs proches.

29 **Réponses :**

a) Le dossier médical du patient hospitalisé est prévu comme tel dans l'article R. 1112-2 du Code de la santé publique et faisant suite à la loi du 4 mars 2002. Un dossier médical « unique » doit être constitué pour chaque patient hospitalisé dans un établissement de santé. Cela revient à dire que le dossier médical électronique connaît la même réglementation relative au contenu du dossier papier (structuration et organisation), à sa conservation et à son traitement.

REMARQUE

La charte du patient hospitalisé de 2006 précise qu'« *il faut entendre par personne hospitalisée tout patient pris en charge par un établissement de santé que ces personnes soient admises en hospitalisation, accueillies en consultation externe ou dans le cadre des urgences* ».

b) Des formalités particulières doivent être respectées préalablement à la mise en place du dossier médical électronique. Il faut s'intéresser aux dispositions de la loi CNIL (06/01/1978) et donc formuler une demande d'autorisation préalable. En effet, le dossier médical électronique est considéré comme un fichier automatisé de données nominatives qu'un médecin crée.

Quelques articles de référence (d'autres peuvent être cités et expliqués) :

– Art. 2 de la loi CNIL de 1978 : « *…s'applique aux traitements automatisés de données à caractère personnel, ainsi qu'aux traitements non automatisés*

de données à caractère personnel contenues ou appelées à figurer dans des fichiers, à l'exception des traitements mis en œuvre pour l'exercice d'activités exclusivement personnelles… »
« …donnée à caractère personnel toute information relative à une personne physique identifiée ou qui peut être identifiée, directement ou indirectement, par référence à un numéro d'identification ou à un ou plusieurs éléments qui lui sont propres… »
« …un traitement de données à caractère personnel toute opération ou tout ensemble d'opérations portant sur de telles données, quel que soit le procédé utilisé, et notamment la collecte, l'enregistrement, l'organisation, la conservation, l'adaptation ou la modification, l'extraction, la consultation, l'utilisation, la communication par transmission, diffusion ou toute autre forme de mise à disposition, le rapprochement ou l'interconnexion, ainsi que le verrouillage, l'effacement ou la destruction… »
« …fichier de données à caractère personnel tout ensemble structuré et stable de données à caractère personnel accessibles selon des critères déterminés… »

– Art. 4 de la loi CNIL de 1978 : « *Sont réputées nominatives au sens de la loi les informations qui permettent, sous quelque forme que ce soit, directement ou indirectement, l'identification des personnes physiques auxquelles elles s'appliquent, que le traitement soit effectué par une personne physique ou morale.* »

– Art. 8 de la loi CNIL de 1978 : « *II. - Dans la mesure où la finalité du traitement l'exige pour certaines catégories de données, ne sont pas soumis à l'interdiction prévue au I :*
[…]
1° Les traitements pour lesquels la personne concernée a donné son consentement exprès, sauf dans le cas où la loi prévoit que l'interdiction visée au I ne peut être levée par le consentement de la personne concernée ;
2° Les traitements nécessaires à la sauvegarde de la vie humaine […]
6° Les traitements nécessaires aux fins de la médecine préventive, des diagnostics médicaux, de l'administration de soins ou de traitements, ou de la gestion de services de santé et mis en œuvre par un membre d'une profession de santé, ou par une autre personne à laquelle s'impose en raison de ses fonctions l'obligation de secret professionnel prévue par l'article 226-13 du Code pénal ;
7° Les traitements statistiques réalisés par l'Institut national de la statistique et des études économiques ou l'un des services statistiques ministériels dans le respect de la loi n° 51-711 du 7 juin 1951 sur l'obligation, la coordination et le secret en matière de statistiques, après avis du Conseil national de l'information statistique et dans les conditions prévues à l'article 25 de la présente loi ;
8° Les traitements nécessaires à la recherche dans le domaine de la santé selon les modalités prévues au chapitre IX… »

– Art. 25, 54, 64 de la loi CNIL de 1978.

– Art. 34 de la loi CNIL de 1978 : Précautions utiles afin de préserver la sécurité des informations et notamment d'empêcher qu'elles ne soient déformées, endommagées ou communiquées à des personnes non autorisées.

– Art L. 1110-4 du CSP : « … *Afin de garantir la confidentialité des informations médicales mentionnées aux alinéas précédents, leur conservation sur support informatique, comme leur transmission par voie électronique entre professionnels, sont soumises à des règles définies par décret en Conseil d'État pris après avis public et motivé de la Commission nationale de l'informatique et des libertés. Ce décret détermine les cas où l'utilisation de la carte de professionnel de santé mentionnée au dernier alinéa de l'article L. 161-33 du Code de la sécurité sociale ou un dispositif équivalent agréé par l'organisme chargé d'émettre la carte de professionnel de santé est obligatoire* ».

– Art. L. 1111-8 du CSP : « *l'hébergeur doit exercer son activité dans les conditions définies par la loi ; cela peut être une personne physique ou morale ; les conditions d'agrément doivent être définies par un décret en CE pris après avis de la CNIL et des conseils de l'ordre des professions de santé et paramédicales ; « Les conditions d'agrément des hébergeurs des données, quel qu'en soit le support, sont fixées par décret en Conseil d'État pris après avis de la Commission nationale de l'informatique et des libertés et des conseils de l'ordre des professions de santé. Ce décret mentionne les informations qui doivent être fournies à l'appui de la demande d'agrément, notamment les modèles de contrats prévus au deuxième alinéa et les dispositions prises pour garantir la sécurité des données traitées en application de l'article 34 de la loi n° 78-17 du 6 janvier 1978…* ».

– Article 226-19 du Code pénal qui constitue une modalité de protection et de sanction du droit fondamental.

c) Il n'existe aucune différence entre le contenu du dossier médical électronique d'un patient hospitalisé et celui du dossier médical papier de ce même patient. La loi de 2002 impose un **dossier unique** pour chaque patient, le dossier papier étant alors la règle dans quasiment tous les établissements de santé. Avec l'informatisation étendue, le dossier électronique tend à se généraliser mais il n'est que « la copie » de son homologue papier. Il doit respecter les termes de l'art. L. 1111 du Code de la santé publique quant à son contenu. La grande différence entre les deux types de dossier réside dans l'archivage : le dossier papier se trouve dans les services des dossiers médicaux des EPS (Archives) alors que le dossier médical informatisé pourra être « hébergé ». Parfois, coexistent les deux types de dossiers, le dossier papier servant plutôt de « sauvegarde », notamment lorsque l'informatisation est récente dans l'établissement.

30 **Réponse :**

Cette question vous renvoie à la Fiche 3 p. 55 à laquelle vous pouvez vous reporter ; il faut distinguer les dérogations obligatoires et celles qui sont « permises ».

31 **Réponse :**

Certaines pathologies, dites « à déclaration obligatoire », sont des maladies qui doivent être signalées soit par nécessité d'intervention très rapide pour éviter des risques épidémiques, soit pour adapter les politiques de santé publique aux besoins de la population.

En 2013, on compte 31 maladies à déclaration obligatoire : « *Par décret n° 2012-47 du 16 janvier 2012, le mésothéliome - affection de longue durée (ALD n° 30) - devient le numéro 31 de la liste officielle des maladies à déclaration obligatoire (MDO)* ».

La déclaration est effectuée par les médecins (les biologistes également) auprès de l'agence régionale de la santé.

Liste des pathologies :

– botulisme ;
– brucellose ;
– charbon ;
– chikungunya ;
– choléra ;
– dengue ;
– diphtérie ;
– fièvres hémorragiques africaines ;
– fièvre jaune ;
– fièvres typhoïde et paratyphoïde ;
– hépatite A ;
– infection aiguë symptomatique par les virus de l'hépatite B ;
– infection par le virus de l'immunodéficience humaine (VIH) ;
– infection invasive à méningocoque ;
– légionellose ;
– listériose ;
– mésothéliome ;
– orthopoxviroses dont la variole ;
– paludisme autochtone ;
– paludisme d'importation dans les départements d'outre-mer ;
– peste ;
– poliomyélite ;
– rage ;
– rougeole ;
– suspicion de maladie de Creutzfeldt-Jakob et autres encéphalopathies subaiguës spongiformes transmissibles humaines ;
– tétanos ;

– toxi-infections alimentaires collectives ;
– tuberculose ;
– tularémie ;
– typhus exanthématique ;
– saturnisme.

32 **Réponses :**
Ces deux acronymes s'inscrivent dans la pratique du système d'information hospitalière. Un résumé d'unité médicale (RUM) est établi par le médecin pour son patient dans chaque service à partir des données médico-administratives codées. Lors de la sortie du patient, un résumé de sortie standardisé (RSS) sera produit par le département d'information médicale (DIM) en tenant compte du classement chronologique des différents RUM.

33 **Réponse :**
Depuis la loi HPST de juillet 2009, les établissements de santé comprennent les établissements publics : CHU et CH et les établissements privés. Une partie de ceux-ci se dénomment établissements privés d'intérêt collectif (art. L. 6161-5 du CSP) lorsqu'ils sont sans but lucratif et respectent les missions du service public.

34 **Réponse :**
En 2006, une nouvelle charte du malade hospitalisé a constitué une actualisation de celle de 1995, elle reste aujourd'hui le texte de référence en établissement de santé. L'objectif des modifications étaient de prendre en compte l'évolution des textes législatifs : loi de 2002, lois de bioéthique et loi Léonetti notamment.
La charte du malade hospitalisé affirme les droits du malade : le droit, pour la personne, d'accéder directement aux informations de santé la concernant, de refuser les traitements ou d'en demander l'interruption, de désigner une personne de confiance, de rédiger des directives anticipées pour faire connaître ses souhaits quant à sa fin de vie, etc.
Aujourd'hui, un résumé de ce texte se trouve dans le livret d'accueil remis au patient lors de son admission.

35 **Réponse :**
Le département d'information médicale recueille (contrôle exercé par le médecin du DIM) et traite les données médicales, en contrôle la qualité. Il produit des statistiques médicales et en analyse les résultats. Les résumés de sorties anonymes relèvent du DIM et sont adressés à l'ARS. La tarification à l'activité a renforcé le rôle des départements d'information médicale puisqu'elle repose sur une connaissance précise des actes associés à chaque situation pathologique et des coûts de prise en charge des patients.

36 **Réponse :**
La loi du 21 juillet 2009 régionalise le système de santé en France et instaure les agences régionales de santé. Elles sont en charge de « la conduite des politiques de prévention, l'organisation de la permanence des soins pour la médecine de ville et l'hôpital, la répartition des professionnels de santé, le maillage de l'offre de soins, la coopération entre professionnels de santé et établissements de santé et la gestion du risque ». Concrètement, leurs compétences recouvrent :
– la promotion de la santé et la prévention ;
– la veille et la sécurité sanitaire ;
– l'organisation des soins hospitaliers et ambulatoires ;
– les pratiques soignantes et les modes de recours aux soins ;
– l'accompagnement médico-social.

37 **Réponse :**
Le contrat de pôle peut se définir comme un document définissant les objectifs d'activité, de qualité et financiers ainsi que les moyens ; il est rédigé à partir du projet de pôle et signé par le directeur avec le chef de pôle pour une durée de 4 ans.

38 **Réponse :**
La loi du 2 mars 2002 relative aux droits des malades reconnaît au patient des droits et notamment celui du consentement aux soins. Pour ce qui est des majeurs sous tutelle, le consentement doit être recherché auprès du patient s'il est en mesure, apte à exprimer sa volonté. Le recours au consentement du tuteur (représentant légal) sera envisagé uniquement si le majeur protégé se trouve incapable d'exprimer sa volonté.

POUR ALLER PLUS LOIN

Loi du 5 mars 2007 portant réforme de la protection juridique des majeurs, la personne protégée prend seule les décisions relatives à sa personne dans la mesure où son état le permet.

Loi du 22 juin 2011 promulguée le 05 juillet 2011 relative aux droits et à la protection des personnes faisant l'objet de soins psychiatriques : elle renforce les droits des patients ; « *l'information des patients sur leurs droits et voies de recours est renforcée et leurs observations sur les décisions les concernant sont recueillies.* »

39 **Réponse :**
La personne de confiance est une personne librement désignée par le malade pour prendre des décisions, pour faire connaître l'avis du malade dans le cas où celui-ci en est empêché. La personne de confiance est désignée lors d'une admission pour la durée de l'hospitalisation (*cf.* article L. 1111-6 du Code de la santé publique). Depuis la loi Santé 2016, les personnes résidant dans des établissements médico-sociaux peuvent aussi désigner une personne de confiance.

40 **Réponse :**

Une saisine est le fait de présenter une réclamation ; la médiation cherche à résoudre les problèmes à l'amiable. Un usager de l'hôpital peut exprimer son mécontentement en saisissant le directeur par écrit, celui-ci est tenu d'en accuser réception en précisant la possibilité pour le plaignant de saisir l'un des médiateurs (art. R. 1112-92 du Code de la santé publique).

41 **Réponse :**

Les établissements publics de santé comprennent les centres hospitaliers universitaires et les centres hospitaliers.

42 **Réponse :**

Les établissements de santé privés d'intérêt collectif (ESPIC) comprennent les centres de lutte contre le cancer et les établissements de santé privés gérés par des organismes sans but lucratif, déclarés à l'ARS. Ils ont obligation de permanence d'accueil et de prise en charge des malades (ou orientation vers un autre établissement) ; ils doivent également appliquer des tarifs réglementaires comme les EPS.

43 **Réponse :**

Le territoire est défini comme étant l'unité de base du découpage géographique de l'offre de soins.

POUR ALLER PLUS LOIN

Art L. 1434-14 du CSP

« *L'ARS définit les territoires de santé pertinents pour les activités de santé publique, de soins et d'équipement des établissements de santé, de prise en charge et d'accompagnement médico-social ainsi que pour l'accès aux soins de premier recours.* »

Depuis la loi de 2009, le territoire de santé couvre à la fois l'activité hospitalière et la médecine de ville (le schéma régional de l'offre de soins – SROS – indique par territoire de santé les besoins en implantations pour les soins de premier recours par exemple).

44 **Réponse :**

C'est le directeur de l'EPS qui détient le pouvoir de décision. En effet, c'est lui qui a compétence pour définir l'organisation en pôles d'activité en conformité avec le projet médical. Il signe les contrats pluriannuels d'objectifs et de moyens (CPOM) et les contrats de pôle, il arrête l'organisation interne de l'EPS conformément au projet d'établissement et après avis de la CME. C'est le directeur de l'EPS qui nomme les membres du directoire et peut mettre fin à leurs fonctions. Sur le plan financier, il arrête et soumet le compte financier au conseil de surveillance, détermine le programme d'investissement avec avis de la CME. Enfin, il nomme les chefs de pôle et, sur proposition de ceux-ci, les responsables des services.

45 **Réponse :**
La commission médicale d'établissement a vu ses compétences précisées par la loi HPST. Au regard de la qualité des soins, la CME contribue à l'élaboration de la politique d'amélioration continue de la qualité et de la sécurité des soins ainsi que des conditions d'accueil et de prise en charge des usagers.
C'est un organe consultatif qui donne des avis sur :
– le projet médical d'établissement ;
– le projet d'établissement ;
– les modifications des missions de service public attribuées à l'établissement ;
– le règlement intérieur de l'établissement ;
– les programmes d'investissement concernant les équipements médicaux ;
– la convention constitutive CHU ;
– les statuts des fondations hospitalières ;
– le plan de développement professionnel continu (professions médicales, maïeutiques, odontologiques et pharmaceutiques) ;
– les modalités de la politique d'intéressement et le bilan social.

46 **Réponse :**
Dans la réponse ci-dessous, nous reprenons les termes de la loi à propos des « missions du chef de pôle ». Vous pouvez synthétiser et limiter vos propos à l'essentiel (en gras).
Le chef de pôle met en œuvre la politique de l'EPS dans le but d'atteindre les objectifs du pôle qu'il organise avec les équipes soignantes et administratives. Le contrat de pôle précise le rôle du chef de pôle dans les domaines suivants, fixés par la loi HPST :
– gestion du tableau prévisionnel des effectifs rémunérés et répartition des moyens humains affectés entre les structures internes du pôle ;
– gestion des tableaux de service des personnels médicaux et non médicaux ;
– définition des profils de poste des personnels médicaux, pharmaceutiques et odontologiques ainsi que des personnels du pôle relevant de la fonction publique hospitalière ;
– proposition au directeur de recrutement de personnel non titulaire du pôle, affectation des personnels au sein du pôle ;
– organisation de la continuité des soins, notamment de la permanence médicale ou pharmaceutique ;
– participation à l'élaboration du plan de formation des personnels de la fonction publique hospitalière et au plan de développement professionnel continu des personnels médicaux, pharmaceutiques, maïeutiques et odontologiques ;
– intervention dans la gestion des personnels médicaux : nomination des personnels médicaux. Le chef de pôle d'activité clinique ou médico-technique propose au directeur la nomination et la mise en recherche d'affectation des praticiens hospitaliers ;

– admission de médecins, sages-femmes et odontologistes libéraux : proposition au directeur, avis du président de CME ;
– il assure la concertation interne au sein du pôle, il associe pour cela toutes les catégories de personnel.

47 **Réponse :**
Comme le libellé l'indique, le Comité consultatif national d'éthique est une instance qui fournira des avis : il est consultatif.
Il a été créé en 1983 par décret présidentiel. Il doit produire des avis et des rapports sur les questions dont il est saisi. C'est une autorité indépendante dont l'actuel président, Jean-Claude Ameisen, a été nommé par décret du président de la République le 09/11/2012.
« *Le Comité consultatif national d'éthique pour les sciences de la vie et de la santé a pour mission de donner des avis sur les problèmes éthiques et les questions de société soulevés par les progrès de la connaissance dans les domaines de la biologie, de la médecine et de la santé.* » Loi du 6 août 2004.

POUR ALLER PLUS LOIN

Qu'est-ce qu'un avis ?
La publication d'avis est une des missions fondamentales du CCNE. Elle répond le plus souvent à une saisine du CCNE par une instance extérieure (président de la République, Assemblée nationale, associations…) mais peut aussi se référer à une auto-saisine du CCNE. La réflexion éthique des avis s'applique au domaine des sciences de la vie et de la santé.
L'instruction de la saisine s'organise en plusieurs temps. La saisine est d'abord étudiée par un groupe de travail qui peut auditionner des personnalités extérieures, si nécessaire.
À l'issue de cette phase de réflexion, les membres du groupe de travail rédigent un rapport qui sera discuté par l'ensemble des membres en section technique puis en Comité plénier. Les textes discutés et rédigés deviennent des « avis » ou des recommandations. Tout membre a la possibilité de rédiger un texte complémentaire à l'avis pour faire connaître une position divergente.
Chaque avis de portée générale donne lieu à une conférence de presse visant à relayer l'information auprès du grand public (d'après le CCNE).

48 **Réponse :**
Les principales innovations de la dernière loi de bioéthique portent sur les points suivants :
– Le don croisé d'organes intervenant en cas d'incompatibilité entre proches est autorisé : deux personnes, candidates au don pour un proche mais incompatibles avec leur proche malade, s'échangent leur receveur respectif s'ils leur sont compatibles. Cette possibilité concernant essentiellement les greffes de rein permettrait d'en réaliser 100 ou 200 de plus chaque année.
– Une nouvelle définition des modalités et des critères permettant d'autoriser les techniques d'assistance médicale à la procréation et d'encadrer

leur amélioration est prévue. Les embryons surnuméraires peuvent être utilisés pour la recherche si le couple est consentant. Des recherches portant sur des cellules souches embryonnaires ont été autorisées début 2012 par l'Agence de la biomédecine.

– Par ailleurs, cette loi doit faire l'objet d'un nouvel examen d'ensemble par le Parlement dans un délai maximal de sept ans après son entrée en vigueur.

49 **Réponse :**

Avant la loi de juillet 2009, les pôles existaient déjà depuis le texte de 2005. Ils deviennent alors obligatoires comme « racines de l'établissement ». Ce sont des structures regroupant des unités fonctionnelles, de services, etc. qui ont des activités de soins, de prophylaxie, de recherche communes. Pour la santé mentale, l'organisation en pôles d'activité peut être ou non celle des secteurs. Ces pôles d'activité clinique et médico-technique sont définis en conformité avec le projet d'établissement. Ils fonctionnent comme entités de gestion et d'organisation de l'offre de soins.

50 **Réponse :**

La définition de chacun des dossiers permet de montrer leur différence majeure. Ensuite, il faut rappeler les règles d'accès à chacun d'eux.

Le dossier médical partagé (DMP) a été instauré par la loi de modernisation du système de santé de janvier 2016, il se substitue au dossier médical personnel. C'est une sorte de carnet de santé numérique que nous pouvons tous détenir, alors que le dossier du patient hospitalisé implique que la personne se soit rendue en consultation externe de l'établissement hospitalier ou y ait été hospitalisée. À l'hôpital, la loi du 04/03/2002 prévoit un dossier UNIQUE numérisé du malade. Son contenu, son archivage, sa conservation et le droit d'accès du patient à son dossier médical sont également réglementés (voir page 68 et svtes). Le DMP n'est en rien une obligation, c'est son titulaire qui en contrôle l'accès (voir page 49).

51 Dans cet exercice, vous avez une mise en situation médico-administrative classique qui requiert votre réflexion et une bonne connaissance des droits des malades mais aussi des fonctions administratives de l'assistant médico-administratif « secrétaire médical ».

a) Monsieur Vincent A. choisit de sortir contre avis médical. Cette décision doit être respectée mais implique une précaution essentielle. En effet, le CSP prévoit que « *dans les établissements publics de santé, tout malade qui désire sortir de l'établissement alors que le médecin chef de service estime que cette sortie est prématurée ne peut être autorisé à quitter l'établissement qu'à la condition de remplir une attestation établissant qu'il a eu connaissance des dangers que cette sortie représente pour lui* » (article R. 1112-62). En conséquence, il vous appartiendra de veiller à ce que cette attestation de sortie contre avis médical soit bien signée en double exemplaire (lu et approuvé + signature), dont l'un sera classé dans le dossier du patient sortant.

b) Ici, il vous faut rédiger un courrier classique pour adresser le compte rendu. Ceci signifie que vous connaissez les règles de correspondance et de rédaction d'une lettre professionnelle. Une telle correspondance se rédige sur un papier à en-tête. Vous travaillez donc la forme et le fond.

- **La forme :**

– Mention de l'établissement de santé en vous souvenant que lors d'un concours, vous ne devez pas indiquer de « signe distinctif » donc pas la réelle adresse de votre lieu de travail par exemple.
– En en-tête, notez plutôt « Centre hospitalier AAA » (par exemple) et n'oubliez pas le service (ici il s'agit de la gériatrie).
– Une lettre est toujours datée, comporte un objet, des références et le nom du signataire. Ici, vous connaissez le nom de la destinataire (en haut à droite avec l'adresse XXX/YYY) et vous inventerez le nom du médecin émetteur (docteur Z., par exemple).

ATTENTION !

Une secrétaire ne signe jamais.

- **Le fond :**

Votre courrier comportera une formule d'appel classique, à défaut de toute autre indication fournie par le médecin du service, donc ici « chère consœur ». Cette formulation sera reprise dans la formule de politesse finale. En général, dans ce type de courrier, le médecin commence par indiquer à son confrère la sortie, datée (ici contre avis médical) de son patient, puis il mentionne l'envoi du compte rendu de sortie et « se tient à disposition… ».
Dans votre réponse, vous pouvez préciser qu'un double de cette lettre sera inséré dans le dossier du patient et que le courrier partira au plus tôt, et en tout cas dans les huit jours, ainsi que le prévoient les textes.

c) Définitions
Érysipèle : terme qui désigne une pathologie cutanée, infectieuse et contagieuse, provoquée par un streptocoque.
Cataracte : il s'agit d'une pathologie oculaire due à une opacification du cristallin, ce qui entraîne une baisse de l'acuité visuelle.
Arthrose : c'est une affection rhumatismale articulaire, chronique et dégénérescente : les cartilages articulaires sont détruits progressivement.
Pollakiurie : (*pollaki* = fréquent/ *urie* = urine) ce terme indique un besoin de mictions fréquentes, une augmentation anormale des envies d'uriner.
Érythème : (érythr(o) = rouge) mot qui traduit une rougeur cutanée.
Adénopathie : il s'agit d'une augmentation anormale du volume des ganglions.
Akinésie : c'est une absence de mouvements.
Leucocytes : (*leuc(o)* = blanc / *cyt(o)* = cellulle) : il s'agit des globules blancs du sang.

Hémocultures : ce terme désigne un examen biologique qui vise à mettre en évidence d'éventuels germes pathogènes dans le sang.
ECBU : il s'agit d'un examen cytobactériologique des urines, c'est-à-dire la recherche de germes pathogènes dans les urines.
Doppler veineux : cette expression désigne un examen paraclinique. Un doppler mesure la vitesse de déplacement du flux sanguin, ici à l'intérieur des veines.
Thrombose : (*thromb(o)* = caillot) : c'est la formation d'un caillot dans un vaisseau sanguin.
Échographie : ce mot désigne une technique d'imagerie médicale à l'aide d'ultra-sons.
Hypertrophie : il s'agit d'une augmentation (hyper) de volume, ici de la prostate.
Apyrétique : cet adjectif est relatif à la température corporelle : ici on note l'absence de fièvre.
Cystoscopie : cet examen d'imagerie médicale concerne la vessie visualisée directement grâce à un endoscope (appareil à fibres optiques).

d) 1. Pour ce qui est de la demande formulée par le fils de monsieur Vincent A., il est indispensable de lui rappeler **qu'il ne peut pas accéder librement au dossier médical de son père**. Seul ce dernier peut rédiger une demande de copie (LRAR) de son dossier au directeur de l'établissement ainsi que le prévoit l'article R. 1111-2 du CSP : « *À son choix, le demandeur obtient du professionnel de santé, de l'établissement de santé ou de l'hébergeur communication des informations demandées, soit par consultation sur place, avec, le cas échéant, remise de copies de documents, soit par l'envoi de copies des documents* ». Vous précisez que cette demande n'est recevable qu'avec l'assurance de l'identité du demandeur qui devra indiquer les pièces qu'il souhaite obtenir et par quel moyen (consultation sur place et photocopies ou envoi). La demande sera traitée rapidement mais l'accès aux informations sera envisageable « au plus tard dans les huit jours suivant sa demande et au plus tôt après qu'un délai de réflexion de quarante huit heures aura été observé » ainsi que le stipule l'article 1111-7 du CSP.
Par ailleurs, dans votre réponse vous pouvez préciser que le patient ne pourra consulter et avoir des photocopies que des deux premières parties composant son dossier médical ainsi que le prévoit les articles L. 1111-7 et R. 1111-2 du CSP.

2. Le dossier médical d'un patient ne peut pas être transmis LIBREMENT à son médecin traitant. Certaines conditions doivent être réunies pour qu'un dossier médical circule librement hors établissement. Le médecin traitant d'un patient n'accède qu'à certaines informations du dossier dès lors que le patient l'y autorise, c'est-à-dire qu'il le désigne expressément comme interlocuteur de l'EPS.
Pour ce qui est de la communication du dossier à un autre praticien, ceci est possible dès lors qu'il s'agit d'un médecin de la même équipe de soins.

Ceci signifie qu'entre professionnels de santé d'un même établissement la transmission de pièces du dossier médical pourra circuler librement (sauf opposition du patient) : c'est la règle du « secret partagé » entre les professionnels de santé intervenant dans la prise en charge d'un malade.

La mise en situation

Concours interne et externe

Conseils méthodologiques

⚠ Attention !

Certains sujets corrigés ont été donnés en 2016/2017, ce qui nécessitera parfois de votre part de les reconsidérer légèrement en tenant compte de l'évolution des textes législatifs ou réglementaires.

Remarque

Par une lecture attentive des épreuves du concours d'assistant médico-administratif « secrétaire médical », vous vous apercevez que la grande différence entre les épreuves du concours externe et celles du concours interne réside dans les modalités.
Nous entendons par là que pour les deux types de concours les candidats doivent tous répondre à une série de questions et traiter d'une mise en situation.
Les candidats en externe le font uniquement à l'oral, les candidats en interne ont trois heures pour présenter un travail plus conséquent. Toutefois, la méthode reste la même dans la préparation et dans l'organisation des réponses.
À l'externe, les sujets proposés ont parfois un libellé très court, succinct. Cela ne signifie pas que la réponse doit être aussi peu détaillée ! N'oubliez jamais de réfléchir à la « problématique ».

- Pour l'épreuve de cas pratique, mise en situation, le texte est plus concis pour les candidats externes, plus documenté pour l'épreuve écrite des candidats internes. Quelle qu'elle soit, cette situation réclamera toute votre attention, dès sa lecture. Habituez-vous à **lire attentivement** afin d'éviter de partir vers des propositions à la limite du sujet. Cela fait partie de ce que nous nommerons « lecture de consigne », ici de situation : votre regard, votre esprit devront repérer les termes, les données essentiels, faire éventuellement le tri entre le prioritaire et l'aléatoire afin de bien **analyser** ce qui vous est proposé pour ensuite **construire, structurer votre réponse**.
- Pour l'oral du concours externe utilisez votre temps de préparation pour noter ce qui vous paraît indispensable d'évoquer eu égard à la situation exposée. Procédez avec méthode en vous demandant quelle est la **problématique** qui se dégage du cas proposé, ce que celui-ci induit dans votre pratique professionnelle et comment il s'inscrit dans l'organisation sanitaire.
- À l'écrit, comme à l'oral, il s'agit de présenter vos propositions en défilant une sorte de fil d'Ariane pour guider les lecteurs-correcteurs ou les membres du jury dans la démonstration, dans la réalisation que vous exposez. Pour l'**épreuve écrite** du concours interne, un **dossier documentaire** accompagne la situation proposée. Celui-ci apporte des informations, des éléments complémentaires parfois, qui vous permettent de préciser vos réponses. Mais attention, il peut aussi comporter de simples illustrations du thème abordé à titre d'exemples, voire un texte très généraliste qui ne présente pas d'intérêt majeur pour vos réponses. C'est pourquoi vous devez, avant tout écrit, lire attentivement l'ensemble du dossier et en rédiger rapidement une courte synthèse au brouillon. Grâce à une perception d'ensemble du sujet, vous serez à même d'étayer précisément vos réponses.

Sujet 1

Durée : 3 heures
Coefficient : 3

Épreuve écrite d'admissibilité - Groupe hospitalier Paul Guiraud Villejuif - 2019

Vous travaillez au sein d'un pool de secrétariat d'un établissement public hospitalier. À l'aide de **paragraphes rédigés et argumentés**, vous répondrez aux questions suivantes.

NB : les annexes ne sont qu'une aide ! Ils ne doivent pas être recopiés.

1 Mme Lynda DUPONT, 53 ans, hospitalisée en dermatologie, a quitté le service ; son séjour a été « codé » avec les éléments suivants :

FOS.8 : autre forme de delirium
B00.0 : eczéma herpétique

Qu'est-ce que ce codage ? À quoi sert-il ? Quand a-t-il été rendu obligatoire ?

Comment entrez-vous ces données dans le dossier de la patiente ?

(3 points)

2 **Qu'est-ce qu'un GHM (acronyme et définition) ? Qu'est-ce qu'un GHS (acronyme et définition) ?**

(2 points)

3 Le médecin a dicté un compte rendu d'hospitalisation à destination du médecin traitant de Mme Dupont. Un délai réglementaire d'envoi des comptes rendus d'hospitalisation au médecin traitant fait partie des indicateurs obligatoires soumis à diffusion publique, appelé indicateur IPAQSS.

– Que signifient ces lettres ?
– Quelle autorité impose le recueil et la diffusion de ces indicateurs ?
– Quelle est la règle temporelle à respecter ?

(2 points)

4 Vous êtes au secrétariat de gérontologie, une personne a réclamé téléphoniquement le dossier médical de son oncle décédé il y a quelques mois et a communiqué son adresse électronique pour obtenir réponse. Le médecin-chef du pôle vous demande de rédiger un courriel précis de réponse à sa demande.

(2 points)

5 Vous trouvez le rapport ci-dessous dans la corbeille du courrier reçu. Vous **définirez clairement** les termes soulignés et accompagnés d'un *.

(9 points)

NB : 2 points sont réservés à l'orthographe.

Centre Hospitalier de E…
Pôle de pneumo-cardiologie
FG/CS

RAPPORT DE SORTIE

Concernant :
Madame **X… Denise**
née le 14 juillet 1929 domiciliée à R…
hospitalisée du 3 mars 2016 au 17 mars 2016 dans notre service

Madame et cher Confrère,

Voici des nouvelles de votre patiente **Madame X… Denise**, âgée de 86 ans, hospitalisée dans notre service pour décompensation cardiaque dans un contexte de modification thérapeutique et de surinfection bronchique.

Facteurs de risque cardio-vasculaires :
- HTA

Antécédents :

Antécédents cardio-vasculaires :
- Insuffisance cardiaque avec dyskinésie septale* et FEVG à 35 %.

Autres antécédents médicaux :
- Insuffisance rénale chronique modérée.
- DMLA*.

Antécédents chirurgicaux :
- Cholécystectomie*.
- PTH gauche.
- Canal carpien droit.

Antécédents allergiques : fruits de mer.

Traitement à l'admission : ENTRESTO 24/26 2 par jour ; BURINEX 5 mg 1 par jour ; DIFFU K 600 mg 1 par jour ; SEROPLEX 20 mg 1 par jour ; TEMESTA 1 mg 2 par jour et PROCORALAN 7. Smg 1-0-1.

Mode de vie : Madame X. vit à domicile avec son mari, une fille à proximité et un fils aux USA. Passage d'une AVS pour aide à la toilette 4 fois par semaine. La patiente se déplace en rolator et fauteuil roulant.

Électrocardiogramme RSR. Bloc de branche gauche. BAV 1. Absence de trouble de la repolarisation.

Scanner cérébral réalisé le 06.03.16 : structures médianes en place et système ventriculaire de taille normale. Pas de témoignage hémorragique intra- ou péri-cérébral. Pas de séquelle ischémique* dans les territoires vasculaires. Leucoariose à l'étage sus-tentoriel. Pas de processus occupant d'allure expansif.

EEG réalisé le 10.03.16 : nettement perturbé avec une activité lente antérieure prédominant du côté droit prenant un aspect d'ondes triphasiques. Processus lésionnel à ce niveau ? Encéphalopathie métabolique (mais cette hypothèse est assez peu probable vu le caractère nettement asymétrique des anomalies électroencéphalographiques) ?

EEG réalisé le 11.03.16 : nettement amélioré par rapport au précédent. Il persiste tout au plus une très discrète latéralisation droite des graphe-éléments les plus lents.

Holter ECG : fréquence cardiaque moyenne à 67/min. Absence d'anomalie significative. Pas de trouble du rythme paroxystique.

Avis neurologique réalisé le 14.03.16 : cette patiente est hospitalisée dans votre service pour une décompensation cardiaque avec dyspnée* d'aggravation progressive dans les jours qui ont précédé l'hospitalisation, d'une insuffisance cardiaque sévère avec surinfection pulmonaire. Vous mentionnez dans ses antécédents une DMLA, une hypertension artérielle, une insuffisance respiratoire chronique. Elle bénéficie d'aides à domicile avec le passage d'une aide-soignante 4x/semaine pour la toilette. Elle se déplace en chaise roulante ou en rolator. La patiente avait déjà été hospitalisée il y a un an pour bilan d'une décompensation cardiaque. Alors que ce problème s'améliorait, la patiente a développé un état confusionnel d'abord intermittent. L'examen neurologique pratiqué ce jour me paraît plutôt rassurant. Je ne relève pas de déficit moteur ou sensitif évident. Il n'y a pas de signe d'irritation pyramidale. L'examen des paires crâniennes est normal. On note donc une normalisation de l'examen neurologique avec notamment une orientation temporo-spatiale tout à fait satisfaisante. Ces éléments sont tout à fait cohérents avec l'évolution de l'électro-encéphalogramme. Cause iatrogène* à cet épisode confusionnel ? À surveiller.

ÉVOLUTION :

– Sur le plan cardiologique, décompensation cardiaque à prédominance gauche, dans un contexte de bronchite aigue et de modifications thérapeutiques récentes. L'évolution clinique est rapidement favorable après majoration du traitement diurétique et la patiente a rapidement pu être sevrée en oxygène. La CEFPODOXIME introduite avant l'hospitalisation n'a pas été reconduite compte-tenu de l'absence d'arguments formels en faveur d'une surinfection bronchique.

– Par ailleurs, survenue dans la nuit du 08.03.16 d'un épisode paroxystique de tachycardie supra-ventriculaire à 190/min ayant conduit à l'introduction d'un traitement par CORDARONE et bêtabloquant, le PROCORALAN a quant à lui été arrêté. Le Holter* tensionnel (seulement 6h d'enregistrement) n'a pas mis en évidence d'anomalie significative. Un traitement anti coagulant par ELIQUIS a été également introduit.
– Sur le plan neuropsychologique, la patiente a présenté, 72h après son admission, un syndrome confusionnel sévère avec importante agitation et hétéro-agressivité. Le scanner cérébral réalisé ne retrouvait pas d'argument en faveur d'un accident vasculaire ou d'un processus expansif. Même s'il est difficile de l'affirmer formellement, il semble que ce syndrome confusionnel soit au moins en partie imputable à une origine iatrogène, liée à l'introduction récente d'ENTRESTO. Avec l'accord du Docteur AB (son cardiologue traitant), le médicament a été arrêté et remplacé par du RAMIPRIL.
– Sur le plan biologique, insuffisance rénale aigue sur insuffisance rénale chronique, d'allure fonctionnelle, d'origine iatrogène probable, d'évolution favorable après diminution du traitement diurétique.
Par ailleurs, carence martiale* avec ferritine effondrée, sans carence vitaminique associée, nécessitant une supplémentation.

Madame X… quitte notre service le 17 mars 2016 pour rejoindre son domicile.

Traitement de sortie :

BURINEX 5 mg	1-0-0
DIFFU K 600 mg	1-0-0
BISOCE 1.25 mg	1-0-0
CORDARONE 200 mg	1-0-0
ELIQUIS 2.5 mg	1-0-1
PERINDOPRIL 4 mg	1-0-0
SEROPLEX 20 mg	1-0-0
TEMESTA 1 mg	0-1-16h-21h
TARDYFERON 80 mg	1-0-0

EN CONCLUSION :
Décompensation cardiaque sur cardiopathie post-hypertensive avec FEVG* à 35 % dans un contexte de bronchite et de modification thérapeutique.
Syndrome confusionnel sévère probablement en partie d'origine iatrogène liée à l'introduction récente d'ENTRESTO.
Tachycardie supra-ventriculaire paroxystique ayant conduit à l'introduction de CORDARONE, bêtabloquant et anticoagulation par ELIQUIS.

Insuffisance rénale aigue fonctionnelle d'origine iatrogène. Carence martiale.

Nous vous prions d'agréer, Madame et cher Confrère, nos salutations les meilleures.

Dr 1	Dr 2	Dr 3
Médecin – Chef de service	Praticien Contractuel	Praticien Hospitalier

Annexe 1

PROGRAMME DE MÉDICALISATION DES SYSTÈMES D'INFORMATION EN MÉDECINE, CHIRURGIE, OBSTÉTRIQUE ET ODONTOLOGIE (PMSI MCO)

Depuis la loi du 31 juillet 1991 portant réforme hospitalière, les établissements de santé publics et privés doivent procéder à l'analyse de leur activité médicale et transmettre aux services de l'État et à l'Assurance maladie « les informations relatives à leurs moyens de fonctionnement et à leur activité » : articles L. 6113-7 et L. 6113-8 du Code de la santé publique. À cette fin ils doivent « mettre en œuvre des systèmes d'information qui tiennent compte notamment des pathologies et des modes de prise en charge » : c'est la définition même du programme de médicalisation des systèmes d'information (PMSI).

Pour les séjours hospitaliers en soins de courte durée – médecine, chirurgie, obstétrique et odontologie (MCO) – cette analyse est fondée sur le recueil systématique d'un petit nombre d'informations administratives et médicales, qui constituent le résumé de sortie standardisé (RSS).

Les informations recueillies font l'objet d'un traitement automatique aboutissant au classement des RSS en un nombre volontairement limité de groupes cohérents du point de vue médical et des coûts : les groupes homogènes de malades.
Les informations ainsi produites sont utilisées principalement à deux fins :
– pour le financement des établissements de santé (tarification à l'activité) ;
– et pour l'organisation de l'offre de soins (planification).

Production du résumé de sortie standardisé
Tout séjour hospitalier dans la partie MCO d'un établissement de santé public ou privé doit donner lieu à la production d'un résumé de sortie standardisé (RSS), constitué d'un ou plusieurs résumés d'unité médicale (RUM).

Si le malade n'a fréquenté pendant son séjour qu'une seule unité médicale – séjour dit mono-unité – le RSS équivaut strictement au RUM produit au titre de ce séjour. Le RSS ne comporte alors qu'un enregistrement (c'est un RSS « monoRUM »).

Si le malade a fréquenté plusieurs unités médicales – le séjour est dit multiunité – le RSS correspond à l'ensemble des RUM produits par chacune des unités fréquentées au cours de l'hospitalisation, ordonnés chronologiquement. Le RSS est alors constitué d'un ensemble de RUM (c'est un RSS « multiRUM ») qui sont tous identifiés par le même numéro dit numéro de RSS.

Contenu du résumé d'unité médicale
Le RUM contient un nombre limité de rubriques. Les informations à fournir sont d'ordre administratif et médical. Elles sont répertoriées dans un arrêté du 22 février 2008 modifié. Leur définition et les consignes pour leur recueil sont données dans le chapitre I du Guide méthodologique de production des informations relatives à l'activité médicale et à sa facturation en médecine, chirurgie, obstétrique et odontologie…

Informations dites administratives
• Identifiants correspondant à l'ensemble du séjour dans les unités de médecine, chirurgie, obstétrique ou odontologie de l'établissement : numéro administratif local de séjour et numéro de RSS

• Numéro de l'établissement dans le fichier national des établissements sanitaires et sociaux (FINESS)
• Date de naissance
• Sexe
• Code postal de résidence
• Numéro de l'unité médicale d'hospitalisation
• Dates et modes d'entrée et de sortie, provenance et destination
• Nombre de séances

Informations médicales
• Diagnostics : diagnostic principal, diagnostic relié, diagnostics associés
• Actes médicaux
• Types de dosimétrie et de machine en radiothérapie
• Poids à l'entrée dans l'unité médicale pour le nouveau-né
• Âge gestationnel de la mère et du nouveau-né, date des dernières règles de la mère
• Indice de gravité simplifié (IGS II)
• Données à visée documentaire

Pour que les informations contenues dans le RUM puissent bénéficier d'un traitement automatisé, elles sont codées selon des nomenclatures imposées.

—

Le **Programme de médicalisation des systèmes d'information** est un dispositif faisant partie de la réforme du système de santé français ayant pour but la réduction des inégalités de ressources entre les établissements de santé (ordonnance du 24/04/1996). Afin de mesurer l'activité et les ressources des établissements, il est nécessaire de disposer d'informations quantifiées et standardisées, le PMSI. (Extrait de Wikipédia)

Historique et déroulement
L'histoire du PMSI débute en France en 1982 par le « projet de médicalisation des systèmes d'information ». Son objectif étant de définir l'activité des établissements et de calculer l'allocation budgétaire qui en découlait. En 1996, dans le cadre du plan sur la sécurité sociale d'Alain Juppé, une ordonnance renforce le projet PMSI.

Le modèle du PMSI a été importé de Boston, auprès du professeur Robert Fetter (Université Yale, États-Unis) et les modèles des DRG (de l'anglais : Diagnosis Related Groups) : il s'agissait d'une construction empirique des coûts d'hospitalisation en fonction de plusieurs millions de séjours hospitaliers. Les données collectées ont fait l'objet d'un classement en un nombre volontairement limité de groupes de séjours présentant une similitude médicale et un coût voisin.

Au départ, en France, il n'a été utilisé que pour des objectifs descriptifs (épidémiologie, connaissance de l'activité des établissements de santé), et non financiers. Durant une dizaine d'années en France, le PMSI va s'étendre progressivement avec des expérimentations, tant dans le secteur public que dans le privé. Ces expérimentations ayant pour but l'étude de la faisabilité d'une tarification sur la base du PMSI.

Depuis la loi du 31 juillet 1991, les établissements de santé, publics et privés, doivent procéder à l'évaluation et à l'analyse de leur activité.

L'arrêté du 20 septembre 1994 et la circulaire du 10 mai 1995 fixent l'obligation faite aux établissements hospitaliers sous compétence tarifaire de l'État (établissements publics, assimilés et privés à but non lucratifs) de transmettre leurs données sous la forme de résumés de sortie anonymes (R.S.A.) aux DRASS. Cette obligation est étendue en 1997 aux établissements de santé privés à but lucratif qui doivent transmettre cette information aux CNAMTS.

Pour les séjours hospitaliers MCO (médecine-chirurgie-obstétrique), cette analyse est fondée sur le recueil systématique et le traitement automatisé d'une information médico-administrative minimale et standardisée, contenue dans le Résumé de Sortie Standardisé (RSS).

Depuis 2005, le PMSI est utilisé pour la mise en œuvre de la tarification à l'activité (T2A), nouveau système de rémunération des hôpitaux, basé sur leur activité.

La valorisation de cette activité dans le cadre du PMSI permet de rémunérer cette activité en conséquence.

Pour ce qui concerne le secteur SSR (soins de suite et de réadaptation, ancien « moyen séjour »), le PMSI est obligatoire pour tous les établissements depuis 2003. Le recueil est différent, plus axé sur la notion de mode de prise en charge (convalescence, rééducation, etc.) et sur le degré de dépendance du patient. Par contre, la T2A n'est pas encore appliquée à ce secteur.

Un recueil d'information en psychiatrie, le RIM P (recueil d'information médicalisée en psychiatrie, se substituant à un ancien projet de PMSI psychiatrie), complète le dispositif.

Création de l'Agence technique de l'information sur l'hospitalisation (ATIH)
En 2000, l'ATIH, établissement public de l'État à caractère administratif placé sous la tutelle des ministres chargés de la santé, des affaires sociales et de la sécurité sociale, est créée pour collecter des données du PMSI, gérer les classifications médico-économiques, les études de coûts, la restitution des informations, et participer à l'élaboration des nomenclatures de santé.

L'ATIH est née de la fusion de trois structures :
– le pôle d'expertise et de référence nationale des nomenclatures de santé (Pernns), chargé de la maintenance des nomenclatures de santé et de la réalisation de la classification médico-économique en MCO ;
– le centre de traitement des informations du PMSI (CTIP), chargé du traitement des données nationales du PMSI et de la diffusion des logiciels de recueil et de production des données ;
– la mission PMSI du ministère chargée de la santé.

Principes du PMSI MCO (Médecine Chirurgie Obstétrique)

Le recueil (RUM RSS)
• Pour chaque séjour d'un patient hospitalisé il est réalisé un résumé de sortie standardisé (RSS). Ce RSS est réalisé le plus tôt possible après la sortie du patient.

• Il contient obligatoirement un diagnostic principal, qui est le problème de santé qui a motivé l'admission du patient dans l'unité médicale (UM), déterminé à la sortie de l'UM. Depuis la Version 11 mise en place en 2009, ce n'est plus forcément le diagnostic qui a motivé l'effort de ressources. Une infection nosocomiale aussi importante soit-elle ne peut donc plus être codée en DP.

• Le RSS peut aussi contenir un « diagnostic relié » (au motif du séjour), et des « diagnostics associés » (« significatifs » s'ils ont consommé des ressources, « documentaires » dans le cas contraire).

Le diagnostic relié ne peut exister que si le diagnostic principal est un diagnostic du chapitre 21 de la CIM (codes en Z qui regroupent les motifs de prise en charge du type « séance de chimiothérapie ») et s'il s'agit d'une maladie chronique ou de longue durée. Son rôle est d'améliorer la précision documentaire du codage en indiquant la pathologie à l'origine du motif de prise en charge que représente le code « Z ».

• Les diagnostics sont codés d'après la CIM-10 (Classification internationale des maladies et recours aux services de santé n° 10) édité par l'OMS et faisant l'objet d'extensions régulières par le ministère de la santé français.

• Il peut aussi contenir des actes techniques codés d'après la CCAM (Classification commune des actes médicaux).

• Si le séjour dans l'établissement a fait l'objet de mutations dans plusieurs unités de soins (différentes spécialités, unité de soins intensifs, etc.), chaque unité fournit à la sortie du patient un « RUM » (résumé d'unité médicale). Le RUM contient des données concernant le séjour du patient dans une UM donnée : date de naissance du patient, sexe, code postal, date d'entrée dans l'UM, date de sortie… et ses données médicales comme le score IGS2, le diagnostic principal, les diagnostics associés (1 à 99), les actes (1 à 99)… La synthèse des RUM successifs permettra de faire le RSS (résumé standardisé de sortie) pour l'ensemble du séjour, selon un algorithme précis.

• Les RSS sont anonymisés et deviennent alors des « RSA » (résumés de sortie anonymes) pour transmission à l'agence régionale de la santé (ARS).
L'anonymisation s'effectue par un algorithme de hachage, qui a été validé en 2001 par la CNIL : il s'agit de transformer les chiffres permettant l'identification du patient en une chaîne de caractères, chiffres et lettres, par une fonction de calcul complexe et irréversible. Pour citer l'expertise de la CNIL de l'époque, cette fonction rendait quasiment impossible un calcul inverse, c'est-à-dire retrouver les données identifiantes du patient. Cette fonction de hachage a pour intérêt à la fois d'assurer l'anonymat du patient, mais également d'effectuer un réel suivi épidémiologique puisque, pour un patient donné, on obtient le même numéro anonyme.

Le groupage GHM

• Toutes ces données codées sont saisies dans un logiciel puis exportées vers un logiciel adéquat appelé « groupeur ». Il permet notamment de fabriquer le RSS à partir des RUM d'après un algorithme complexe. Les versions de groupage évoluent régulièrement. Le groupeur classe chaque séjour d'après les différentes données administratives et médicales codées dans un GHM unique.

• La classification GHM, régulièrement actualisée, est une classification médico-économique, c'est-à-dire qu'elle tient compte de données économiques pour l'homogénéité des groupes, en plus des données médicales.

• Certains GHM sont très homogènes et ont un écart type de coût très faible (par exemple « Intervention sur le cristallin en ambulatoire»). D'autres à l'inverse sont plutôt « fourre tout » (par exemple « Symptômes et autres recours aux soins des affections du système nerveux »).

• Selon l'âge ou la présence de certaines comorbidités, ou d'autres critères de cet algorithme, un patient sera classé dans un GHM différent ; dans la majorité des cas, 4 niveaux de sévérité sont définis par racine de GHM hors ambulatoire.

• Le nombre des GHM racine est variable au fil de l'évolution de la classification, mais tourne autour des 600.

• À chaque GHM racine correspond un ou plusieurs GHS, assortis de tarifs mis à jour chaque année. Il existe ainsi un paiement au forfait pour chaque GHS, qui est le prix réglé à l'établissement pour ce séjour.

• Un GHS peut avoir une borne basse, c'est-à-dire un nombre de jours minimum où le patient doit rester hospitalisé s'il appartient à ce GHS : s'il reste moins longtemps, le forfait payé à l'hôpital est abattu d'une certaine valeur fournie dans la grille tarifaire. Le GHS a également une borne haute : c'est la durée maximale au-delà de laquelle il est considéré que l'on sort du séjour « normal » pour ce type de patient. Si le séjour se prolonge au-delà de cette borne haute, il existe une valorisation par jour supplémentaire. Un établissement a de toute façon davantage intérêt à diminuer la longueur des séjours, car il est rémunéré de la même manière selon que le patient reste 5 ou 10 jours, pour la plupart des GHS. On surveille ainsi la DMS : la Durée Moyenne de Séjour, qui est un indicateur de la perte potentielle financière si des séjours se prolongent de façon notable.

• La base des GHM est transmise régulièrement aux services déconcentrés de l'État (ARS) via une plateforme nationale gérée par l'Agence technique de l'information sur l'hospitalisation. L'information est ensuite transmise à l'Assurance maladie pour paiement. Elle est initialement anonymisée sous la responsabilité du médecin responsable de l'information médicale (DIM). Le principe de cette anonymisation des données agrégées s'applique à toutes les variantes du PMSI.

Annexe 2

DOCUMENTS RELATIFS À LA PROCÉDURE DE COMMUNICATION DU DOSSIER MÉDICAL

<table>
<tr><td rowspan="5">CHU</td><td>PÔLE PARCOURS PATIENT

Direction des Relations avec les Usagers</td><td colspan="2"></td><td>Page 1 sur 4</td></tr>
<tr><td rowspan="4">PROCÉDURE DE COMMUNICATION DU DOSSIER MÉDICAL</td><td colspan="3">MAN/DAJ/PROC/SEPTEMENBRE/2015</td></tr>
<tr><td>Création</td><td>MàJ</td><td>Vérification</td></tr>
<tr><td>11.01.2005</td><td>2005/2008/2014/2015</td><td>Septembre 2015</td></tr>
<tr><td>Approbation</td><td>Diffusion</td><td>Application</td></tr>
<tr><td rowspan="2">Communication</td><td rowspan="2">Élaboration :</td><td></td><td>2015</td><td></td></tr>
<tr><td></td><td></td><td></td></tr>
</table>

Je soussigné(e), NOM ....
Prénom ....
Nom de jeune fille ....
Né(e) le ....
à ....
Domicilé(e) à ....
....
Mail : ....

1. DEMANDE COMMUNICATION DE LA COPIE DE MON PROPRE DOSSIER MÉDICAL

Je joins le justificatif d'identité suivant :

- Copie de ma carte d'identité .... ❑
- Copie de mon permis de conduire .... ❑
- Copie de mon livret de famille .... ❑
- Autre, à préciser .... ❑

2. DEMANDE COMMUNICATION DU DOSSIER MÉDICAL

NOM : ....
Prénom : ....
Nom de jeune fille : ....
Né(e) le ....
à ....

J'ai la qualité suivante :

■ Titulaire de l'autorité parentale .... ❑ Père ❑ Mère
 – fournir une copie du livret de famille
 – en cas de divorce, fournir l'ordonnance du juge aux affaires familiales

■ Délégataire de l'autorité parentale .... ❑
 – fournir la décision du juge aux affaires familiales

- Tuteur .... ❑
  - fournir l'ordonnance du juge des tutelles
- Mandataire .... ❑
  - fournir un mandat exprès écrit du patient en précisant la raison
  - fournir les justificatifs d'identité suivants :
    - copie de la carte d'identité recto-verso du patient
    - copie de la carte d'identité recto-verso du mandataire
- **Ayant droit**

La notion d'ayant droit emploie englobe tous les successeurs légaux de la personne décédée (arrêté du 3 janvier 2007, JO du 16 janvier 2007).

❑ Conjoint ❑ Frère-Sœur ❑ Père-Mère

❑ Enfant ❑ Autre parent ❑ Autre

- fournir le justificatif de cette qualité (livret de famille, acte notarié, attestation notariale, certificat d'hérédité, contrat particulier)
- motif de la demande pour les ayants droit, en application de l'article L. 1110-4 du Code de la santé publique :

- *Connaître les causes de la mort* .... ❑
- *Défendre la mémoire du défunt* .... ❑
- *Droits à faire valoir :*
  - *droit à pension* .... ❑
  - *droit à assurance* .... ❑
  - *réparation d'un préjudice* .... ❑
  - *autre, à préciser* .... ❑
- *J'explicite ma demande comme suit* .... ❑

....

....

3. VOICI LES RÉFÉRENCES DU/DES SÉJOURS ET DES SERVICES SUR LESQUELS PORTENT LES PIÈCES DEMANDÉES

- **Je souhaite avoir les pièces de mon dossier médical correspondant aux séjours suivants :**
  - établissement(s) : ❑ A. ❑ B. ❑ C. ❑ D. ❑ E.
  - service(s) ....

....

  - période(s) d'hospitalisation (préciser la ou le périodes) ....
- **Je souhaite avoir la totalité de la copie de mon dossier médical détenu par le CHU de** .... ❑

4. VOICI LA NATURE DES PIÈCES DEMANDÉES

■ les comptes rendus .... ❑

■ les pièces jugées les plus signicatives par les médecins du service
(comptes rendus, clichés de radiologie) .... ❑

■ autres, à préciser .... ❑

5. MODALITÉS SOUHAITÉES POUR LA COMMUNICATION DES INFORMATIONS MÉDICALES

5.1 Je demande à venir consulter sur place le dossier médical :

■ je serai seul ❑ accompagné d'une tierce personne ❑ ou d'un médecin ❑

■ je prends acte du fait que je bénéficierai de l'accompagnement d'un médecin de l'établissement pour prendre connaissance des informations médicales, que je pourrai me faire remettre copie des documents médicaux que je mentionnerai

5.2 Afin de fixer un rendez-vous pour la consultation du dossier médical, je souhaite être contacté à l'adresse suivante :

....

....

Téléphone : ....

Email : ....

5.3 Je demande que la copie du dossier médical soit adressée à :

■ moi-même, à l'adresse suivante ....

....

....

■ un médecin, à l'adresse suivante .... ❑

....

....

5.4 Je viendrai retirer moi-même le dossier .... ❑

6. ATTESTATION

Je soussigné(e), M., Mme, Mlle ....

■ certifie sur l'honneur l'exactitude des renseignements ci-dessus

■ et accepte de prendre en charge les frais de reproduction et le vas échéant, l'envoi postal en recommandé (ou Chronopost ou Colissimo) des documents médicaux que je pourrai demander.

Éléments de correction (non exhaustifs)

REMARQUE

Vous trouverez en gras les données essentielles qui devaient être mentionnées. Attention, tout sigle/acronyme doit être détaillé avant emploi.

1 Les deux indications chiffrées relèvent du **codage obligatoire des actes médicaux par le médecin** grâce à une nomenclature (CIM-10). Ici, la patiente hospitalisée en dermatologie souffre d'un eczéma herpétique en tant que **diagnostic principal** ; l'autre code décrit un **diagnostic associé.**
Le codage date de 1982 dans le cadre du Programme de médicalisation des systèmes d'information (PMSI) mais c'est à partir de l'instauration de la **tarification à l'activité/T2A**, en **2004** (loi de financement de la Sécurité sociale), que ce codage est devenu en 2005 un **outil de financement** des EPS sur la base de leur activité MCOO. À ce titre, il permet de renseigner les **Résumés d'Unité Médicale** (RUM) **qui eux-mêmes permettront l'élaboration des Résumés de Sortie Standardisés** (RSS).

2 Les **Groupes Homogènes de Malades** concernent les hospitalisations en MCOO, ils s'inscrivent dans le PMSI et procèdent de **l'évaluation des activités** de soins ; ils permettent une **classification du séjour** de chaque patient grâce à leurs données codées. C'est une sorte d'indicateur de « produit ».
Les **Groupes Homogènes de Séjour** représentent l'équivalent financier des GHM ; ils sont définis par la **Caisse Nationale d'Assurance maladie.** Le GHS est identifié par un code numérique, classification qui couvre l'ensemble des **activités de soins donnés aux patients.**

3 **Indicateurs Pour l'Amélioration de la Qualité et de la Sécurité des Soins.** Ces indicateurs permettent l'évaluation de la prise en charge des patients et le suivi des dossiers. C'est la **Haute Autorité de Santé** (HAS) qui organise un recueil annuel de ces IPAQSS effectué obligatoirement par tous les établissements de santé.
La « **lettre de liaison** » se substitue à la lettre de sortie et au compte rendu d'hospitalisation depuis la **Loi de Modernisation du Système de Santé (LMSS) de janvier 2016** ; le décret du 20 juillet 2016 précise qu'elle est rédigée par le **praticien hospitalier qui a pris en charge le patient pendant son hospitalisation** ; elle doit être **remise au patient lors de sa sortie / adressée par messagerie sécurisée au médecin à l'origine de l'hospitalisation (délai 24h).**
(Autres réf. possibles : CSP R. 1112-2, R. 1112-60 et R. 1112-60.)

4 Dans cette réponse, vous devrez :

Rappeler les conditions d'obtention du dossier médical d'un patient décédé pour les ayants droit : articles L. 1111-7, L1110-4 et R1111-7 du Code de la santé publique, modifiés par la **loi du 26 janvier 2016** de modernisation de notre système de santé :

– sont ayants droit « **les successeurs légaux du défunt** conformément au Code civil, les concubins et partenaires de PACS » depuis la loi Santé 2016. **Ici il s'agit du neveu, est-il héritier ?** documents à fournir à titre de preuve ;

– l'établissement de santé doit vérifier la **recevabilité des motifs** invoqués par l'ayant droit (ou le mandataire) et ne communiquer que les éléments nécessaires à la réalisation de l'objectif poursuivi ;

– l'article L. 1110-4 du Code de la santé publique précise que les **objectifs des ayants droit** se limitent à : connaître les causes de la mort, faire valoir un droit, défendre la mémoire du défunt.

Indiquer les règles de forme concernant la demande de dossier : **lettre** accompagnée de la pièce d'identité **et** adressée **au directeur** de l'établissement. Préciser **les délais** d'obtention éventuelle du dossier.

Attention !

Une secrétaire n'a pas le droit de signer (responsabilité) et ne doit pas être signataire.

5 **Remarque**

Une phrase est toujours mieux appréciée qu'un « groupe de mots » pour définir un terme.

Dyskinésie septale : il s'agit d'un **mouvement/activité musculaire anormal** à l'endroit du septum.

DMLA : dégénérescence maculaire liée à l'âge.

Cholécystectomie : ablation de la vésicule biliaire / acte chirurgical qui consiste à…

Ischémique : adj. relatif à **l'arrêt** (ou l'insuffisance) de la **circulation du sang** dans une région de l'organisme/organe.

Dyspnée : ce terme désigne une **difficulté respiratoire** / trouble de la respiration.

Iatrogène : adj. Qui concerne des **troubles** / effets néfastes **provoqués par un médicament**, un acte médical.

Holter : il s'agit d'une technique **d'enregistrement graphique de l'activité cardiaque** pendant 24 ou 48 heures et **sans rupture d'activité** / sur une plus longue période que l'ECG.

Martiale : cet adjectif a rapport avec le **fer dans l'organisme** ; une carence martiale désigne un manque de fer dans l'organisme.

FEVG : fraction d'éjection du ventricule gauche (mesure utilisée an échographie pour évaluer la fonction contractile cardiaque).

Sujet 2

Durée : 3 heures
Coefficient : 3

Épreuve écrite d'admissibilité – Groupe hospitalier Paul Giraud Villejuif – 2017

SERVICE DE CARDIOLOGIE
Centre Hospitalier d'A... **Consultation du 22 mai 2016**

Cher confrère,
J'ai vu en consultation Monsieur F.E, 58 ans, pour un bilan cardiaque dans le cadre de sa maladie diabétique.

Les antécédents du patient comprennent :
– une maladie diabétique ;
– un **AVC** ischémique en 2014 sur **sténose** carotidienne opérée ;
– une **BPCO** post-tabagique sévère ;
– une insuffisance veineuse chronique ;
– un éthylisme chronique sevré depuis 2014 d'après le patient.

Les facteurs de risque cardio-vasculaire comprennent :
– un tabagisme actif sévère évalué à 68 paquets/année sevré depuis 2 ans ;
– un **diabète de type II** traité par traitement mixte suivi par le Dr. R. avec une hémoglobine glyquée récente à 6,9 % ;
– une hérédité coronarienne du côté paternel, père fumeur décédé brutalement à l'âge de 64 ans ;
– une hypertension artérielle ;
– une obésité modérée avec un **IMC** au-delà de 33 chez ce patient pesant 98 kg pour une taille de 1,72 m.

Durant la dernière hospitalisation dans le service de pneumologie, le patient a bénéficié d'une **fibroscopie oeso-gastro-duodénale** à l'occasion d'une anémie ferriprive retrouvant une **gastrite** érythéleuse fundique.
Le patient a également bénéficié d'une **coloscopie** retrouvant un gros polype réséqué à l'anse diathermique.

Suite à la découverte d'un nodule lobaire inférieur gauche, le DR. B. a préconisé la réalisation d'un TEP SCANNER à la recherche d'une hyperfixation pathologique mais le patient a refusé cet examen en mars 2014 d'après le courrier de la médecine nucléaire et l'imagerie fonctionnelle du CHRU de Lille.

Ce jour la tension est correcte à 120/70 mm de mercure.
L'ECG s'inscrit en rythme sinusal aux alentours de 90 bats/mn avec une extrasystole ventriculaire bigéminée.

À l'examen clinique, le patient me dit qu'il n'est pas essoufflé pour les efforts quotidiens. L'auscultation retrouvait des bruits au cœur un peu assourdis sans souffle audible. Il existe des œdèmes des membres inférieurs modérés bilatéraux avec une dermite ocre. Il n'y a pas de turgescence ni reflux hépato-jugulaire.

Sur le plan respiratoire, le patient présente une toux un peu grasse. L'auscultation ne retrouvait pas de **sibilant**.

À signaler que le patient a bénéficié récemment d'un **écho-doppler** veineux des membres inférieurs qui n'a pas retrouvé de **thrombose** veineuse profonde.

Des écho-dopplers artériels des troncs supra-aortiques et des membres inférieurs sont prévus prochainement.

Au total : œdèmes des membres inférieurs modérés chez un patient polyvasculaire cumulant 5 facteurs de risque nécessitant la réalisation d'une échographie cardiaque pour évaluer la **FEVG**.

L'épreuve d'effort ne peut pas être réalisée en raison de la BPCO sévère.
Sur le plan thérapeutique, je préconise d'optimiser le traitement des IEC en majorant BIPRETERAX 5/1.25 à BIPRETERAX 10/1.25 mg avec contrôle de la fonction rénale.

Le reste du traitement actuel comprend :
- VELMETIA 50/100 : 1 matin et soir
- LYRICA 150 mg : 1 matin et soir
- LERCANIDIPINE 10 mg : 1 cp le matin
- ATORVASTATINE 80 mg : 1 le soir
- ZOLPIDEM 10 mg : 1 le soir
- KARDEGIC 160 mg : 1 le midi
- LANTUS : 28 unités le soir
- RABEPRAZOLE 10 mg : 1 le soir
- Traitement à visée respiratoire préconisé par le Dr. B.

Les mesures hygiéno-diététqtiques restent à poursuivre pour lutter contre les facteurs de risque. L'**échographie** cardiaque est prévue le 18 juin à 15h30.

Bien confraternellement.
Dr. BN.

Destinataire :
Monsieur le Dr. B

Copie à :
Monsieur le Dr. B, service de Pneumologie, Centre Hospitalier d'A…
Monsieur le Dr. H, service de Médecine nucléaire, Hôpital…
Monsieur le Dr. D, service de Gatsro-entérologie, Centre Hospitalier d'A…
Monsieur le Dr. C, service de Cardiologie, Centre Hospitalier d'A…

1 **Vous définirez les 14 termes en rouge dans le courrier médical en les reportant dans l'ordre sur votre copie.** (7 points)

2 **Comment pouvez-vous expliquer que le TEP SCANNER n'ait pas été réalisé chez ce patient ?** (2 points)

3 **À l'aide de vos connaissances personnelles et du dossier documentaire ci-joint, vous rédigerez une procédure relative au recueil et à la conservation des informations administratives, paramédicales et médicales pour tout patient.** (6 points)

4 **La loi du 26 janvier 2016 de modernisation de notre système de Santé a fait évoluer le Dosser médical personnel : le décret du 04.07.2016 définit les conditions et modalités de création et de mise en œuvre de ce Dossier médical partagé.**

En une dizaine de lignes, vous indiquerez comment, en qualité de secrétaire médicale, vous pouvez renseigner le patient sur l'objet de ce dossier et son utilisation. (5 points)

Annexe 1

RECOMMANDATIONS POUR LA PRATIQUE CLINIQUE ACCÈS AUX INFORMATIONS CONCERNANT LA SANTÉ D'UNE PERSONNE. MODALITÉS PRATIQUES ET ACCOMPAGNEMENT

Les présentes recommandations ont fait l'objet d'une homologation par le ministre de la Santé, de la Famille et des Personnes handicapées, prévue par l'article L. 1111-9 du Code de la santé publique (arrêté du 5 mars 2004 portant homologation des recommandations de bonnes pratiques relatives à l'accès aux informations concernant la santé d'une personne, et notamment l'accompagnement de cet accès, publié au Journal officiel du 17 mars 2004). Toutefois, n'est pas homologué l'ensemble des annexes.

I. PRÉAMBULE

Les recommandations concernent les modalités et l'accompagnement de l'accès aux informations de santé relatives à une personne, détenues par des professionnels de santé, des établissements de santé publics ou privés, ou des hébergeurs.

Elles sont destinées à l'ensemble des professionnels de santé quel que soit leur mode d'exercice (libéral, public, en établissements de santé, en structures sanitaires ou médicosociales, etc.) et à l'ensemble des personnels de ces établissements et structures, qui sont tous directement concernés par leur mise en oeuvre. Elles peuvent être utiles également aux personnes ayant recours au système de santé pour leur permettre d'être informées des modalités d'accès aux informations concernant leur santé.

Ces recommandations visent à faciliter l'application des articles L. 1111-7, L. 1112-1 et R. 1111-1 à R. 1112-9 du Code de la santé publique (loi n° 2002-303 du 4 mars 2002 relative aux droits des malades et à la qualité du système de santé [cf. Annexe 2] et décret n° 2003-462 du 21 mai 2003 relatif aux dispositions réglementaires des parties I, II et III du Code de la santé publique). Il s'agit de contribuer par des mesures organisationnelles et de bonnes pratiques à l'exercice d'un droit reconnu par la loi et d'organiser, si besoin, un accompagnement personnalisé de l'accès aux informations de santé.

L'article L. 1111-7 du Code de la santé publique donne à la personne accès aux informations de santé formalisées. Celles-ci doivent être comprises au plus simple : il s'agit des informations auxquelles est donné un support (écrit, photographie, enregistrement, etc.) avec l'intention de les conserver et sans lequel elles seraient objectivement inaccessibles. Ces informations sont destinées à être réunies dans ce qu'il est habituel d'appeler le dossier de la personne. Pour cette raison, le terme dossier est utilisé ci-après par facilité d'écriture pour désigner l'ensemble des informations de santé concernant une personne donnée, même si dans la pratique actuelle le dossier ne les comprend pas toujours toutes. Le mot dossier ne doit pas être envisagé ici de manière restrictive, car toutes les informations formalisées détenues par un professionnel, un établissement de santé ou un hébergeur en dehors du dossier sont communicables.

C'est dans la mesure où certaines des notes des professionnels de santé ne sont pas destinées à être conservées, réutilisées ou le cas échéant échangées, parce qu'elles ne peuvent contribuer à l'élaboration et au suivi du diagnostic et du traitement ou à une action de prévention, qu'elles peuvent être considérées comme « personnelles » et ne pas être communiquées : elles sont alors intransmissibles et inaccessibles à la personne concernée comme aux tiers, professionnels ou non.

Même si le droit à l'accès aux informations concernant sa santé permet effectivement à une personne d'être informée, le plus souvent a posteriori, il ne saurait se substituer au droit de la personne à l'information sur son état de santé, que la loi du 4 mars 2002 réaffirme solennellement. L'information fait partie intégrante de la relation de soin. Cette information, le plus souvent orale au cours de la prise en charge, permet à la personne de prendre, avec le professionnel de santé, les décisions concernant sa santé, d'éclairer son consentement et de faciliter son adhésion au traitement. Elle contribue ainsi à l'amélioration de la qualité des soins. La possibilité pour une personne d'accéder directement aux informations formalisées ne fait que compléter son droit à l'information. Elle ne saurait dispenser le professionnel de santé de son devoir de communiquer régulièrement à la personne les informations pertinentes concernant sa santé, ce qui devrait limiter les demandes d'accès au dossier et rendre improbable la découverte fortuite d'informations significatives lorsque la personne souhaite accéder à son dossier.

Le partage régulier du recueil et de l'analyse de l'information entre la personne et le professionnel de santé contribue à la constitution d'un dossier de qualité, tenant compte à la fois des demandes de la personne et des nécessités de sa prise en charge. Des procédures cohérentes et intelligibles d'information doivent permettre de limiter le recours à la communication exhaustive du dossier *a posteriori*.

L'accès aux informations contenues dans le dossier ne suffit pas à assurer une information complète et pertinente. Un dossier constitué du cours d'une hospitalisation ne contient souvent qu'un épisode voire un instantané de l'histoire médicale d'une personne. Dans certaines circonstances, le contenu et la qualité du dossier sont de nature à lui apporter une information partielle, rétrospective, voire dépassée sur son état de santé à un moment donné.

Les professionnels de santé, les établissements de santé, les structures sanitaires et médico-sociales et les hébergeurs détenant les informations doivent veiller à ce que les modalités d'accès au dossier assurent la préservation indispensable de la confidentialité vis-à-vis de tiers (famille, entourage, employeur, banquier, assureur, etc.). De son côté, la personne doit exercer son droit d'accès au dossier avec la pleine conscience du caractère strictement personnel des informations de santé qu'elle va

détenir. Il convient de l'informer des risques d'un usage non maîtrisé, notamment du fait de la sollicitation de tiers qui sont exclus du droit de réclamer directement ces informations aux professionnels, aux établissements de santé ou aux hébergeurs. Ces tiers peuvent plus facilement exercer des pressions illégitimes pour que la personne leur transmette directement des informations de santé qui la concernent et dont elle doit préserver le caractère confidentiel.
Les dispositions des articles nouveaux L. 1111-7, L. 1112-1 et R. 1111-1 à R. 1112-9 du Code de la santé publique concernent à la fois les nouveaux dossiers et ceux constitués avant la parution du décret du 29 avril 2002. L'article R. 1112-2 du Code de la santé publique précise la composition minimale du dossier dans les établissements de santé publics et privés. Il impose la structuration des nouveaux dossiers, améliorant leur qualité et facilitant leur accès.
Pour les professionnels de santé, le dossier constitue d'abord un instrument de travail et d'échanges avec les autres professionnels, consignant la démarche diagnostique, thérapeutique ou préventive et les soins dont la personne a bénéficié. C'est aussi un outil de formation et d'évaluation, et un support d'informations indispensables pour améliorer les connaissances en santé et les pratiques dans le respect des règles en vigueur.
Il convient de noter que la composition minimale des dossiers dans les établissements de santé a été modifiée en fonction des textes réglementaires successifs ; la différence de structuration ne remet pas en question le droit d'accès, conformément aux dispositions rappelées ci-dessus, aux dossiers et aux informations de santé (fiches d'observations, etc.) constitués dans les conditions de la réglementation antérieure.

II. LE DOSSIER : UN ÉLÉMENT DE LA QUALITÉ DES SOINS

Le dossier offre les meilleures conditions pour le recueil et la conservation des informations détenues par les professionnels de santé, les établissements de santé et les hébergeurs.
La tenue du dossier doit permettre de répondre à toute demande de consultation ou de transmission d'informations, émanant de professionnels de santé comme de la personne. Lorsque le dossier est structuré, exploitable et lisible, en particulier lorsqu'il contient des synthèses régulières, la compréhension en est facilitée. Tout professionnel de santé a l'obligation de veiller à la qualité de cet outil. Le statut des informations qu'il contient, leur évolutivité justifient une hiérarchisation de nature à clarifier leur utilisation et à favoriser l'appropriation de données souvent complexes et provisoires.
L'article R. 1112-1 dispose que, dans les établissements de santé publics ou privés, le dossier est organisé en 3 parties, dont seules les deux premières sont communicables à la personne, à sa demande :

1) les informations formalisées recueillies lors des consultations externes dispensées dans l'établissement, lors de l'accueil au service des urgences ou au moment de l'admission et au cours du séjour hospitalier ;
2) les informations formalisées en fin de séjour hospitalier ;
3) les informations mentionnant qu'elles ont été recueillies auprès de tiers n'intervenant pas dans la prise en charge thérapeutique ou concernant de tels tiers.

Les informations utiles à la continuité des soins sont remises à la personne en fin de séjour ou, si elle le demande, envoyées au médecin de son choix.
Dans un souci d'amélioration de la qualité de la prise en charge, l'article R. 1112-2 peut aider à la structuration des dossiers en dehors des établissements de santé.
Lorsque cela est possible, en particulier si le dossier est informatisé, il est souhaitable d'établir un bordereau d'enregistrement des pièces versées au dossier, tenu à jour, avec possibilité d'en remettre une copie à la personne qui le demande.
Il est recommandé de faire apparaître clairement dans le dossier une mention concernant les choix de la personne pour l'accès aux informations de santé et leur transmission, mention qui doit être impérativement actualisée et vérifiée de manière régulière : la personne peut à tout moment revenir sur son choix. Il s'agit :
– du refus de la personne d'une transmission d'informations concernant sa santé à d'autres professionnels de santé (médecin traitant par exemple) ;
– du refus éventuel que des proches soient informés ;
– de l'identification de la personne de confiance qui sera informée et consultée au cas où la personne serait hors d'état d'exprimer sa volonté et de recevoir l'information nécessaire à cette fin (art. L. 1111-6 du Code de la santé publique) ;
– du refus de communiquer certaines informations aux ayants droit en cas de décès ;
– du refus de la part d'un mineur de communiquer des informations concernant sa santé aux titulaires de l'autorité parentale.
Conformément à l'article L. 1110-4 du Code de la santé publique, la personne dûment informée peut s'opposer à la transmission d'informations la concernant. Il n'est pas possible de lui demander d'opter de manière globale et définitive pour des modalités données de transmission d'informations entre professionnels de santé.
Le dialogue avec la personne permet :
– de l'informer de ses droits ;
– de lui rappeler le caractère strictement personnel des informations contenues dans le dossier vis-à-vis de tiers (famille, entourage, employeur, banquier, assureur, etc.).
Il est rappelé enfin que la personne dispose du droit d'être tenue dans l'ignorance d'un diagnostic, sauf affection transmissible, ou d'un pronostic, et que le professionnel de santé ne peut pas lui communiquer ces informations si elle n'y consent pas.

III. INFORMATION DE LA PERSONNE SUR L'ACCÈS AU DOSSIER

Il est recommandé que soit disponible et facilement accessible une information relative à la réglementation et aux aspects pratiques de l'accès au dossier (livret d'accueil dans les établissements de santé ou médico-sociaux, livret ou affiche dans les cabinets privés, etc.). Dans les établissements de santé, cette information fait l'objet d'un chapitre explicatif dans le livret d'accueil de l'établissement (art. R .1112-9 du Code de la santé publique).
Ce dispositif permet d'informer la personne :
– de ses droits ;
– de la possibilité de transmission et de dépôt des informations auprès d'un hébergeur. L'hébergement des données à la demande du professionnel ou de l'établissement de santé ne peut avoir lieu qu'avec le consentement exprès de la personne concernée ;

– de la composition du dossier ;
– des modalités possibles d'accès direct aux informations de santé (consultation sur place, envoi de copies par la poste à la personne ou au médecin de son choix) ;
– des mesures adoptées par défaut dans le cas où la personne ne précise pas à l'établissement ou au professionnel de santé le mode de communication qu'elle retient ;
– du dispositif d'accompagnement médical mis en place et proposé à la personne par l'établissement ;
– des délais légaux de communication ;
– des frais occasionnés par la demande éventuelle de reproduction et d'envoi de documents (reproduction et envoi de copies de tout ou partie du dossier en cas de demande initiale d'envoi postal ou après consultation sur place).

Ce dispositif permet aussi :
– de proposer un formulaire que la personne pourra utiliser, si elle le souhaite, pour préciser sa demande. Ce document doit être facilement compréhensible et aider à préciser les points clés permettant de répondre correctement à la demande : l'identification du demandeur et les pièces à fournir si besoin afin de s'assurer de l'identité du demandeur, la nature de la demande (ensemble du dossier ou partie du dossier correspondant à une hospitalisation particulière ou pièces particulières du dossier), les modalités souhaitées de communication (envoi, communication sur place à l'hôpital ou au cabinet, envoi à un médecin désigné par la personne). La demande n'a pas à être motivée par la personne si les informations qu'elle demande la concernent ;
– de rappeler à la personne les précautions à prendre s'agissant du respect du caractère strictement personnel des informations qu'elle va détenir, notamment vis-à-vis des tiers (famille, entourage, employeur, banquier, assureur, etc.).

Après un décès, un ayant droit, outre le fait qu'il doit justifier de son statut d'ayant droit, doit préciser le motif pour lequel il a besoin d'avoir connaissance des informations demandées. Un formulaire peut être proposé pour que l'ayant droit puisse préciser celle(s) des trois finalités prévues par la loi qui motive(nt) sa demande (connaître la cause du décès, défendre la mémoire du défunt, faire valoir ses propres droits).

IV. COMMUNICATION DU DOSSIER

La plupart des demandes peuvent se faire oralement dans le cadre de la relation de soin. Il convient d'y répondre et ce processus doit être encouragé. Mais il convient de décliner le dispositif spécifique prévu par la loi en tenant compte des lieux de prise en charge (cabinet de ville, établissement de santé ou médico-social, etc.).

Il est rappelé les contraintes de délais imposées pour les réponses aux demandes d'accès aux informations : la personne peut accéder aux informations directement ou par l'intermédiaire d'un médecin qu'elle désigne et en obtenir communication au plus tard dans les 8 jours suivant sa demande et au plus tôt après qu'un délai de réflexion de 48 heures aura été observé. Ce délai de communication est porté à 2 mois lorsque les informations médicales datent de plus de 5 ans à compter de la date à laquelle l'information médicale a été constituée. Ce délai peut également être de 2 mois dans le cas particulier de la saisine de la commission départementale des hospitalisations psychiatriques.

Les informations de santé peuvent être communiquées à une personne mandatée par le patient, par ses représentants légaux (s'il s'agit d'un mineur ou d'un majeur sous tutelle) ou par ses ayants-droit en cas de décès, dès lors que la personne dispose d'un mandat exprès et peut justifier de son identité. La personne mandatée ne peut avoir de conflit d'intérêts et défendre d'autres intérêts que ceux du mandant (la personne concernée par les informations de santé). Il est recommandé de rappeler au mandant le caractère personnel des informations qui seront communiquées à la personne mandatée.

IV.1. Réception et gestion de la demande

■ **Dans tous les cas**, il convient avant tout traitement d'une demande que le destinataire (responsable de l'établissement, professionnel de santé ou hébergeur) s'assure de l'identité du demandeur, au besoin par la présentation de pièces justificatives qui dépendent de la qualité du demandeur. Aucune demande ne peut être satisfaite sans certitude sur l'identité du demandeur.

Pour en faciliter le traitement, il est recommandé d'informer la personne que sa demande sera plus facile à honorer si elle précise d'emblée :

– son identité, en fournissant si besoin les pièces nécessaires pour qu'elle puisse être vérifiée (ainsi, en cas de demande postale, la photocopie recto verso d'une pièce d'identité) ;

– la nature de sa demande : ensemble du dossier ou partie du dossier correspondant à une hospitalisation particulière ou pièces particulières du dossier ;

– les modalités souhaitées de communication : envoi postal, communication sur place à l'hôpital ou au cabinet, envoi postal à un médecin désigné.

La demande n'a pas à être motivée par la personne demandeuse, sauf si elle a la qualité d'ayant droit.

Dans tous les cas, il est recommandé au professionnel, à l'établissement ou à l'hébergeur :

– d'accuser réception de la demande par tout moyen, même si elle est imprécise, et d'y donner suite avec la même diligence ;

– d'informer la personne des coûts liés à la reproduction et à l'envoi des documents, du fait de la nature et du volume du dossier ;

– de décrire et proposer l'accompagnement prévu par l'établissement, que la personne peut refuser ;

– d'indiquer si le médecin recommande la présence d'une tierce personne lors de cette consultation, recommandation que la personne n'est pas obligée d'accepter sans que ce refus porte préjudice à son droit d'accès.

Lorsque la personne n'a pas précisé dans sa demande les modalités de communication qu'elle souhaite, il est recommandé :

– de lui proposer de remplir un formulaire type, afin de faciliter le traitement de sa demande en évitant à la fois les demandes imprécises et l'absence de choix quant aux différentes possibilités d'accès au dossier ;

– de décrire la procédure par défaut prévue par l'établissement ou le professionnel de santé, procédure qui s'applique en l'absence de précision ou en cas de nonréponse du demandeur sur les modalités de communication.

Lorsque le médecin souhaite subordonner la consultation des informations à la présence d'un médecin (hypothèse qui doit rester exceptionnelle et limitée aux seules informations recueillies dans le cadre d'une hospitalisation sans consentement), il convient :
– de demander au patient de désigner le médecin dont il souhaite être accompagné ;
– de lui préciser qu'il peut s'opposer à cet accompagnement, mais que dans cette hypothèse la commission départementale des hospitalisations psychiatriques sera saisie et que son avis s'imposera.

■ **Si la personne a demandé un envoi**, il est recommandé de préciser les points suivants dans la réponse accusant réception de la demande :
– rappeler le caractère strictement personnel des informations contenues dans le dossier, notamment vis-à-vis de tiers (famille et entourage, employeur, assureur, etc.) ;
– informer la personne des coûts liés à la reproduction et à l'envoi des documents, du fait de la nature et du volume du dossier. En cas de nécessité, un second courrier est adressé dans les meilleurs délais, présentant une estimation du coût prévisionnel de la reproduction, si le premier courrier ne l'a pas précisé ;
– proposer une consultation du dossier sur place, notamment quand le coût de reproduction est important, en recommandant ou non la présence d'une tierce personne. En cas de refus ou d'absence de réponse, les modalités retenues initialement par la personne sont suivies dans le délai prévu par la réglementation.

■ **Cas particulier des ayants droit**

La qualité d'ayant droit est appréciée différemment selon qu'on se réfère à l'avis de la commission d'accès aux documents administratifs, applicable au secteur public, ou à la jurisprudence civile en ce qui concerne le secteur privé.
L'article L. 1110-4 du Code de la santé publique prévoit que le secret médical ne fait pas obstacle à ce que les informations concernant une personne décédée soient délivrées à ses ayants droit dans la mesure où elles leur sont nécessaires pour leur permettre de connaître les causes de la mort, de défendre la mémoire du défunt ou de faire valoir leurs droits, sauf volonté contraire exprimée par la personne avant son décès.
L'article R. 1111-7 du même Code précise que l'ayant droit d'une personne décédée qui souhaite accéder aux informations médicales concernant cette personne doit préciser lors de sa demande le motif pour lequel il a besoin d'avoir connaissance de ces informations, et que le refus éventuellement opposé à cet ayant droit doit être motivé et ne fait pas obstacle à la délivrance d'un certificat médical, dès lors que ce certificat ne comporte pas d'informations couvertes par le secret médical.
Le professionnel ou l'établissement de santé doit donc s'assurer avant toute communication :
– de l'identité du demandeur et de sa qualité d'ayant droit ;
– du motif de la demande afin de déterminer si elle correspond à l'un des cas prévus par le législateur ;
– de l'absence d'opposition du défunt.

■ **Dans le cas des informations déposées auprès d'un hébergeur par un professionnel ou un établissement de santé**

Le professionnel ou l'établissement de santé doit donner son accord préalablement à toute communication des informations par l'hébergeur. Si l'hébergeur se voit refuser de communiquer au demandeur des informations par le professionnel ou l'établissement de santé, ce dernier doit assurer l'accès au dossier dans le respect des dispositions applicables au demandeur.

IV.2. Modalités de communication du dossier et accompagnement de l'accès

■ La communication du dossier à la personne répond souvent à une demande d'information, qui survient *a posteriori*, elle peut pallier un déficit antérieur d'information. Une attention particulière doit donc être consacrée à ce type de demandes lors de la communication du dossier. La présence ou la disponibilité d'un médecin peut permettre de répondre à cette attente, mais ne doit pas entraver le souhait de la personne de consulter directement son dossier. Pour ce faire, il est recommandé une consultation sur rendez-vous, qu'elle ait pour motif une demande de consultation du dossier, une demande de remise de copies du dossier ou une demande d'explications a posteriori. Elle doit être considérée au même titre qu'un autre acte médical, relevant des règles de la déontologie et de bonnes pratiques.

La finalité de cette consultation est de favoriser l'accès direct et la compréhension par la personne des informations la concernant. Elle ne peut être assimilée à un entretien de conciliation.

Comme pour toute autre consultation, il doit en être fait mention dans le dossier.

Quand la personne et l'établissement ou le professionnel de santé sont distants ou lorsque la personne ne peut se déplacer, il est recommandé de proposer l'accès au dossier par l'intermédiaire d'un médecin choisi par la personne. En cas de refus ou si cette proposition n'est pas retenue dans le délai prévu pour communiquer le dossier, la copie de ce dernier est envoyée directement à la personne.

Quand la personne n'exprime pas de choix entre les différentes modalités de communication du dossier, il est recommandé qu'une consultation sur place avec accueil personnalisé dans le cadre d'un entretien médical soit proposée par défaut.

■ **En cas de consultation sur place**, il est recommandé de proposer un dispositif d'accueil au sein du service ou de l'établissement, dans un espace adapté. Les conditions doivent permettre de préserver l'intégrité du dossier (éviter les vols, dégradations, falsifications, pages arrachées, etc.).

Dans le cadre d'une consultation accompagnée, l'établissement propose un médecin qui pourra être présent ou sera disponible pour répondre aux éventuelles questions du demandeur. Idéalement, ce médecin sera celui qui a pris en charge la personne.

Après la consultation du dossier, un suivi de la personne doit être organisé si nécessaire.

Dans le cas particulier de la présence d'une tierce personne lors de la consultation du dossier, à la demande de la personne ou du médecin, il est indispensable d'informer :

– le demandeur du fait que la tierce personne aura connaissance d'informations strictement personnelles sur sa santé ;

– la tierce personne qu'elle est tenue pénalement de respecter la confidentialité des informations de santé de la personne qu'elle accompagne.
Si le demandeur souhaite la présence d'un tiers, mais ne peut pas désigner une personne dans son entourage, le recours à une personne qui n'a pas de conflit d'intérêts vis-à-vis des informations concernant sa santé (personne issue du milieu associatif, assistante sociale, médecin autre que le détenteur des informations auxquelles le demandeur souhaite avoir accès) peut lui être proposé, non seulement au moment de la consultation sur place du dossier, mais aussi lors du suivi éventuel.

■ **En cas d'envoi d'une copie du dossier**, le courrier d'accompagnement doit également informer des difficultés possibles d'interprétation des informations ainsi que, le cas échéant, des conséquences que peut avoir sur la personne la révélation de certaines informations ; une consultation médicale doit être suggérée en cas de besoin.

■ **En cas d'envoi postal d'une copie du dossier ou de copies demandées après sa consultation sur place**, il est proposé un envoi par recommandé avec avis de réception, qui garantit au mieux la confidentialité. La rédaction d'un bordereau joint au dossier avec la liste des copies envoyées au patient est recommandée.

■ **Concernant les copies du dossier**, l'article R. 1111-2 du Code de la santé publique prévoit qu'elles sont établies sur un support analogue à celui utilisé par le professionnel de santé, l'établissement de santé ou l'hébergeur, ou sur papier, au choix du demandeur et dans la limite des possibilités techniques du professionnel ou de l'organisme concerné. L'impossibilité éventuelle de reproduction de certains éléments du dossier (radiographie par exemple) ne doit pas faire obstacle à leur communication à la personne. En de telles circonstances, le droit d'accès ne peut s'exercer que par consultation sur place.

■ **Dans le cas particulier de la psychiatrie**
Les malades hospitalisés en psychiatrie (y compris les malades hospitalisés sans leur consentement) ont un accès direct aux informations de santé recueillies dans le cadre de leur hospitalisation. À titre exceptionnel et en cas de risques d'une gravité particulière, l'accès aux informations recueillies dans le cadre d'une hospitalisation sans consentement (hospitalisation d'office ou sur demande d'un tiers) peut être subordonné à la présence d'un médecin désigné par le demandeur. Si le demandeur refuse la présence du médecin, la commission départementale des hospitalisations psychiatriques est saisie et son avis s'impose au demandeur et au détenteur des informations.

■ Il est rappelé que les proches ne sont pas titulaires du droit d'accès au dossier. Toutefois le législateur a prévu qu'en cas de diagnostic ou de pronostic grave, le secret médical ne s'oppose pas à ce que la famille, les proches de la personne malade ou la personne de confiance reçoivent les informations nécessaires destinées à leur permettre d'apporter un soutien direct à celle-ci, sauf opposition de sa part.

■ Dans le cas particulier des personnes ayant des difficultés de communication, la transmission des informations doit être adaptée à leurs possibilités et les difficultés de compréhension doivent être prises en compte de manière spécifique.

IV.3. Coût de l'accès au dossier

Il est recommandé que la personne puisse connaître le coût de la communication des copies du dossier qu'elle souhaite détenir, afin de l'aider à prendre une décision sur sa demande de reproduction de tout ou partie de son dossier.

La loi précise que la consultation du dossier sur place est gratuite. En cas de demande de copies, quel qu'en soit le support, seuls les coûts de reproduction et d'envoi sont facturables au demandeur. Il convient de se limiter au coût du consommable et de l'amortissement du matériel.

Il est recommandé de prendre en considération la situation personnelle des demandeurs démunis afin de leur permettre de faire valoir leur droit d'accès aux informations concernant leur santé.

V. CAS PARTICULIER DES MINEURS

■ Le droit d'accès à l'ensemble des informations concernant la santé du mineur est exercé par les titulaires de l'autorité parentale. Mais ce droit est exercé sous réserve de l'opposition du mineur ou de sa demande que les titulaires de l'autorité parentale n'accèdent aux informations concernant sa santé que par l'intermédiaire d'un médecin.

Deux situations doivent être distinguées :

– le cas général où, ainsi que le précise la loi, le droit d'accès est exercé par le(s) titulaire(s) de l'autorité parentale ; le mineur ne peut pas s'opposer à cette demande, toutefois il peut éventuellement demander que l'accès ait lieu par l'intermédiaire d'un médecin ;

– le cas prévu à l'article L. 1111-5, où le mineur qui souhaite garder le secret a obtenu que le médecin accepte de pratiquer des soins nécessaires pour sauvegarder sa santé sans obtenir le consentement du ou des titulaires de l'autorité parentale. À cet égard, l'article R. 1111-6 prévoit que le mineur puisse s'opposer à la communication au(x) détenteur(s) de l'autorité parentale des informations correspondant à cette situation particulière. Dans ce cas, l'opposition du mineur est consignée au dossier et, en cas de demande d'accès par le(s) titulaire(s) de l'autorité parentale, le professionnel doit s'efforcer de convaincre le mineur de lever son opposition. En la levant, le mineur peut demander que le droit d'accès du ou des titulaires de l'autorité parentale soit exercé par l'intermédiaire d'un médecin désigné par ce(s) dernier(s). L'opposition ou la limitation peut ne concerner que l'un des deux parents.

Lorsque le mineur sollicite seul des soins, ou lorsque son âge, le contexte familial, la pathologie présentée paraissent le justifier, il est souhaitable que le médecin l'informe de cette possibilité. L'objectif est de lui permettre d'accéder à des soins et d'instaurer une relation de confiance avec les professionnels de santé sans avoir la crainte que ses parents soient informés des constatations et des actes médicaux effectués. En effet, la perspective d'une révélation à ses parents du motif de son recours au professionnel de santé ne doit pas le dissuader de se faire soigner.

Mais le professionnel de santé doit essayer de convaincre le mineur de laisser ses parents accéder aux informations sur sa santé, notamment par l'intermédiaire d'un médecin, afin qu'un dialogue au sein de la famille soit maintenu ou repris, et que le mineur puisse bénéficier d'un soutien.

Lors d'une demande de communication du dossier d'un mineur, en cas de doute concernant le demandeur sur sa qualité de titulaire de l'autorité parentale, des pièces justificatives peuvent être demandées. Si le parent requérant ne peut fournir aucune pièce, il convient de refuser la demande ou suggérer avec son accord de prendre contact avec l'autre parent afin d'être éclairé sur l'exercice de l'autorité parentale.
En cas de soins dispensés dans les circonstances prévues par l'article L. 1111-5, le médecin doit vérifier si la personne mineure souhaite également s'opposer à l'accès du titulaire de l'autorité parentale à son dossier. Saisi d'une demande présentée par le titulaire de l'autorité parentale alors que la personne mineure s'est opposée à la communication, le médecin doit s'efforcer de vérifier avec cette dernière la constance de cette volonté et de l'amener à prendre en compte les éléments susceptibles de modifier ce choix. Ce n'est que dans la situation où, en dépit de ces efforts, le mineur maintient son opposition que la demande du titulaire de l'autorité parentale ne pourra être satisfaite.
Pour ce qui concerne le droit à demander l'accès aux informations par l'intermédiaire d'un médecin, il apparaît nécessaire de demander préalablement la position du mineur, lorsque les parents ne sont jamais intervenus lors des soins, ou lorsque l'âge, le contexte familial, la pathologie présentée paraissent le justifier, ou encore lorsque le mineur bénéficie à titre personnel du remboursement des prestations en nature de l'assurance maladie et de la couverture complémentaire.

■ Si la demande de communication du dossier émane d'un mineur, l'article L. 1111-7 n'a pas prévu que le mineur soit titulaire du droit d'accès aux informations détenues par les professionnels et établissements de santé. Mais la loi (articles L. 1111-2 du Code de la santé publique et 371-1 du Code civil) prévoit que le mineur a le droit de recevoir lui-même une information et de participer à la prise de décision le concernant d'une manière adaptée à son degré de maturité. Il est donc souhaitable qu'une attention particulière soit portée à une telle demande d'accès aux éléments du dossier. Elle doit permettre au mineur de compléter l'information reçue et de bénéficier d'explications supplémentaires, compte tenu de l'âge atteint lorsqu'il effectue cette demande. Il peut être très utile de reprendre avec lui les éléments de son dossier et leurs incidences sur sa vie d'adulte.

Source : Haute Autorité de Santé, décembre 2005.

Annexe 2

DOSSIER • • • LES ARCHIVES HOSPITALIÈRES

Actualités JuriSanté

Il est donc nécessaire de se référer aux textes qui prévoient ces délais pour en connaître le point de départ.

Enfin, le terme du délai autorise l'administration à éliminer le document mais aux seules conditions de destruction prévues par la loi et le règlement, au risque de voir sa responsabilité administrative (1) ou pénale engagée.

Les responsabilités professionnelles durant les délais de la conservation des archives hospitalières

Il revient au directeur de l'établissement d'organiser la bonne conservation des archives afin qu'elles ne puissent en aucun cas subir de dégradation ou de destruction durant la totalité des délais de conservation. Mais il est à noter que si la décision est prise de conserver un document archive au-delà des délais de conservation minimum, les mêmes règles et modalités de conservation doivent être mises en oeuvre, notamment afin de faire valoir les droits des personnes physiques ou morales durant toute la conservation. Si l'établissement ne peut pas satisfaire à cette obligation, il lui revient de prendre la décision d'éliminer l'archive, dans les conditions prévues par la loi et le règlement.

Dans le cadre de ses responsabilités, le directeur de l'établissement doit prendre une assurance couvrant les risques de dégradation ou de destruction des archives quel que soit le temps de conservation (article 13 de l'arrêté du 11 mars 1968).

En ce qui concerne les archives relatives aux personnes accueillies dans les établissements de santé, on rappellera que le directeur doit en garantir la confidentialité (2). Par ailleurs, les archives médicales peuvent être placées sous la responsabilité du médecin DIM, ou d'un personnel compétent ayant la capacité d'organiser la protection de ces archives. Chacun a une responsabilité à hauteur de sa fonction, au regard des modalités de conservation des archives de leur création à leur élimination.

Quant au directeur des archives départementales, il doit s'assurer que les archives hospitalières sont conservées dans le respect des prescriptions réglementaires (article 5 de l'arrêté du 11 mars 1968), notamment en ce qui concerne les préconisations techniques. Il est le référent tutélaire et technique de chaque établissement en tant que producteur et conservateur d'archives hospitalières.

Selon les articles 14 et 15 de l'arrêté du 11 mars 1968, tout agent des services d'archives ainsi que tout personnel de l'établissement est responsable des documents archives qu'il détient et utilise pour les besoins de sa fonction et dont il a la responsabilité au quotidien en termes de maintien, de tenue, de rangement, de confidentialité, de transport sur les lieux de travail...

Enfin, le Code du patrimoine rappelle que tout fonctionnaire ou agent chargé de la collecte ou de la conservation d'archi ves est tenu au secret professionnel en ce qui concerne tout document qui ne peut être légalement mis à la disposition du public (3). Rapporter aux archives hospitalières cette obligation prend

• • •

tout son sens au regard des documents nominatifs d'ordre privé géré par les services de soins, services administratifs et services d'archives.
Les documents doivent, durant toute leur vie (de leur création à leur élimination), lors de toute circulation (4), (entreposage, rangement momentané ou permanent, utilisation, transfert), qu'il s'agisse des documents originaux ou des copies, être protégés par la confidentialité. Il revient, tant au directeur (5) qu'à tout fonctionnaire ou agent de l'établissement, notamment les professionnels de santé (6) d'en assurer la protection dans les règles strictes applicables au secret professionnel.
Dès lors, et à titre d'exemple, il doit être interdit à toute personne non autorisée (7) de venir chercher une archive ou se documenter dans un service d'archives si la loi ne l'autorise pas à accéder à ces documents.
Actuellement, dans les établissements de santé et les établissements médico-sociaux, les responsabilités semblent diluées en termes d'organisation notamment en ce qui concerne les archives administratives. On constate que les responsables des services, ou des directions (RH ou service social par exemple) ne savent pas qui est responsable de quoi ou comment doit s'organiser la responsabilité de la gestion des archives. Il revient au directeur de la structure, au titre de l'article L. 6143-7 du CSP, sans que celui-ci puisse se dégager de sa propre responsabilité, d'en déterminer l'organisation au regard des fonctions de chacun et des degrés de responsabilité hiérarchique.

Le régime de communication des archives

Toutes les archives publiques peuvent être, par principe, communiquées de plein droit au public, sauf celles pour lesquelles il existe un délai en deçà duquel la communication au public est interdite.
Il existe deux régimes de communication applicables aux archives publiques :
– un régime dit de la communicabilité au public, qui ne s'applique que lorsqu'un certain délai de protection est dépassé,
– un régime de communication applicable à toute personne concernée par le document demandé.
Dès lors, il est nécessaire pour tout établissement conservant des documents archives au-delà des délais particuliers de connaître le dispositif législatif applicable pour les demandes de communication du public.

Les règles de communicabilité au public

Il s'agit ici des règles générales prévues par le Code du patrimoine qui obligent le détenteur des archives à communiquer à toute personne qui en fait la demande les documents qui ont atteint un certain délai de conservation, quelles que soient leur nature et leurs caractéristiques.
En effet, la loi du 15 juillet 2008 qui a simplifié le régime de communication des archives publiques en modifiant les délais de communicabilité, rappelle que les archives publiques sont communicables de plein droit (8), sauf dérogation imposant le respect d'un certain délai pouvant aller de vingt-cinq à cent-vingt ans (9) pour que les documents soient accessibles à tous.
Ce principe de libre communicabilité est posé conformément au principe de liberté d'accès aux documents administratifs prévu par la loi du 17 juillet 1978 dite loi CADA (10).

La loi doit concilier la protection des intérêts des individus et l'accessibilité des documents portés à la connaissance du public, aussi le dispositif prévoit plusieurs dispositions selon les situations individuelles dont les principales sont :

– Les documents dont la communication porte atteinte au secret médical sont communicables 25 ans à compter de la date du décès de l'intéressé. Si la date du décès n'est pas connue, le délai est de cent-vingt ans à compter de la date de naissance de la personne concernée (ex. : dossier médical des patients, dossier de la médecine du travail…).

– Les documents engageant la vie privée des individus, portant une appréciation ou un jugement de valeur sur une personne physique nommément désignée ou facilement identifiable, ou faisant apparaître le comportement d'une personne dans des conditions susceptibles de lui porter préjudice se voient appliquer, en règle générale, un délai de 50 ans à compter de la date du document (ex : dossiers tenus par les services socio-éducatifs, dossiers tenus par le psychologue s'il existe, dossiers tenus par le mandataire judiciaire à la protection des majeurs (ancien gérant de tutelle hospitalier).

Il est rappelé que l'administration détentrice d'archives publiques est tenue de motiver tout refus qu'elle oppose à une demande de communication de documents d'archives (article L. 213-4 du Code du patrimoine).

Rapportée aux archives médicales conservées par un établissement, cette disposition de la loi permet de communiquer au public tout dossier médical qui se conserve 20 ans minimum après le dernier mouvement médical, une fois le délai de 25 ans après le décès du patient atteint, ou de 120 ans à dater de la naissance du patient si la date de décès n'est pas connue, dès lors que l'établissement n'a pas éliminé le document.

Exemple pour un dossier médical de patient décédé en EPS

Départ du délai de conservation Décès	Fin du délai de conservation Destruction possible	Si conservation du dossier Communication au public
2000	2011	2025

Certains argueront que le secret professionnel et le respect de la vie privée sont mis à mal par cette disposition. Cependant, il ne faut pas oublier que l'établissement n'a aucune obligation de conservation au-delà des 20 ans (ou 10 ans après le décès du patient si ce décès intervient moins de 10 ans après la sortie de ce patient) et que s'il élimine le document dans les règles, seuls les échantillonnages versés aux archives départementales seront soumis au régime de communicabilité des archives publiques. Si l'établissement choisit de les conserver, il devra en assumer la communication à toute personne qui en ferait la demande au-delà des délais imposés par la loi.

Cette disposition devrait certainement inciter les établissements à procéder à l'élimination des documents ayant atteint les délais de conservation minimum obligatoires prévus pour les documents. En effet, l'élimination des archives possède des vertus certaines dont le gain de place, le coût, la disparition des responsabilités liées à la conservation des archives et la communication au public des archives.

Le régime de communication des archives publiques à la personne concernée
Il s'agit ici de rappeler que chaque personne usager ou professionnel a le droit d'accéder aux informations personnelles qui le concernent aux termes de la loi du 17 juillet 1978 dite loi CADA (11). Les délais de conservation quels qu'ils soient n'ont en eux-mêmes aucune influence sur ce droit direct et personnel (12). Par principe la loi CADA s'applique pour toute demande d'accès aux documents administratifs (qui procèdent de l'activité d'une administration). Le régime particulier instauré par les articles L. 1111-7 et R. 1112-1 à 9 du CSP ne vaut que pour les demandes d'accès aux informations relatives à la santé (13), en raison de la spécificité de ces informations. Mais on notera que les deux procédures d'accès ont des similitudes et ne se contredisent pas.

L'élimination des archives hospitalières
Deux situations existent en matière d'élimination des archi ves hospitalières. L'élimination des documents lors de la gestion quotidienne d'un dossier ou au moment de la clôture du document, et l'élimination de l'ensemble du document au terme des délais de conservation.

L'élimination des documents lors de la gestion quotidienne d'un dossier, ou au moment de la clôture du document
Chaque professionnel qui intervient dans un dossier ou sur un document peut avoir à le trier, en éliminant des doublons, ou des éléments qui n'ont pas vocation à être conservés (notes personnelles, copie de documents devenus inutiles…).
En ce qui concerne le dossier médical, celui-ci doit faire l'objet d'un tri avant clôture sous la responsabilité du médecin qui a suivi le patient. Les éléments que ce dernier retire ou fait retirer (par la secrétaire médicale) doivent être éliminés dans les règles de la stricte confidentialité dès lors qu'ils sont couverts par le secret professionnel. Il s'agira de les passer au broyeur et non de les jeter dans une poubelle, car les documents détruits ne doivent pas pouvoir être reconstitués.
Le même procédé doit être utilisé pour tout document nominatif, que celui-ci concerne une personne privée, usager ou un professionnel (dossier social, dossier de carrière), ou dès lors qu'il est confidentiel (document émanant de la direction).
Il ne faut donc pas perdre de vue que la notion d'archive, au risque de se répéter, ne concerne pas seulement des dossiers clos et déposés dans un service d'archives ou une armoire dans un secrétariat, mais tout document produit, circulant, utilisé dans la gestion quotidienne d'un établissement.
Aussi tous les personnels des établissements de santé ou médico-sociaux sont concernés par la réglementation applicable aux archives hospitalières.

L'élimination définitive des documents
L'actualité jurisprudentielle (14) **vient juste de rappeler qu'une archive publique ne peut en aucun cas être détruite en dehors des règles prévues**

d'une part par le Code du patrimoine et d'autre part, par les textes spécifiques se rapportant à certains documents, sans entraîner la responsabilité de l'établissement.

En effet, de manière générale concernant les archives publiques, l'article L. 212-3 stipule qu'à l'expiration de leur période d'utilisation courante par les services, établissements et organismes qui les ont produits ou reçus, les documents mentionnés à l'article L. 211-4 et autres que ceux mentionnés à l'article L. 212-4 font l'objet d'un tri pour séparer les documents à conserver et les documents dépourvus d'intérêt administratif et historique destinés à l'élimination. La liste des documents destinés à l'élimination ainsi que les conditions de leur élimination sont fixées en accord entre l'autorité qui les a produits ou reçus et l'administration des archives (15). En effet, l'instruction ministérielle du 14 août 2007 rappelle que l'élimination des dossiers médicaux est « *toujours subordonnée au visa du directeur des archives départementales territorialement compétent, qui peut choisir de conserver certains dossiers à titre définitif afin de documenter la recherche* ». Lorsqu'il y a désaccord entre les deux autorités, l'établissement qui produit les dossiers est libre de les conserver si l'administration des archives préconise leur élimination. Cette conservation devra cependant se maintenir dans les conditions préconisées par l'arrêté du 11 mars 1968.

Ainsi, en établissement public ou relevant du service public, la décision d'éliminer des dossiers relève du directeur de l'établissement, et du directeur des archives départementales. S'il s'agit plus particulièrement des dossiers médicaux, il faudra obtenir l'avis du médecin responsable de l'information médicale (DIM) (16). Si l'établissement ne dispose pas d'un DIM, alors il peut être recouru à l'avis du président de la commission médicale d'établissement (CME).

Par ailleurs, dès lors que l'établissement aura externalisé ses données quelle qu'en soit la nature (administrative, médicale, sociale...) ou le support (dématérialisé ou papier), il lui reviendra d'organiser leur destruction au regard des règles édictées, soit en rapatriant les données sur son site (17), soit en déplaçant la procédure sur le lieu de l'hébergement, avec la direction des archives départementales dont relève l'établissement.

La procédure à suivre

L'établissement qui souhaite éliminer doit :

– se rapprocher des archives départementales dont il dépend,

– obtenir l'avis du directeur de l'information médicale pour l'élimination des données médicales.

Les règles d'élimination sont définies par une décision conjointe des deux autorités. La liste des documents ou catégories de documents destinés à l'élimination ainsi que les conditions de leur élimination sont fixées par accord entre les deux autorités. Le responsable des archives départementales peut choisir de conserver certains dossiers à titre définitif afin de documenter la recherche. Lorsqu'il y a désaccord entre les deux autorités, l'établissement qui produit les dossiers est libre de les conserver si l'administration des archives préconise leur élimination (18). Le directeur des archives départementales doit veiller aux conditions de délivrance des visas d'élimination (19) :

– il est conseillé de joindre une liste nominative précise des documents lorsque la procédure concerne des archives nominatives (dossiers médicaux, dossiers de carrière).
– un procès-verbal de destruction sera établi pour chaque opération d'élimination,
– le prestataire organisant la destruction des documents devra produire un certificat de destruction (de valeur contractuelle) lequel sera joint au bordereau d'élimination qui devra être conservé indéfiniment par l'établissement (20).
Dès lors, toutes destructions effectuées en dehors des règles posées par la loi et le règlement emportent la responsabilité de l'établissement tant sur le plan administratif ou civil que sur le plan pénal pour destruction d'archive publique.
On notera que la réglementation n'a pas envisagé l'hypothèse d'une demande de destruction formulée par le patient. Cette requête peut être étudiée dans les seules hypothèses où la réglementation des archives publiques ne trouve pas application ou, pour les cas où elle s'applique, mais où le terme du délai de conservation est atteint.

L'engagement de la responsabilité juridique en matière de conservation
La responsabilité administrative
ou civile des établissements
Cette responsabilité est susceptible d'être encourue dans les conditions similaires par tout établissement ou professionnel de ces établissements (21) tenu à l'obligation de conserver les documents « archives » qu'ils détiennent ou utilisent dans leurs fonctions.
La perte ou la destruction, en dehors des règles légales (délais et procédure) de tout ou partie des documents ayant vocation à être conservés peut constituer une faute de nature à entraîner la condamnation de l'établissement et à en réparer les conséquences dommageables résultant de cette disparition au regard des obligations de conservation imposées par la loi.
C'est en partie le sens de la décision récente de la cour administrative d'appel de Marseille qui, entre autres arguments a condamné le Centre hospitalier de Toulon pour destruction d'archives publiques en dehors des prescriptions de la loi :
« *Considérant que l'enregistrement des échanges téléphoniques entre le médecin régulateur du SAMU et ses interlocuteurs constitue un document produit par l'hôpital dans l'exercice de son activité ; que, procédant de l'activité d'un établissement public, ce document présente le caractère d'une archive publique ; que sa conservation et son éventuelle destruction étaient dès lors régies, contrairement à ce que soutient le centre hospitalier en défense, par les prescriptions susmentionnées ; qu'il est constant que si les bandes d'enregistrement en cause ont été détruites, cette destruction est intervenue en dehors desdites prescriptions* ; [...] *les consorts X sont fondés à soutenir que cette destruction était fautive* ».
Il est donc fortement déconseillé à quiconque de détruire des documents archives publiques en dehors des règles d'élimination, règles qui doivent être organisées et vérifiées par le directeur de l'établissement, le directeur départemental des archives dans tous les cas et par le directeur de l'information médicale pour les archives médicales.

Au-delà de la responsabilité civile ou administrative chacun peut voir sa responsabilité engagée au pénal aux termes des dispositions prises dans le Code du patrimoine afin de prévenir tout acte de malveillance ou de négligence. Les archives sont des documents imprescriptibles, relevant du patrimoine, leur protection est en concordance avec leur statut.

La responsabilité pénale :
des sanctions de plus en plus importantes

Dans la lignée des grands textes, les obligations des professionnels et des structures se couplent régulièrement de sanctions pénales.

Les sanctions relatives à la destruction, au vol, à l'utilisation d'archives hors autorisation ont été renforcées par la loi du 15 juillet 2008.

Toute violation du secret professionnel, tout détournement, soustraction, destruction d'archives publiques par une personne qui en est détentrice en raison de ses fonctions est passible d'une peine de 3 ans d'emprisonnement et de 45 000 euros d'amende. Cette peine est réduite à 1 an d'emprisonnement et 15 000 euros d'amende s'il s'agit d'une négligence. Le vol peut être puni de 7 ans d'emprisonnement et 100 000 euros d'amende.

Les articles du Code du patrimoine stipulent :

Article L. 214-1 « *Le fait, pour toute personne, d'enfreindre les prescriptions de l'article L. 211-3 est passible des peines prévues aux articles 226-13 et 226-31 du Code pénal* ».

Article L. 214-2 « *Sans préjudice de l'application des articles 314-1 et 432-15 du Code pénal, le fait, pour tout fonctionnaire ou agent chargé de la collecte ou de la conservation d'archives, de violer les conditions de conservation ou de communication prévues à l'article L. 213-6 est puni d'une peine d'emprisonnement d'un an et d'une amende de 15 000 euros ou de l'une de ces deux peines* ».

Article L. 214-3 « *Sans préjudice de l'application des articles 322-2 et 432-15 du Code pénal, le fait, pour toute personne, lors de la cessation de ses fonctions, de détourner, même sans intention frauduleuse, des archives publiques dont elle est détentrice en raison de ces fonctions, est puni d'une peine d'emprisonnement d'un an et d'une amende de 3 750 euros ou de l'une de ces deux peines* ».

Le renforcement des sanctions pénales rappelle à chacun ses obligations à l'égard des archives, ainsi que l'importance de ces documents.

(1) Cour administrative d'Appel de Marseille 25 juin 2009, n° 07MA02024.
(2) Article L. 1112-1 al. 4 du CSP.
(3) Article L. 211-3 du Code du patrimoine.
(4) Cour administrative d'appel de Nantes, 15 octobre 2009, M X, CHU de Caen, n° 09NT00165, condamnant un établissement pour violation du secret professionnel dès lors que le dossier médical d'un patient atteint du VIH avait été laissé dans le couloir et lu par la mère de ce patient. Le juge rappelle le statut d'archive publique du dossier médical et condamne l'établissement sur la base de la violation de l'article L. 211-3 du Code du patrimoine, et non sur la violation de l'article L. 1110-4 du CSP.
(5) Article L. 1112-1 al. 5 du CSP.
(6) Se reporter aux règles professionnelles et déontologiques des professions de santé : quatrième partie du CSP.
(7) L'autorisation doit découler de la loi ou d'une procédure d'accès aux documents conformes aux termes de la loi.
(8) Article L. 213-1 du Code du patrimoine.
(9) Article L. 213-2 du Code du patrimoine.

●●●

(10) La loi du 15 juillet 2008 introduit une disposition complémentaire prévoyant que l'accès aux archives publiques s'exerce dans les conditions définies pour les documents administratifs à l'article 4 de la loi n° 78-753 du 17 juillet 1978 portant diverses mesures d'amélioration des relations entre l'administration et le public et diverses dispositions d'ordre administratif, social et fiscal.
(11) Articles 1, 2 et 6.
(12) Les archives sont conservées tant à l'intérêt public pour les besoins de la justification des droits des personnes physiques ou morales, publiques ou privées, que pour la documentation historique de la recherche.
(13) Voir aussi sur ce point : Circulaire DHOS/E1 n° 2009-271 du 21 août 2009 relative à la communicabilité des informations de santé concernant une personne décédée ayant été hospitalisée dans un établissement public de santé ou un établissement de santé privé chargé d'unemission de service public.
(14) CAA de Marseille du 25 juin 2009 (déjà cité).
(15) Direction des archives départementales, tutelle des établissements qui produisent des archives publiques hospitalières.
(16) Article R. 1112-7 du CSP.
(17) Procédure prévue à l'article R. 1112-7 al. 4 du CSP en ce qui concerne les données de santé.
(18) Avis donné par le directrice des archives de France : rapport du Sénat n° 146, R. Garrec du 19 décembre 2007.
(19) Instruction du 14 août 2007 relative à la conservation du dossier médical.
(20) Bien qu'aucun texte ne précise que ces documents soient conservés indéfiniment, la logique l'impose. Cependant dès lors que la DA en conserve un exemplaire, c'est à l'établissement de négocier leur élimination ou non.
(21) On envisage ici le cas de la faute détachable.

Éléments de correction (non exhaustifs)

1 **AVC :** accident vasculaire cérébral, la circulation sanguine vers le cerveau est interrompue par un thrombus/caillot ou un vaisseau sanguin a éclaté (provocation d'une hémorragie).
Sténose : il s'agit d'un rétrécissement anormal, ici d'un vaisseau sanguin.
BPCO : bronchopneumopathie chronique obstructive, c'est une pathologie chronique (qui dure dans le temps) inflammatoire qui atteint les bronches et détruit peu à peu les alvéoles pulmonaires.
Diabète II : pathologie du métabolisme basal caractérisée par une hyperglycémie qui atteint les adultes souvent après la quarantaine.
IMC : indice de masse corporelle.
Fibroscopie oeso-gastro-duodénale : examen d'imagerie médicale. Il s'agit d'un examen visuel direct, permettant de visualiser la muqueuse de l'œsophage, de l'estomac et du premier segment de l'intestin grêle.
Gastrite : terme désignant l'inflammation de la muqueuse de l'estomac.
Coloscopie : examen d'imagerie médicale à l'aide d'un endoscope/fibre optique permettant la visualisation directe de la paroi interne du côlon.
Extrasystole : terme qui indique une contraction prématurée/supplémentaire anarchique/anormale du cœur, ici à l'endroit du ventricule ; c'est un trouble du rythme cardiaque.

Sibilant : cela indique une gêne respiratoire, un sifflement audible lors de l'auscultation des poumons.
Echo-doppler : examen d'imagerie médicale à l'aide d'ultra-sons, qui permet de mesurer le débit et la vitesse du sang dans les vaisseaux.
Thrombose : il s'agit d'une obturation d'un vaisseau sanguin par un caillot (thrombus).
FEVG : fraction d'éjection ventriculaire gauche (mesure).
Échographie : examen d'imagerie par ultra-sons.

2 *Comme dans toutes les réponses où cela est possible, vous devez « justifier » votre réponse en citant les textes de référence.*
Un TEP Scanner a été envisagé par le Dr. B. mais le patient a refusé cet examen. Le **refus du patient** résulte d'un droit fondamental : la loi **du 4 mars 2002, article L. 1111-4** du Code de la Santé publique précise : « *Le médecin doit respecter la volonté de la personne après l'avoir informé des conséquences de ses choix.* » ; aucun acte ne peut être pratiqué sans le consentement du patient (sauf urgence vitale).

3 *Cette question vous propose de réfléchir à une procédure qui traiterait du recueil et de la conservation des données des malades ; il s'agit donc dans un premier temps d'un travail d'analyse du dossier proposé quant à notamment l'identito-vigilance puis à la tenue et à l'archivage du Dossier médical. Le dossier vient en appui, en complémentarité de vos connaissances pratiques.*

Forme
Le sujet requiert une « procédure » ce qui implique une **présentation claire et synthétique** des activités afin que le document apparaisse comme un « outil » une « trame » à respecter. Vous pouvez présenter vos propositions sous forme de tableau formulant les tâches essentielles à respecter, vérifie… Vous pouvez adopter au minimum une présentation sous forme de paragraphes avec énumération des requis.
Vous proposerez un titre à votre document.
Le résumé des textes constituerait un hors-sujet.

Fond
Le tableau /la liste des activités sera précédé/e par une introduction définissant le dossier médical.
Un dossier médical est **obligatoirement créé** pour chaque patient lors de son premier séjour ou consultation externe dans un E.P.S (**décret 29/04/2002 ou art R. 1112-2 CSP**). Il est l'endroit/le document où sont recueillies et conservées toutes les informations le concernant afin de constituer un outil essentiel pour l'organisation, la continuité, la sécurité, etc., des soins.
• **Recueil et structuration du dossier :**
Données **administratives** obligatoires (réf **HAS**) :
– **Identito-vigilance :** nom naissance/date naissance, etc.

– **Personne de confiance**
– **Médecin**
Données **médicales** :
– Réf à l'article R. 1112-1 : constitution uniforme des dossiers (forme et contenu) dans sa forme et son contenu ;
– Responsabilité des **acteurs de soins** pour la tenue du dossier : consignation obligatoire des observations/interventions, etc. Écrits toujours **datés et signés par l'opérateur**, etc. tout document doit comporter l'identité du patient. Dossier de soins. Notion de **traçabilité**, etc.
– **Informations actualisées** quant à l'évolution de l'état clinique du patient jusqu'à sa sortie ; données médicales et « **secret partagé** ».
– Informations c/ les choix **du patient** (personne de confiance, directives anticipées, secret, etc.).

• **Conservation des informations recueillies**
La conservation des dossiers médicaux et son organisation sont une **obligation** principale de laquelle découlent les autres : lieu de conservation, communication et respect des délais, destruction. Le directeur de l'EPS en est responsable. La destruction ou la perte d'un dossier peut constituer une faute et entraîner la condamnation de l'établissement.

Archivage :
– **Protection requise :** réf. loi 1968 et confidentialité assurée (art. 1112-1 CSP).
– Les dossiers les plus anciens et non encore numérisés.
– **Externalisation** possible dans un organisme agréé et avec des modalités d'échanges et de récupération des données.

Conservation des dossiers :
La conservation des dossiers médicaux sont liées aux règles de communication des documents et à la protection du secret médical.

– **Règles et délais** de conservation : 20 ans minimum après la dernière consultation/sortie/« mouvement » du dossier mais règles spécifiques pour :
- dossier de transfusion (30 ans),
- chroniques,
- mineurs : jusqu'aux 28 ans de l'enfant si sorti avant l'âge de 8 ans,
- patient décédé : 10 ans à compter de la date du décès,
- clichés radiologiques non remis au patient externe : 5 ans.

– **Tri et élimination** des dossiers :
• Lors d'une épuration ne sont éliminés que les documents devenus inutiles (responsabilité médicale) ; destruction essentielle pour respect du secret médical.
• Élimination des dossiers subordonnée au visa du directeur des archives départementales.
• Responsabilité du directeur de l'EPS qui doit recueillir avis du DIM.
• Certificat de destruction.

4 Le dossier médical partagé est une sorte de **carnet de santé numérique,** il n'est pas obligatoire, il est créé par l'assuré(e) social(e) sur Internet à l'aide de sa carte Vitale, ou par un professionnel de Santé avec l'accord de son patient. Ce dossier est **strictement confidentiel et sécurisé**. Son titulaire en contrôle l'accès, et gère les autorisations d'accès. Il peut décider de fermer son DMP, les données sont alors conservées 10 ans. Le patient peut y insérer ses directives anticipées. Le DMP **ne remplace pas le dossier du patient hospitalisé**.

Le DMP permet aux professionnels de Santé autorisés d'accéder aux informations utiles à la prise en charge d'une personne malade, et de partager avec d'autres professionnels de Santé des informations médicales la concernant : ses antécédents, ses allergies éventuelles, les médicaments prescrits, ses comptes rendus d'hospitalisation et de consultation, ses résultats d'examens, (radios, analyses biologiques, etc.).

Sujet 3

Durée : 3 heures
Coefficient : 3

Épreuve écrite d'admissibilité – AP-HP – 2016

Vous travaillez à l'institut B… où Monsieur Philippe VICTORIA a été soigné en 2012. Plus récemment, Monsieur VICTORIA y est à nouveau hospitalisé, en oncologie. En l'absence de son épouse (qui souhaitait qu'il ne soit pas informé de son état de santé), il demande au médecin des informations précises sur l'évolution possible de sa maladie. Le praticien, constatant que le patient est pleinement en possession de ses moyens intellectuels, l'informe de l'évolution défavorable de sa pathologie, de l'absence de traitement curatif et lui propose l'orientation vers les soins palliatifs.

L'épouse du patient veut poursuivre l'établissement du fait du manque de prudence et de diligence dans l'information délivrée à son mari.

Vous répondrez dans l'ordre aux questions ci-après à l'aide de vos connaissances et sans paraphraser les textes proposés (annexes ci-après).

Première partie

1 **Quels sont les droits de Monsieur Philippe VICTORIA à être informé sur son état de santé ?** (4 points)

2 **Le médecin avait-il le droit d'informer le patient malgré l'opposition de son épouse ?** (3 points)

3 Au cours de son hospitalisation, Monsieur Philippe VICTORIA souhaite que vous lui reformuliez les modalités d'accès aux directives anticipées. **Comment le renseignez-vous précisément ?** (5 points)

Terminologie médicale

4 **Définir à l'aide d'une phrase précise :** rétro-péritonéal ; fistule ; surrénalectomie ; laparotomie ; incision xypho-pubienne ; distal ; hémostase ; épiplooplastie ; pédicule ; dolichocôlon. (18 points)

Comment nomme-t-on :

– la localisation secondaire d'une tumeur maligne.
– l'analyse bactériologique des selles.

Comparez :

– néphrotomie et néphrographie.
– anastomose et gastro-entérostomie.

Deuxième partie

1 Au cours de ses hospitalisations, Monsieur Philippe VICTORIA a été transfusé. **Quel impact cela aura-t-il en ce qui concerne le dossier médical de ce patient ?** (3 points)

2 **Que savez-vous du DMP ? de la RCP ? des soins palliatifs ? (trois paragraphes d'explications sont attendus)** (9 points)

3 Le RRC utilise le dossier médical « partagé » pour prendre en charge les patients. **Quels sont les avantages et les limites de ce dossier pour le patient et pour le professionnel ?** (4 points)

4 La mesure 34 du Plan cancer 2009-2013 a prévu de nouveaux moyens d'information pour les professionnels des RRC (messagerie, visioconférence…). **Expliquez comment ces moyens mis en place favorisent la diffusion de l'information et indiquez les règles de protection à respecter pour la prise en charge des patients ?** (4 points)

5 **Dans quel cadre s'inscrit la charte informatique d'un Établissement public de santé ? Les adjoints médico-administratifs sont-ils concernés par cette charte ? Formulez trois règles de bon usage ainsi que les mesures disciplinaires encourues.** (5 points)

6 **Que signifie les acronymes suivants :** (0,5 point/acronyme)

– HAD
– SMUR
– EHPAD
– PEP
– CPAM
– MCO
– IPAQSS
– PMSI
– HAS
– IST

Annexe 1

INSTITUT NATIONAL DU CANCER

Les réseaux régionaux de cancérologie

Pour répondre à l'impératif de coordination des acteurs dans la prise en charge des patients atteints de cancer, le réseau régional de cancérologie a été identifié comme une organisation pivot dans le champ sanitaire. L'ensemble des régions françaises est couvert par un réseau régional de cancérologie.

La structuration des réseaux de cancérologie s'appuie sur deux niveaux géographiques nécessairement articulés : un réseau territorial dont la dimension permet d'assurer aux patients des soins coordonnés, continus et de proximité en lien avec le médecin traitant. Cette organisation n'est pas nécessairement structurée exclusivement autour du cancer.

Le réseau régional de cancérologie (RRC) qui s'inscrit dans une logique de coordination des opérateurs de santé à l'échelle régionale, et d'amélioration continue des pratiques en cancérologie ; ce n'est pas un réseau de prise en charge et d'inclusion directe des patients.

Missions des RRC

Le premier objectif des réseaux régionaux est de développer du lien entre les acteurs de santé en décloisonnant leurs pratiques et en favorisant l'amélioration de ces dernières.

Les réseaux régionaux ont pour missions :

- la promotion et l'amélioration de la qualité des soins en cancérologie comprenant la diffusion auprès des professionnels de santé des recommandations pour la bonne pratique clinique en cancérologie.
- la facilitation des échanges entre professionnels de santé notamment via la promotion des outils communs de communication au sein de la région dont le dossier communicant de cancérologie (DCC). Le RRC met également en avant les outils de visioconférence pour faciliter la réalisation des réunions de concertation pluridisciplinaire et faciliter la participation des professionnels de santé en limitant leur déplacement.
- l'information des professionnels de santé, des patients et de leurs proches.
- l'aide à la formation continue des professionnels de santé.
- le recueil des données relatives à l'activité de soins cancérologiques et l'évaluation de la qualité des pratiques en cancérologie.
- la mesure et l'analyse de l'impact des actions menées notamment dans le domaine de l'amélioration de la qualité des soins en cancérologie, de la coordination des acteurs, des pratiques professionnelles collectives.

Procédure de reconnaissance

L'appartenance à un RRC fait partie des obligations que doivent remplir les établissements de santé pour être autorisés à pratiquer les traitements du cancer. L'Institut national du cancer a finalisé fin 2013 la procédure de reconnaissance des 25 réseaux régionaux de cancérologie.

Dans la mesure où le renouvellement de la reconnaissance des RRC a expiré fin 2015 et que les missions des RRC vont évoluer en 2016 conformément au Plan cancer 2014-2019, l'INCa a décidé de prolonger le renouvellement de la reconnaissance d'une année supplémentaire.

e-cancer.fr, 12 janvier 2016.

Annexe 2

INSTITUT NATIONAL DU CANCER

Accélérons les progrès face aux cancers

Le dossier communicant de cancérologie

Le partage et l'échange de données médicales entre professionnels de santé, hospitaliers et libéraux, sont des facteurs importants d'amélioration de la qualité des soins et de la continuité de la prise en charge du patient sur le terrain. Dans ce cadre, le dossier communicant de cancérologie (DCC) a été développé par les réseaux régionaux de cancérologie (RRC). Le Plan cancer 2014-2019 réaffirme l'importance du DCC et œuvre à sa généralisation. Le dossier communicant de cancérologie doit permettre aux professionnels de santé :

- d'échanger des données médicales telles que les fiches de réunions de concertation pluridisciplinaire, les comptes rendus opératoires, les comptes rendus anatomopathologiques via la télé-imagerie, les téléconférences, visioconférences...
- de gérer les outils et les services nécessaires à l'activité de cancérologie : annuaires des RCP, gestion informatisée des RCP, élaboration du programme personnalisé de soins (PPS), accès aux recommandations de pratique clinique et aux registres des essais cliniques...

L'Institut national du cancer et l'ASIP Santé (Agence des systèmes d'information partagés de santé) ont signé en décembre 2009 un accord de partenariat pour le développement du DCC dans le cadre du DMP. Sept régions ont été retenues pour la phase pilote de mise en œuvre du service DCC. Il s'agit de l'Alsace, de l'Aquitaine, de la Lorraine, des Pays-de-la-Loire, de la Picardie et des régions Rhône-Alpes et Midi-Pyrénées. Le Plan cancer 2014-2019 prévoit la généralisation du DCC et vise à mobiliser les outils de communication numérique au service de la coordination ville-hôpital.

e.cancer.fr, 22 janvier 2016.

Annexe 3

INCa & ASIP Santé janvier 2016

Le DCC, qui s'inscrit dans le parcours de soins du patient, dont il est un des facteurs clés de coordination, comprend au moins :

1. Le compte rendu d'anatomie et cytologie pathologiques (CRAP)
2. La fiche RCP qui intègre l'ensemble des éléments nécessaires à la prise de décision au regard des référentiels de bonnes pratiques
3. Le compte rendu opératoire
4. Le programme personnalisé de soins (PPS). Il constitue le point de départ du parcours de soins du patient. Il doit lui être remis dès le début de la prise en charge initiale.

Annexe 4

Dossier Communicant de Cancérologie : le numérique n'est plus une option

Face aux enjeux du système de santé et à la nécessité de faciliter la prise en charge coordonnée des patients atteints de cancer, le partage ou l'échange sécurisé de données médicales n'est plus une option.

Le Plan Cancer 3 l'a réaffirmé : le Dossier Communicant de Cancérologie (DCC) est une urgence, tout en annonçant « la généralisation du DCC et la mobilisation des outils de communication numérique au service de la coordination ville-hôpital ». Depuis 2010, l'INCa et l'ASIP Santé y travaillent et ont élaboré, en coopération avec 7 régions pilotes, le « Cadre national DCC et DMP ». Un cadre qui permettra à chaque région de mettre en œuvre le service selon sa propre trajectoire, dans les établissements assurant la prise en charge des patients atteints de cancer.

Ce partenariat INCa/ASIP Santé a permis de mettre au service du DCC des briques structurantes et innovantes :

- le DMP qui permet aux professionnels de santé de partager des informations médicales et aux patients de mieux s'impliquer dans ce parcours complexe ;
- les Messageries Sécurisées de Santé (MSSanté) permettant de transmettre de façon fiable, rapide et confidentielle des informations utiles à la prise en charge du patient ;
- l'annuaire national des réunions de concertation pluridisciplinaires qui référence et met à la disposition de tous l'offre de soins en cancérologie.

DMP, esante.gouv.fr, 2 juillet 2014.

Annexe 5

Service-Public.fr
Liberté • Égalité • Fraternité
RÉPUBLIQUE FRANÇAISE
Le site officiel de l'administration française

Information du patient sur son état de santé

Vous disposez d'un droit d'accès aux informations qui concernent votre santé. Cette information peut vous être délivrée de différentes manières et à différents moments. Ce droit d'information s'accompagne aussi du droit de ne pas savoir si vous en décidez ainsi.

Information a priori

L'information porte sur :
- les investigations, les traitements ou les actions de prévention qui vous sont proposés,
- leur utilité,
- leur urgence éventuelle,
- leurs conséquences,
- les risques fréquents ou graves normalement prévisibles qu'ils comportent ainsi que les autres solutions possibles et les conséquences prévisibles en cas de refus.

Information a posteriori

Le droit d'être informé sur votre état de santé ne s'éteint pas après l'exécution des investigations, des traitements ou des actions de prévention. Si des risques nouveaux sont apparus, vous devez en être informé, sauf en cas d'impossibilité de vous retrouver (par exemple, découverte des effets secondaires d'un médicament qui vous a été prescrit il y a plus ou moins longtemps).

Par ailleurs, vous pouvez, à tout moment, demander la consultation de votre dossier médical.

Droit de ne pas savoir

Vous pouvez, si vous le souhaitez, être tenu dans l'ignorance d'un diagnostic ou d'un pronostic, sauf lorsque des tiers (vos enfants ou votre conjoint par exemple) sont exposés à un risque de transmission.

Le droit du patient d'être informé sur son état de santé constitue une obligation pour le professionnel de santé.

Cette information doit être délivrée au cours d'un entretien individuel.
Seules l'urgence ou l'impossibilité d'informer peuvent dispenser le professionnel de cette obligation.

Service-public.fr

Annexe 6

Professeur
DIRECTEUR GÉNÉRAL

DÉPARTEMENT DE
CHIRURGIE

Coordonnateur
Pr.

Dr.
CCA - SEIN
Pr.
SEIN
Dr.
ORL - THYROÏDE
Dr.
CHIRURGIE DIGESTIVE
Pr.
CHIRURGIE DIGESTIVE
Dr.
CCA - SEIN
Dr.
SEIN
Dr.
CHIRURGIE UROLOGIQUE
Dr.
CHIRURGIE GYNÉCOLOGIQUE
Dr.
CHIRURGIE UROLOGIQUE
Dr.
STOMATOLOGIE
Dr.
CHIRURGIE PLASTIQUE RECONSTRUCTRICE
Dr.
CHIRURGIE GYNÉCOLOGIQUE - TISSUS MOUS
Dr.
SEIN

INSTITUT

Aider la vie

Centre Régional de Lutte Contre le Cancer de

Monsieur le Docteur

ES/SBO
DM :

Bord , le 29 août 2012

Cher Confrère,

Votre patient, **Monsieur Philippe VICTORIA né le 08/03/1958**, a été hospitalisé à l'Institut du 30 juillet au 8 août 2012.

Les suites après l'exérèse de sa volumineuse tumeur rétro-péritonéale droite avec résection multi organes ont été dans l'ensemble simples. A noter la survenue d'un pic fébrile au sixième jour post-opératoire que nous avons attribué à un cathéter intraveineux qui a été retiré.
Monsieur a retrouvé une bonne autonomie et une reprise de l'alimentation et du transit.
La cicatrice a été laissée à l'air avec une prescription d'ablation programmée des agrafes.
Le traitement de sortie a comporté la poursuite du LOVENOX à titre préventif de phlébite pendant trois semaines au total.
Le bilan de sortie montrait un taux d'hémoglobine à 9,5 g, un taux de leucocytes normal et une fonction rénale à 71 µmoles, donc normale, malgré la néphrectomie droite réalisée.

D'un point de vue carcinologique, confirmation du diagnostic de liposarcome bien différencié. La chirurgie est complète mais sans marge de sécurité. Le dossier de Monsieur VICTORIA être discuté prochainement en Comité Sarcome pour faire le point de façon protocolaire, le traitement est a priori terminé. On s'orientera vers une surveillance. Pour ma part, j'ai prévu de le revoir courant septembre en consultation post-opératoire.

En restant à sa disposition d'ici-là si nécessaire.

Merci de votre confiance.

Bien confraternellement.

Docteur

PJ : compte-rendu opératoire.
Copie :

CADRE DE SANTÉ HOSPITALISATION 5ème
CADRE DE SANTÉ BLOC OPÉRATOIRE
CADRE DE SANTÉ HOSPITALISATION 1er
secrétariat du département
: 05
télécopieur chirurgie
: 05
adresse mél

ÉTABLISSEMENT DE SANTÉ PRIVÉ D'INTÉRÊT COLLECTIF - MEMBRE DU GROUPE UNICANCER

UNICANCER

La mise en situation

Annexe 7

INSTITUT / 2012 000 Int n° 1
Philippe VICTORIA
54 ans

31/07/2012 **CHIRURGIE**

Opérateurs : Dr
Dr (Interne)
Anesthésiste : Claude-Charl - AG
Enio

Rappel clinique : Patient traité par tomothérapie première pour un volumineux liposarcome dédifférencié rétro-péritonéal droit. La masse tumorale avec le rein mesure plus de 30 cm. Il existe un doute sur l'envahissement de la veine cave. Il n'y a pas de plan de clivage visible par rapport au cadre duodéno-pancréatique. Il existe surtout une fistule entre la tumeur et le côlon droit à l'origine de rectorragies ayant nécessité des transfusions à répétition et, récemment, la veille de l'intervention, une fièvre certainement favorisée par cette fistule. Indication d'exérèse.

JAFA029 : Néphrectomie totale élargie à la loge rénale avec surrénalectomie, par laparotomie ou par abord lomboabdominal.
JFFA021 : Exérèse de lésion de l'espace rétropéritonéal avec dissection des gros vaisseaux, par abord direct.
HHFA009 : Colectomie droite avec rétablissement de la continuité, par laparotomie.
HGFA007 : Résection segmentaire unique de l'intestin grêle avec rétablissement de la continuité, en dehors de l'occlusion, par laparotomie.

Incision xyphopubienne.
À l'ouverture du péritoine, il n'y a pas de sarcomatose. Le foie est normal.
Il existe un volumineux syndrome tumoral rétro-péritonéal droit englobant le côlon droit, fixé au niveau de l'hypochondre droit contre le foie. La tumeur s'arrête au niveau du pelvis, à la partie moyenne de la fosse iliaque droite.
Étant donné la fistule digestive, on réalise d'emblée une iléo-colectomie droite. Celle-ci comporte la thermofusion-section du méso-iléon à trois anses du caecum et du méso-côlon au niveau du côlon transverse à sa moitié. Après section des sites digestifs, réalisation d'une anastomose iléo-transverse termino-terminale réalisée par des points séparés de Biosyn 4/0. Fermeture de la brèche mésentérique également au Biosyn.

On se porte au pôle distal de la tumeur. L'uretère pelvien est isolé. Thermofusion-section du pédicule spermatique droit. Ouverture du fascia du psoas et dégagement du pôle inférieur de la tumeur du plan profond. Par cet abord, on peut également dégager l'axe iliaque primitif puis la veine cave inférieure distale.
On se porte au niveau de la gouttière pariéto-colique avec ouverture du péritoine, dégagement de la tumeur des muscles de la paroi latérale puis dégagement postérieur jusqu'au diaphragme.

Dissection du pôle supérieur difficile pas à pas avec libération de la vésicule biliaire puis du pédicule hépatique puis du pôle supérieur de la tumeur du foie et du diaphragme.
On se porte sur la ligne médiane. Section difficile de la veine cave inférieure et dissection très difficile du cadre duodéno-pancréatique qu'on dégage de la face interne de la tumeur, millimètre par millimètre, arrêtée par l'absence de plan de dissection et de nombreuses veines de contact saignant facilement.
Progressivement, on arrive à dégager la veine cave sous-hépatique.
Après dissection complémentaire en profondeur le long de l'axe rachidien et du psoas, la tumeur reste adhérente au pédicule rénal. Ablation de ce pédicule rénal droit réalisée par le Dr . Il existe deux artères et deux veines rénales. Dissection rendue difficile par l'envahissement tumoral essentiellement au niveau du pédicule rénal supérieur. Plusieurs plaies veineuses provoquent une hémorragie marquée.
On arrive néanmoins à dégager successivement le pédicule supérieur avec ligature d'abord de la veine puis de l'artère très difficile d'accès. Même chose pour le pédicule inférieur. La tumeur peut alors être libérée après section distale de l'uretère pelvien. Pièce adressée au laboratoire anatomo-pathologique à l'état frais et orientée. Il est réalisé un complément d'exérèse au niveau d'un nodule tumoral restant sur le pédicule rénal droit supérieur. Ce complément permet d'obtenir une rémission complète macroscopique. Plusieurs points appuyés au Prolen 4/0 sont réalisés sur les moignons des vaisseaux rénaux.
L'hémostase est parfaite à l'issue.
Comblement de la cavité d'exérère par une épiplooplastie amorcée lors de la colectomie droite initiale et terminée par un lambeau de grand épiploon restant vascularisé sur l'artère gastro-épiploïque gauche.
Toilette péritonéale au sérum physiologique. Champs et compresses comptés.
On amène le côlon transverse vers l'hypochondre droit permettant de combler la cavité d'exérèse. Pas de drainage.
Fermeture pariétale plan par plan au Safil. Agrafes sur la peau.

Durée d'intervention : 7 h 30.
Saignement : 2,5 litres.

Conclusion : exérèse macroscopiquement complète d'un sarcome rétro-péritonéal droit. Tumeur vue avec effraction tumorale et reprise d'exérèse tumorale au niveau du pédicule rénal droit. Chirurgie multi-organes avec néphrectomie droite, surrénalectomie droite, ablation du pédicule spermatique droit, iléo-colectomie droite et rétablissement de continuité.

Annexe 8

MESURE 40 DU PLAN CANCER

Le cadre général

Le dispositif d'annonce doit permettre au malade d'avoir de meilleures conditions d'annonce de sa pathologie en lui faisant bénéficier à la fois d'un temps médical d'annonce et de proposition de traitement, d'un temps soignant de soutien et de repérage des besoins du patient, de l'accès à des compétences en soins de support, tout autant qu'il doit permettre une meilleure coordination entre la médecine de ville et les établissements privés et publics.

Le dispositif d'annonce ne se résume pas au seul colloque singulier médecin malade, ni à une consultation médicale isolée. Il s'inscrit dans une dynamique d'équipe où l'interactivité entre les différents acteurs de santé est continue. Il concerne autant le diagnostic initial d'un cancer confirmé histologiquement que la rechute de la maladie.

Ce dispositif doit permettre l'information, le soutien et l'accompagnement du patient et de ses proches. Il s'appuie sur une prise en charge pluridisciplinaire associant prioritairement les médecins et les personnels paramédicaux.

L'annonce du cancer doit respecter la volonté de savoir du patient et son rythme d'appropriation. La mise en œuvre de ce dispositif facilite l'implication du patient dans la décision thérapeutique. Le patient et ses proches doivent pouvoir situer, tout au long de leur prise en charge, l'ensemble des ressources mises à leur disposition. Il est indispensable que le médecin traitant, désormais choisi par le patient, soit informé en temps réel, en particulier dès ce premier temps de la prise en charge hospitalière.

Ce dispositif d'annonce se construit autour de quatre temps :

■ **1. Un temps médical :** il correspond à une ou plu-sieurs consultations dédiées à l'annonce du diagnostic de cancer puis à l'annonce de la proposition de stratégie thérapeutique définie lors de la réunion de concertation pluridisciplinaire. Ce projet thérapeutique est présenté au patient par le médecin. La décision thérapeutique, comprise et acceptée par le malade, est ensuite formalisée par écrit et lui sera remise sous forme d'un programme personnalisé de soins. Ce programme retranscrit les modalités thérapeutiques définies par l'équipe pluridisciplinaire à ce stade de la maladie.

■ **2. Un temps d'accompagnement soignant :** il permet au malade ou à ses proches d'accéder, selon leurs choix, à des soignants disponibles à cet effet, qui écoutent, reformulent, donnent de l'information et peuvent :

- orienter le patient vers d'autres professionnels tels que :
- service social : le bilan social initial, souvent sous estimé à ce stade, s'avère important pour aider ensuite à améliorer la qualité de vie du patient pendant les soins,
- psychologue et/ou psychiatre,
- les informer des services rendus par les associations de type Espaces Rencontres Information ou autres…

Ce rôle d'écoute est fondamental, il offre un autre temps au patient pour parler de lui et de son entourage.

Ce temps d'accompagnement soignant fait désormais partie intégrante de l'offre de soins autour de l'annonce ; il se concrétise notamment par un temps de consultation paramédicale, possible immédiatement après ou à distance de chacune des consultations médicales. Cette offre constitue un des acquis fort de l'expérimentation de la mesure, qui a montré son importance tant pour les malades que pour les équipes soignantes. Il n'a pas de caractère obligatoire et ne peut être imposé. Cependant, c'est un élément de qualité essentiel qu'il est recommandé de structurer.

■ **3. L'accès à une équipe impliquée dans les soins de support :** elle permet, en collaboration avec les équipes soignantes, de soutenir le patient et de le guider dans ses démarches, en particulier sociales.

Ces temps, qu'ils soient médicaux ou soignants, sont toujours effectués en respectant le libre choix et les souhaits du patient.

■ **4. Un temps d'articulation avec la médecine de ville :** en mettant en place le dispositif d'annonce, les équipes hospitalières vont davantage parler avec le malade et sa famille. Mais le patient va parler avec son médecin traitant. La communication entre l'équipe et le médecin traitant est donc essentielle, la réalité de ces échanges étant toujours, pour le patient, un gage de sécurité et de continuité des soins.

Lors du temps de l'annonce, il a été proposé au patient d'être, s'il le souhaite, entouré par un proche. Cette possibilité sera maintenue sur toute l'étendue du dispositif. L'objectif est double : permettre au proche de jouer son rôle et déceler chez lui des signes de souffrance.

Ce dispositif d'annonce s'appuiera sur un travail de liaison et de coordination entre les professionnels concernés. Des éléments de ce travail en réseau doivent figurer dans le dossier médical du patient.

Les associations de malades et les comités de patients peuvent mettre à disposition des équipes engagées dans le dispositif d'annonce des documents d'information facilitant une meilleure approche de la maladie et/ou de ses conséquences sociales.

Des formations spécifiques sur la dimension de l'écoute et de l'accompagnement pourront être proposées à tous les professionnels impliqués et leur accès devra être facilité.

La mise en œuvre du dispositif d'annonce fait partie intégrante de la prise en charge des patients. Elle donnera lieu à une évaluation annuelle au sein de l'établissement et prendra en compte l'avis des patients. Les données d'activité et les indicateurs de suivi de ce dispositif seront communiqués aux ARH et inclus dans le rapport d'activité des centres de coordination en cancérologie (3C), transmis au réseau régional de cancérologie et analysés au niveau national par l'INCa.

Institut national du Cancer, avril 2006.

RECOMMANDATIONS NATIONALES POUR LA MISE EN ŒUVRE DU DISPOSITIF D'ANNONCE DU CANCER DANS LES ÉTABLISSEMENTS DE SANTÉ

Éléments de correction (non exhaustifs)

Première partie

1 L'information du patient est prévue par la loi du 4 mars 2002 relative aux droits des malades et à la qualité du système de santé qui l'inscrit dans le code de santé publique comme un principe général et fondamental (art. L. 1111-2) « *Toute personne a le droit d'être informée sur son état de santé* » ; cette information est le fondement de la liberté du patient à consentir ou refuser les soins.

L'information s'adresse à toute personne quel que soit son âge. L'information du patient doit être « *claire, loyale et appropriée* » (art. 35 code de déontologie), donnée au cours d'un entretien individuel d'autant que le corollaire de l'information est le consentement aux soins. La seule limite est la capacité de compréhension et l'aptitude à recevoir l'information : ce qui a été évalué ici par le médecin.

2 M. VICTORIA est conscient, il interroge le médecin car il bénéficie du droit à l'information (*cf.* ci-dessus). L'opposition de son épouse à la révélation d'indications sur son état de santé peut être entendue par le médecin mais c'est à ce dernier d'évaluer si le patient est en état de recevoir l'information : ce qui a été fait ici.

Seule la volonté (manifestée) du patient d'être tenu dans l'ignorance d'un diagnostic ou d'un pronostic peut dispenser les professionnels de leur obligation d'informer.

3 Référence indispensable à la loi Léonetti de juillet 2005, modifiée par celle du 2 février 2016 créant de nouveaux droits en faveur des malades et personnes en fin de vie.

Définition des directives anticipées : instructions écrites relatives aux souhaits concernant la fin de vie prévoyant ainsi l'hypothèse où la personne ne serait pas, à ce moment-là, en capacité d'exprimer sa volonté ; limitation ou arrêt de traitements en cours, des actes médicaux ou chirurgicaux… ; soulagement des souffrances (même si cela a pour effet de mener au décès)… Les directives doivent être rédigées par le patient qui doit les dater et les signer puisqu'il est en capacité de le faire.

Ces volontés sont révocables, révisables à tout moment et s'imposent au médecin sauf en cas d'urgence. À l'hôpital, le document sera conservé dans le dossier médical du patient.

Terminologie médicale

4 • **Rétro-péritonéal :** adjectif qualifiant ce qui se trouve en arrière du péritoine, séreuse tapissant les parois de l'abdomen.

• **Fistule :** terme désignant un canal anormal faisant communiquer deux organes entre eux.

• **Surrénalectomie :** ablation d'une glande surrénale.

• **Laparotomie :** terme indiquant une incision de la paroi abdominale.

• **Incision xypho-pubienne :** expression qui signifie que l'ouverture chirurgicale s'étendait verticalement du pubis au sternum.

• **Distal :** adjectif qui qualifie la partie la plus éloignée du centre d'un organe (ici de la tumeur).

• **Hémostase :** ce terme désigne l'arrêt d'une hémorragie.

• **Épiplooplastie :** nom de l'acte chirurgical permettant de réparer l'épiploon qui est un repli du péritoine.

• **Pédicule :** ensemble d'éléments tissulaires (sorte de « petit pied ») reliant un organe au corps.

• **Dolichocôlon :** terme désignant une anomalie de la taille du côlon qui est anormalement allongé.

– la localisation secondaire d'une tumeur maligne : **métastase**.
– l'analyse bactériologique des selles : **coproculture**.

– **néphrotomie** et **néphrographie** : les deux termes concernent l'appareil urinaire (les reins) et indiquent un acte chirurgical. Le premier désigne une incision (*-tomie*) tandis que le second témoigne d'une suture (*-rraphie*) du rein.
– **anastomose** et **gastro-entérostomie** : ces termes désignent tous les deux un acte chirurgical qui consiste à suturer des extrémités organiques (veines, nerfs, organes). Cependant, le second terme est plus précis, il indique une anastomose de l'estomac à l'intestin grêle.

Deuxième partie

1 L'article R. 1112-2 du CSP précise le contenu du dossier médical du patient qui comprend dans sa première partie (informations formalisées recueillies lors des consultations externes dispensées dans l'établissement, lors de l'accueil au service des Urgences ou au moment de l'admission et au cours du séjour hospitalier) l'indication de la mention des actes transfusionnels pratiqués sur le patient.

Le décret du 4 janvier 2006 fixe à 20 ans, à compter de la date du dernier séjour du patient ou de la dernière consultation externe, la durée de conservation du dossier médical d'un patient ; toutefois dans les cas de transfusion sanguine le dossier devra être conservé pendant 30 ans.

2 • **DMP :** le Dossier Médical Personnel a été initié en 2011. C'est un dossier informatique créé à la demande ou avec l'accord des patients qui peuvent le consulter en ligne, qui en contrôlent l'accès. Seuls les médecins (hospitaliers ou de ville) autorisés par l'usager pourront y accéder dans le cadre de sa prise en charge. Les informations médicales essentielles (antécédents, allergies, CR H, résultats examens…) apparaîtront comme dans un « carnet de santé » accessible et sécurisé : des codes personnels et confidentiels sont remis à la personne lors de la création de son DMP. Le contenu du DMP est géré par son titulaire qui peut y ajouter ou retrancher une information, le fermer ou demander sa destruction. La loi santé de 2016 a fait évoluer le DMP, sigle qui signifie aujourd'hui Dossier Médical Partagé (*cf.* p. 49).

• **RCP :** une Réunion de Concertation Pluridisciplinaire regroupe des médecins de différentes spécialités qui discuteront de la situation d'un patient afin de prendre des décisions quant à sa prise en charge thérapeutique, en établissement de santé ou, comme ici, dans le cadre de centres de coordination en cancérologie. Une RCP doit se faire en présence d'au moins trois médecins de spécialités différentes (le médecin traitant n'est pas obligatoire) qui prendront en compte la situation globale et personnelle du patient et établiront une proposition de traitements. À la suite de quoi, le médecin informe son patient des traitements envisagés en lui remettant un programme personnalisé de soins (PPS). Un compte rendu RCP est adressé au médecin traitant.

• **Soins palliatifs :** soins actifs dans une « approche globale de la personne au cours de la phase évoluée ou terminale d'une pathologie potentiellement mortelle ». Ce sont des soins délivrés à une personne atteinte d'une maladie grave en phase terminale, ils participent d'une amélioration de la qualité de vie des patients par la prévention et le soulagement de la douleur. De nombreux professionnels interviennent dans la prise en charge palliative : médecins, infirmiers, auxiliaires médicaux, psychologues, auxiliaires de vie…

3 Le dossier médical partagé (idem DMP) permet aux différents professionnels de santé de connaître les données réelles et à jour des investigations, des traitements du patient. C'est un outil facilitateur des soins pour le patient qui n'aura pas à répéter à chaque intervenant. Ce dossier permet aussi d'éviter des examens inutiles (résultats récents déjà inscrits) et une prise en charge plus rapide puisque toutes les informations sont consultables immédiatement. Il représente un outil de liaison entre les médecins hospitaliers et de ville qui peuvent assurer la continuité des soins.

Il faut cependant, pour que cette coordination soit réellement efficace, qu'il existe une exhaustivité des données inscrites et bien hébergées (sécurité). Le patient bénéficie de tous les droits sur son DMP et le masquage de documents à certains professionnels peut être préjudiciable pour lui et un risque d'erreur pour le professionnel.

4 Le dossier communicant de cancérologie en liaison avec le DMP permet aux médecins de travailler de concert et à distance grâce aux technologies récentes. Ils ont chacun à leur disposition, sur écran, les données concernant un patient : la concertation à distance (visioconférence) facilite les RCP et induit un gain de temps tant pour les professionnels que pour la prise en charge du patient. D'autre part, des sites d'information et de travail coopératif pour les professionnels de santé informent sur les recommandations de pratiques professionnelles, les cancers, les actes diagnostiques et thérapeutiques.

Une loi définit précisément l'activité d'hébergement des données de santé : les hébergeurs doivent être agréés pour leur activité par le ministre chargé de la santé, après avis de la CNIL. Ils ne peuvent pas transmettre quoique ce soit à quiconque d'autre que les professionnels ou EPS qui les leur ont confiées (secret professionnel). La présence d'un médecin est obligatoire dans l'organisation de l'activité d'hébergement (CSP) : il est le garant de la confidentialité des données de santé déposées.

La messagerie sécurisée est un outil internet indispensable pour les professionnels de santé qui leur permet grâce à une carte de professionnel de santé (CPS) d'échanger des documents médicaux nominatifs bien plus rapidement que par courrier postal. Mise en place par l'ASIP en 2010 du RPPS et déploiements des MSSanté. La transmission électronique permet d'améliorer la coordination des soins en toute sécurité : utilisation de la CSP (art. L. 1110-4 CSP) et signature électronique.

5 Les EPS se sont dotés d'une charte informatique à partir du programme « hôpital numérique » instauré par la DGOS : c'est une charte d'accès et d'usage du système d'information des ressources informatiques et des services Internet dans l'établissement. L'ensemble du personnel d'un EPS (donc les AMA) est concerné, tous statuts confondus dès lors qu'ils utilisent les moyens informatiques de l'établissement.

Exemples de règles de bon usage :
– sessions des ordinateurs verrouillées en cas d'absence ; utilisation des mots de passe ;
– récupérations rapides depuis les imprimantes partagées des documents contenant des données à caractère personnel relatives aux patients, aux agents ou financières ;
– n'utiliser qu'exceptionnellement (nécessité) à des fins personnelles les moyens de télécommunication mis à disposition par l'EPS ;
– respect du secret professionnel et de la discrétion : un comportement exemplaire est exigé dans toute communication orale ou écrite, téléphonique ou électronique ;

– accès uniquement aux informations nécessaires à la réalisation de son activité professionnelle en respectant le principe de confidentialité ; messagerie électronique réservée à l'usage professionnel et à l'utilisateur responsable du contenu et de la forme des messages émis.

Sanctions :
Elles dépendent à la fois des cas de violations avérées des règles de la charte mais aussi de celles du règlement intérieur de l'établissement.
Mesures disciplinaires : blâme, avertissement à l'encontre de l'agent.
Poursuites judiciaires envisageables selon l'actes commis : exemple violation du secret professionnel.
Possibilité de suspension ou d'interruption des droits d'accès de l'utilisateur au système d'information.
En cas de violation des règles de bon usage par des agents sous contrat de prestation : rupture de contrat et poursuites.

6

HAD	Hospitalisation à domicile
SMUR	Service mobile d'urgence et de réanimation
EHPAD	Établissement d'hébergement pour personnes âgées dépendantes
PEP	Pratique éligible prioritaire
CPAM	Caisse primaire d'assurance maladie
MCO	Maladie chirurgie obstétrique
IPAQSS	Indicateurs pour l'amélioration de la qualité et de la sécurité des soins
PMSI	Programme de médicalisation des systèmes d'information
HAS	Haute autorité de santé
IST	Infections sexuellement transmissibles

Sujet 1

Durée : 30 mn (+15 mn de préparation)
Coefficient : 4

Épreuve orale d'admission externe 2019 – Groupe hospitalier Paul Guiraud – Villejuif – branche secrétariat médical

Mise en situation

Madame Brigitte K., âgée de 52 ans, arrive en consultation, adressée par son médecin traitant pour des douleurs régulières de l'hypochondre droit, souvent d'intensité croissante et associées à des nausées et à des vomissements.
Il n'y a aucun antécédent chirurgical.
Antécédents médicaux :
– hypercholestérolémie traitée ;
– un DNID ;
– une lithiase vésiculaire connue.
À l'examen, la malade est un peu fébrile, la palpation met en évidence une défense isolée de l'hypochondre droit.
Pour préciser son diagnostic, le médecin demande rapidement un bilan hématologique et une échographie hépatobiliaire. Il précise à Madame K. qu'il suspecte une cholécystite lithiasique qui, si elle est confirmée, nécessitera une exérèse par cœlioscopie.

Questions

1 **Quels éléments obligatoires devra comporter la prescription de l'échographie ?**

2 **Quelle est la spécialité du médecin consulté / dans quel service exercez-vous ?**

3 **Dans le cas où l'exérèse serait programmée, que devrez-vous prévoir ? Quels documents devra-t-on trouver dans le dossier médical de la patiente ?**

4 **Définissez les termes soulignés dans le texte.**

Éléments de correction (non exhaustifs)

Questions

1) L'échographie est un examen d'imagerie médicale qui nécessite une prescription rédigée par un médecin. **La Haute autorité de santé** (HAS) émet des recommandations qui doivent être respectées ; aussi ici vous devez citer les éléments suivants :
– le nom et les coordonnées du praticien prescripteur (il s'agit bien de l'identité complète du médecin avec son numéro d'identification…) ;
– les coordonnées du patient avec son âge, son sexe, son poids et sa taille ;
– la date de la rédaction de la prescription médicale ;
– la dénomination/description de l'acte à réaliser ;
– la signature du médecin prescripteur.

2) Les indices que vous trouvez dans le sujet (notamment les termes médicaux à définir) vous permettent d'indiquer qu'il s'agit d'une consultation auprès d'un gastro-entérologue / dans un service de gastro-entérologie.

3) Avant toute intervention chirurgicale, il est indispensable de consulter un médecin anesthésiste : en tant que secrétaire, vous devrez donc soit proposer à la patiente un rendez-vous d'anesthésie (pris avec le service concerné) soit lui demander de se rendre auprès du secrétariat de ce service, munie du document indiquant la date prévue pour l'opération.

Dans le dossier médical, on trouvera la lettre du médecin traitant, le compte rendu de la consultation avec le gastro-entérologue ainsi que le résultat des examens complémentaires et le dossier d'anesthésie préalablement aux documents ultérieurs concernant l'exérèse et l'hospitalisation.

4) *N'oubliez pas : il est toujours préférable de rédiger une phrase de définition !*
Hypochondre : il s'agit d'une région supérieure latérale de l'abdomen, ici à droite.
Hypercholestérolémie : ce terme indique un taux élevé / trop important de cholestérol dans le sang.
Échographie hépatobiliaire : c'est un examen d'imagerie médicale utilisant des ultrasons pour visualiser le foie et les voies biliaires.
Cholécystite lithiasique : cela désigne une pathologie de la vésicule biliaire. C'est une inflammation de la vésicule avec présence de calculs (litho = pierre), c'est-à-dire de petits dépôts pierreux.
Cœlioscopie : il s'agit d'un geste chirurgical / d'une technique chirurgicale à but diagnostique ou thérapeutique (c'est le cas ici) permettant d'intervenir à l'intérieur de l'abdomen grâce à de petite incisions de la paroi abdominale.

Sujet 2

Durée : 30 mn
(+ 15 minutes préparation)
Coefficient : 4

Épreuve orale d'admission externe – Antibes 2017

Mise en situation

Terminologie

1 **Que signifie « inguinale » ?**

2 **Définissez « rhumatologie ».**

3 **Sachant que « camptocormie » signifie « incurvation du dos et flexion des hanches, donnant un aspect vouté aux personnes âgées », comment nomme-t-on une « flexion permanente d'un ou plusieurs doigts de la main. » ?**

4 **Comment appelle-t-on « l'étude des causes d'une maladie » ?**

Questions

5 **Monsieur PAUL pourrait-il bénéficier d'une prescription médicale de transport pour se rendre chez son kinésithérapeute ?**

6 **Lors de son hospitalisation, Monsieur PAUL a désigné une personne de confiance. Expliquez.**

Docteur Géraldine
Ancien interne des Hôpitaux de Tours
Ancien Chef de Clinique de la Faculté de Poitiers
....
Rhumatologie
Ostéodensitométrie - Agrément DEC
....
Médecine Conventionnée Honoraires libres
17 10 4389 6
....

Centre Médical
8, rue de la roue...
Tél. 05 00 00 00 00
Fax. 05 00 00 00 00

mardi 8 mars 2011

Docteur René
10, route de...

Cher confrère,

J'ai revu Monsieur PAUL ..., 73 ans, qui a eu une perfusion d'ACLASTA début janvier en traitement d'une maladie de Paget du bassin.

Depuis la perfusion, il rapporte une régression des douleurs inguinales, et des sensations de dérobement des membres inférieurs avec une augmentation du périmètre de marche. Les phosphatases alcalines sont passées de 373 à 146 UI/I. Néanmoins, il reste gêné par une attitude en flexion à la marche.

À l'examen, il n'y a pas de camptocormie, le rachis est plus souple en flexion, toujours limité en extension. Les douleurs lombaires sont réveillées par la mobilisation des hanches qui sont limitées en rotation (particulièrement à droite). Il n'y a pas de déficit sensitivo moteur.

En pratique, je lui prescris une ceinture de soutien lombaire à porter à l'effort, lui conseille de marcher régulièrement, et lui prescris des séances de kinésithérapie avec renforcement musculaire axial, et travail postural.

Vous trouverez ci-joint le compte rendu de la précédente consultation.

Bien amicalement.
Courrier remis en main propre au patient.

Ce courrier ayant été dicté à l'aide d'un logiciel de dictée vocale, nous vous remercions d'excuser d'éventuelles fautes de frappe passées inaperçues.

Éléments de correction (non exhaustifs)

Terminologie

1) **Inguinale :** adjectif qui se rapporte à l'aine ou creux inguinal.
2) **Rhumatologie :** spécialité médicale qui concerne l'appareil locomoteur et ses pathologies.
3) Une flexion permanente d'un ou plusieurs doigts de la main se désigne sous le terme « **camptodactylie** ».
4) **L'étiologie** désigne l'étude des causes d'une maladie.

Questions

5) La prise en charge par la sécurité sociale d'un transport prescrit est réservé aux patients hospitalisés, en accident du travail ou en maladie professionnelle pour des soins ou des traitements en relation avec leur accident ou leur maladie, lorsque l'état du patient le nécessite, et aux patients en ALD sous réserve qu'ils ne puissent pas se déplacer seuls. Monsieur PAUL souffre de la maladie de PAGET qui n'est pas une affection de longue durée au titre de la sécurité sociale. Dès lors, sauf si son état de santé justifiait, la prescription d'une ambulance (ce qui ne semble pas être le cas dans le courrier), Monsieur PAUL ne pourra pas bénéficier d'une prescription médicale de transport pour se rendre chez son kinésithérapeute.
6) Un patient peut désigner (ce n'est pas une obligation) pour la durée de son hospitalisation comme personne de confiance toute personne qui lui est proche (parent, conjoint, compagnon, ami, médecin). Cette décision est révocable à tout moment. La personne de confiance est désignée par écrit et sera mentionnée dans le dossier médical du patient (loi 2002). Le rôle de la personne de confiance est double : d'une part accompagner le patient dans ses démarches et éventuellement assister aux entretiens médicaux, d'autre part donner son avis lorsque le corps médical doit prendre des décisions concernant la santé du patient au cas où ce dernier se trouverait dans l'incapacité d'exprimer sa volonté. La personne de confiance n'a pas d'accès direct au dossier médical, mais elle peut demander la communication des informations nécessaires à l'exercice de sa mission. Son témoignage prévaut sur tous les autres témoignages depuis la loi du 2 février 2016.

Sujet 3

Durée : 30 mn
(+ 15 minutes
préparation)
Coefficient : 4

Épreuve orale d'admission externe - Nancy - 2017

Mise en situation

Vous êtes affecté à l'accueil du service d'Ophtalmologie. Une maman se présente accompagnée de son fils de 8 ans, à son rendez-vous. Vous vous rendez compte que cette dame a commis une erreur de date, et qu'elle aurait dû se présenter la veille à ce rendez-vous. Au moment où vous voulez lui expliquer la situation vous rencontrez des difficultés à communiquer avec cette personne qui n'est en France que depuis peu, et ne connaît pas notre langue.

Préparer et argumentez votre réponse.

Éléments de correction (non exhaustifs)

Ce sujet est très court, son analyse vous permet de dégager une problématique essentielle puis de proposer une/des réponse/s en fonction des hypothèses que vous énoncez. On attend du candidat une réflexion et une argumentation fondées, et surtout pas une solution « brute », vous devez montrer que toute situation imprévue/spécifique trouvera une solution de qualité.

Avant tout, il s'agit de rappeler l'une des missions du service public hospitalier : soigner sans faire de discrimination c'est-à-dire assurer l'accueil à l'hôpital de toute personne, quelle que soit sa nationalité, sa situation, etc. Cette dame ne connaît pas notre langue mais son enfant a besoin de soins, et une réponse de qualité doit lui être donnée alors même qu'une erreur lui incombe.

À partir de là, vous pouvez envisager (et proposer des solutions) plusieurs hypothèses « argumentées » sans oublier avant tout de rechercher la raison de ce RDV qui peut orienter vos démarches ultérieures :

– Un rendez-vous a été proposé à cette famille : qui a pris le rendez-vous ? Y a-t-il un dossier déjà ouvert qui permettrait de contacter quelqu'un ? Quelle en est l'urgence ? L'enfant est-il adressé par un médecin qui pourrait être contacté ?...

– Le jeune enfant est âgé de 8 ans, il fréquente vraisemblablement l'école et doit posséder au moins quelques connaissances de la langue française lui permettant de comprendre la situation et de jouer à l'interprète. Un calendrier peut aussi permettre un échange avec la maman, surtout si, après avoir éliminé toute possibilité (ou urgence) de solution immédiate, vous devez proposer un RDV ultérieur.

– De quelle nationalité est cette personne et quelle(s) langue(s) parle-t-elle ? Les hôpitaux reçoivent de plus en plus de patients étrangers (ici, Nancy est une ville importante, il s'agit d'un CHU) et des prises en charges culturelles spécifiques peuvent avoir été envisagées pour faciliter le travail des soignants, notamment quant au problème de communication.

– Les consultations ophtalmologiques du jour sont-elles très chargées ? Ne reste-t-il pas une possibilité de solliciter un médecin ou un interne pour recevoir cette famille ?

Quelles que soient les hypothèses que vous avancez, une réponse au regard des soins devra être proposée pour cet enfant.

La série de questions

Concours interne et externe

Conseils méthodologiques

1. Les questions

- De 5 à 8 questions « à réponse courte » vous sont proposées si vous composez en interne. Au maximum, 2 questions « courtes » si vous choisissez le concours externe. Il est évident que vos réponses, même peu développées, devront témoigner d'une bonne élocution et d'une bonne rédaction, précises, et d'un vocabulaire choisi judicieusement.
- Exercez-vous donc, régulièrement et dès à présent, à **être concis** dans les propos que vous tenez lors d'explications ou lorsque vous fournissez une quelconque information.
- Le jury attend la réponse adaptée à la question posée mais il souhaite que vous ne vous contentiez pas d'une affirmation ou d'une négation succincte. **Formulez donc vos propos à l'aide de phrases riches** qui témoignent de vos connaissances. Bien sûr les réponses écrites nécessitent d'autant plus une justification, une argumentation de vos propos que personne ne vous sollicitera pour compléter : vous êtes « responsable » devant votre copie, tant de vos connaissances que de votre orthographe.

2. Des questions courtes… à réponse courte !

Par exemple, si on vous demande : « Qui est le responsable d'un EPS ? »
Si vous énoncez : « le directeur », personne ne pourra dire que c'est faux mais c'est un peu juste. Il est vraisemblable qu'à l'oral on vous questionnera pour « creuser » (il est préférable cependant que vous anticipiez !) mais à l'écrit, on ne pourra que trouver votre réponse un « peu trop courte ». Aussi, faut-il (quelle que soit la nature de votre épreuve) que vous vous habituiez à bien cerner ce que l'on vous demande et ce que l'on attend de vous. Cela signifie d'une part **bien lire la question**, d'autre part être dans une **démarche dynamique** : vous montrez, vous témoignez, vous expliquez que vous avez compris, que vous pouvez argumenter.
Lorsque vous formulez vos réponses, pensez à citer les textes législatifs ou réglementaires de référence, ce sont eux qui vous permettent aussi de justifier vos propos.

Sujet 1

Durée : 3 heures
Coefficient : 2

Épreuve écrite d'admissibilité – Centre hospitalier de Nevers – 2020

1 **Quelles sont les missions de la CDU (Commission des usagers) anciennement dénommée CRUQPC ?** (3 points)

2 **Quelle est la composition des instances consultatives suivantes :**
- CME (Commission médicale d'établissement)
- CTE (Comité technique d'établissement) (3 points)

3 **Quels sont les éléments communicables et non-communicables au patient demandeur de son dossier médical ?** (3 points)

4 **Le consentement aux soins : principes et exceptions.** (4 points)

5 **Qui peut accéder à la présidence du Conseil de surveillance ?** (2 points)

6 **Projet régional de santé : définition et contenu de cet outil stratégique.** (3 points)

7 **Le binôme : Directeur / chef de pôle : comment est matérialisé leur coopération au sein d'un pôle ?** (2 points)

Éléments de réponse (non exhaustifs)

1 Avec son changement de nom, la Commission des usagers a vu ses prérogatives élargies par la loi de modernisation du système de santé de 2016 dans ses missions de qualité des soins et de sécurité des patients. En plus d'être informée de l'ensemble des plaintes et/ou réclamations déposées par les usagers, la CDU participe à l'élaboration de la politique menée dans l'EPS à l'endroit de l'accueil, de la prise en charge et de l'information de l'usager. Elle est associée à l'organisation des parcours de soins (rôle de la CME). Elle est informée des événements indésirables graves et des suites données pour y remédier.

2 La **Commission médicale d'établissement** varie en nombre de membres selon la catégorie de l'établissement. Sa composition est définie par l'art. R 6144-3 du CSP. Tous ses membres sont des représentants élus des personnels médicaux, odontologiques, maïeutiques et pharmaceutiques qui élisent son président. Des représentants des internes y participent également.
Dans les CHU, l'ensemble des chefs de pôles en sont membres de droit, dès l'instant où l'établissement compte au moins 11 pôles d'activités.
Le **Comité technique d'établissement** (R. 6144-40 CSP) est une instance consultative, composée des représentants du personnel non médical élus par collèges (3 catégories A, B, C) qui est présidé par le directeur de l'établissement ; le nombre d'élus est fonction de l'effectif des personnels.

3 La loi du 4 mars 2002 consacre le droit d'accès direct du patient à son dossier médical. Cet accès est réglementé. Le patient peut accéder à l'ensemble des données de son dossier, hormis la partie concernant les informations recueillies auprès de tiers qui comprennent aussi les notes personnelles des médecins.

4 Le consentement aux soins est indispensable avant tout acte médical ou traitement. Il doit être recherché dans tous les cas : article R.4127-36 du Code de la santé publique, article 36 du Code de déontologie médicale. Le malade doit être informé des soins et traitements dont il bénéficiera mais aussi des conséquences, aléas éventuels que ceux-ci peuvent entraîner. Le consentement doit être libre, en toute connaissance de cause, non obtenu par la contrainte.
En cas d'impossibilité pour le patient de consentir/d'exprimer sa volonté, le médecin doit informer soit la personne de confiance, soit un proche du malade ; tout ceci bien sûr sauf cas d'urgence où le médecin est autorisé à prodiguer les soins nécessaires à la survie du patient.

Le refus ou l'interruption de soins reste « un droit du patient » auquel le médecin devra se conformer après avoir mis tout en œuvre pour convaincre le malade d'accepter les soins indispensables et de l'informer sur les conséquences de ce refus.

5 Le conseil de surveillance est composé de 3 collèges : collectivités territoriales, représentants du personnel, personnalités qualifiées. Son président est élu pour 5 ans parmi les représentants des collectivités territoriales ou les personnalités qualifiées.

6 La loi de 2016 a renouvelé le projet régional de santé comme principal **outil d'organisation de l'offre de santé** à l'échelon régional. Il est défini par le directeur de l'ARS après une procédure consultative. Il est constitué :
– d'un cadre d'orientation stratégique sur 10 ans (**COS**) ;
– d'un schéma régional de santé unique (**SRS**) établi pour 5 ans, sur la base d'une évaluation des besoins sanitaires, sociaux et médico-sociaux ;
– du programme régional relatif à l'accès à la prévention et aux soins des personnes les plus démunies (**PRAPS**).

7 Le pôle est devenu structure obligatoire avec la loi HPST de 2009 comme support d'organisation interne de l'établissement de santé. Une **démarche contractuelle** est finalisée avec la direction pour ce qui est des objectifs et des moyens.
Le directeur signe le contrat de pôle avec le médecin chef de pôle qui élabore un projet de pôle cohérent avec le projet d'établissement. Les chefs de pôle sont nommés par décision conjointe du directeur de l'établissement et du président de la commission médicale d'établissement (article L 6145-1 CSP). Ils disposent d'une autorité fonctionnelle sur les agents du pôle et reçoivent une délégation de gestion.

Sujet 2

Durée : 3 heures
Coefficient : 2

Épreuve écrite d'admissibilité – Centre hospitalier de Nevers – 2019

1 **Citez les fonctions mutualisées au profit de l'établissement siège d'un G.H.T.** (4 points)

2 **Qu'est-ce qu'une lettre de liaison ?** (2 points)

3 **Citez 3 instances consultatives au sein d'un établissement public de santé (explications attendues).** (3 points)

4 **Expliquez les modalités de consentement à l'acte médical pour un patient mineur.** (2 points)

5 **Citez 3 droits offerts au patient et qui sont issus de la loi 4 mars 2002 (dite loi Kouchner).** (3 points)

6 **Pouvez-vous définir la notion de secret médical partagé ?** (2 points)

7 **Définissez les termes suivants : secret professionnel / devoir de réserve.** (2 points)

8 **Qu'est-ce qu'un pôle à l'hôpital ? Comment se compose-t-il d'un point de vue organisationnel ?** (2 points)

Éléments de réponse (non exhaustifs)

REMARQUE

Les consignes étant bien précises, les réponses devront **respecter l'ordre** des questions, à défaut de quoi il y a un risque de « pénalité ».

Dans les corrigés, nous vous indiquons en **gras**, les éléments indispensables.

1 Le Groupement Hospitalier de Territoire (GHT) est un dispositif de coopération conventionnel obligatoire depuis juillet 2016 pour les EPS. L'article L. 6132-3 du Code de la santé publique indique les fonctions mutualisées assurées par l'établissement support désigné par la convention constitutive :

– la stratégie, l'optimisation et la gestion commune d'un **système d'information hospitalier** convergent, en particulier la mise en place d'un dossier patient ;
– la gestion d'un département de l'**information médicale** de territoire ;
– la fonction **achats** ;
– la coordination des **instituts et écoles de formation paramédicale** ainsi que des plans de **formation continue** et de développement professionnel continu des personnels.

2 Lettre de liaison : ce document fait le lien entre la **médecine de ville et l'établissement de soins** en cas d'hospitalisation. Le décret du 20 juillet 2016 en fixe les modalités. Les professionnels de Santé concernés ont maintenant obligation d'échanger leurs informations à l'**entrée** et à la **sortie** d'une hospitalisation. Le médecin de ville qui adresse un patient à un établissement de Santé doit mentionner dans une lettre les motifs de l'hospitalisation, ainsi que toute autre information qui favorisera une prise en charge optimale du malade. La même obligation existe lors de la sortie du malade hospitalisé, le praticien hospitalier transmettra le même jour le compte rendu d'hospitalisation. La lettre de liaison sera remise au patient ou fera l'objet, à chaque fois que cela est possible, d'une transmission par messagerie sécurisée pour respecter les garanties de confidentialité d'autant qu'elle sera également intégrée au DPM du patient.
Cet échange d'informations se fait dans l'intérêt d'une **meilleure prise en charge et d'un meilleur suivi du patient** : la rupture d'informations entre les professionnels de santé s'estompe.

3 Vous avez le choix des instances à définir. Dans les pages 36 à 38 de ce livre, vous trouverez les éléments essentiels à indiquer : dénomination, rôle, missions de chacun des comité ou commission.

4 L'enfant mineur est, par définition, réputé incapable au titre du droit. Le consentement à l'acte médical doit par conséquent être recueilli auprès de ses père et mère ou encore de son tuteur, **titulaires de l'autorité parentale**. Pour les actes médicaux bénins, le consentement d'un seul parent suffit.
En fonction de son âge et de son degré de maturité, le médecin doit permettre au mineur d'exprimer sa volonté et de participer à la décision médicale qui le concerne (art. L 1111-4 CSP). La règle de base du consentement obligatoire des détenteurs de l'autorité parentale connaît une atténuation depuis la loi du 04/03/2002. Des dérogations sont également prévues par la même loi de 2002 pour des situations au cours desquelles le mineur peut recevoir des soins **sans le consentement des titulaires de l'autorité parentale** :
– l'interruption volontaire de grossesse ;
– le dépistage du VIH anonyme et gratuit ;
– les soins liés à la toxicomanie ;
– si la sauvegarde de la santé de la personne mineure est en jeu ;
– les mineurs ayant rompu tout lien avec les membres de leur famille.
L'article L. 1111-5 du CSP prévoit, qu'à la demande du mineur, il consentira seul aux soins sans que ses parents soient avertis et qu'il sera accompagné d'un majeur de son choix.

5 Il vous revient de choisir trois droits nouveaux en 2002 que vous définirez succinctement : les pages 44 et 45 de cet ouvrage vous permettront une révision avec notamment l'accès direct au dossier médical du patient ou encore la personne de confiance.

6 Le secret médical concerne le médecin, les professions médicales. Il reste un fondement du respect du patient dans l'exercice de la profession. La notion de secret partagé concerne les **médecins et l'équipe soignante**. En milieu hospitalier, le dossier du patient est confié à différents services de soins. Le caractère « collectif » du secret s'explique ainsi. Seuls les membres du personnel prenant en charge le patient « partagent » les informations le concernant ; cependant ce secret partagé peut être étendu, si nécessaire au médecin des organismes de protection sociale (pas les assurances !) comme dans le cas des ALD ou des accidents du travail.

7 Les agents publics ne doivent pas divulguer les informations relatives aux personnes dont ils ont connaissance du fait de leur profession ou de leurs fonctions. Cette obligation s'applique aux informations à caractère personnel et secret : informations relatives à la santé, au comportement, à la situation personnelle ou familiale d'une personne…
Le secret professionnel enjoint aux membres de certains corps de métier de ne divulguer aucun renseignement confidentiel concernant leur activité ou leurs patients. Il est apparenté à la confidentialité. Le secret médical est

une partie du secret professionnel qui concerne l'état de santé du patient et tout ce qu'un médecin peut voir ou entendre.
Le devoir de réserve concerne les agents publics qui sont tenus à la discrétion professionnelle et à l'intégrité (lois de 1983 et 1986). Le devoir de réserve concerne l'expression des opinions, l'agent/le fonctionnaire doit faire preuve de réserve et de mesure dans l'expression écrite et orale de ses opinions personnelles aussi bien pendant qu'en dehors de son temps de service.

8 Les pôles d'activités à l'hôpital se sont substitués aux services et départements depuis la loi de 2009 (loi HPST). Il s'agit d'un regroupement d'unités fonctionnelles, de services, de secteurs qui ont en commun des activités de soins, de prévention, de recherche…
Les chefs de pôle (médecins) sont nommés par le directeur de l'établissement sur proposition du président de la Commission médicale d'établissement et ils ont autorité fonctionnelle sur l'équipe du pôle sans pouvoir de nomination ni de sanction. Ils proposent au directeur la nomination du cadre supérieur de santé et du cadre administratif du pôle.

Sujet 3

Durée : 3 heures
Coefficient : 2

Épreuve écrite d'admissibilité – Quinze-Vingts – Centre hospitalier national d'ophtalmologie – 2018

1 **Composition et rôle de la CME.** (3 points)

2 **Madame Véronique DRAVUL, 80 ans, s'est vu remettre par le médecin un document sur les directives anticipées lors de sa dernière consultation. Elle est inquiète et vous interroge : de quoi s'agit-il réellement ?** (4 points)

3 **Vous présenterez la composition du conseil de surveillance et vous citerez trois de ses principales missions.** (3 points)

4 **« Toute personne a le droit de recevoir des soins visant à soulager sa douleur » : dans un établissement de santé, quelle instance est chargée de la prise en charge de la douleur et quel est son rôle ?** (3 points)

5 **Dons d'organes : quelles en sont les principales règles légales ?** (3 points)

6 **Principaux acteurs et objectifs de la lettre de liaison.** (4 points)

Éléments de réponse (non exhaustifs)

1 Instituée dans chaque établissement public de santé, la **Commission Médicale d'Établissement** est une **instance consultative** essentielle dans la gestion interne de l'établissement. La CME est constituée de **représentants du personnel médical, odontologique et pharmaceutique.**

Le **décret du 27/02/2011 relatif à la composition des CME** a été modifié par celui du 20 septembre 2013 qui inclut les étudiants hospitaliers. La composition de la CME varie selon le nombre de pôles de l'EPS. C'est le **règlement intérieur de l'établissement** qui déterminera le nombre de **représentants élus** par et parmi les **chefs de pôle**, ce nombre ne pouvant être inférieur à dix, dès lors que l'EPS compte au moins 11 pôles :

– des représentants **élus** des **responsables des structures** internes, services ou unités fonctionnelles ;

– des représentants **élus** des **personnels enseignants et hospitaliers** titulaires de l'établissement ;

– des représentants **élus** des **praticiens hospitaliers titulaires** de l'établissement ;

– des représentants **élus** des personnels temporaires ou non titulaires et des personnels contractuels ou exerçant à titre libéral de l'établissement ainsi qu'éventuellement des représentants élus des sages-femmes et des représentants des internes.

À côté des membres de droit ci-dessus, des **membres y participent avec voix consultative** : président du directoire, président CSIRMT, DIM, représentant CTE, praticien responsable hygiène.

Les membres élus le sont pour **4 ans** et le **président CME est élu par les praticiens titulaires.**

La mission principale de la CME est de contribuer à **l'élaboration** de la **politique d'amélioration continue de la qualité et de la sécurité des soins**, ainsi qu'à l'élaboration de projets relatifs aux **conditions d'accueil et de prise en charge des usagers.** L'article L6143-7 du CSP indique que la CME est l'organe **d'élaboration du projet médical d'établissement** et la **loi Santé 2016** renforce ses pouvoirs en précisant qu'elle se prononcera désormais sur la **cohérence médicale et la conformité au projet médical de l'organisation en pôles.**

La CME demeure **consultée et informée dans tous les domaines de la vie de l'établissement** (organisation interne, CPOM, contrats de pôles, politique sociale, investissements, financements…).

2 Références essentielles :

– **loi du 22 avril 2005 relative aux droits des patients en fin de vie ;**

– **loi du 2 février 2016 créant de nouveaux droits en faveur des malades et des personnes en fin de vie.**

« Toute personne majeure peut rédiger des directives anticipées pour le cas où elle serait un jour hors d'état d'exprimer sa volonté. Ces directives anticipées expriment la volonté de la personne relative à sa fin de vie en ce qui concerne les conditions de la poursuite, de la limitation, de l'arrêt ou du refus de traitement ou d'acte médicaux. »
Ces volontés exprimées par **écrit**, **révisables**, sont désormais valables **sans limitation de durée** ; le médecin se voit contraint de respecter ces directives anticipées, sauf en cas d'urgence vitale.
Un arrêté du 3 août 2016 permet d'accéder à des « fiches-modèle » pour leur rédaction qui peut, toutefois, avoir lieu sur papier libre.

3 Le conseil de surveillance remplace le conseil d'administration depuis la loi HPST de 2009. Il est composé paritairement d'**élus** (collectivités territoriales), **de représentants du personnel et d'usagers** (2 désignés par ARS + 3 désignés par le préfet) **à raison de trois collèges au nombre de membres identique.**
On y trouve aussi des **membres avec voix consultativ**e :
– le vice-président du directoire ainsi que le directeur de l'unité de formation et de la recherche dans les CHU ;
– le DG ARS qui peut se faire communiquer toute pièce et faire inscrire toute question à l'ordre du jour ;
– le directeur de la CPAM désigné par l'ARS ;
– un représentant de la structure de la réflexion d'éthique.
Ses attributions sont centrées sur les **orientations stratégique**s de l'établissement ; il exerce un **contrôle permanent** sur la gestion de l'établissement et communique au directeur de l'ARS un rapport annuel sur la gestion de l'établissement. Il **délibère sur le projet d'établissement**, le **compte financier et l'affectation des résultat**s ainsi que sur le rapport annuel d'activité. Le conseil de surveillance donne **un avis sur la politique d'amélioration continue de la qualité, la sécurité des soins, la prise en charges des risques et celle des usagers ainsi que sur le règlement intérieur**.

4 **L'article L.1112-4 du Code de la santé publique :** chaque établissement de santé doit promouvoir et mettre en place l'organisation nécessaire pour répondre aux besoins des personnes quant à la prise en charge de leur douleur.
Le **Comité de Lutte contre la Douleur** (CLUD) a pour mission de **coordonner les actions de lutte** contre la douleur dans les EPS. Cette instance doit proposer, pour améliorer la prise en charge de la douleur et des soins palliatifs, les orientations les mieux adaptées à la situation locale qui **doivent figurer dans le projet d'établissement** (article L. 710-3-1 du Code de la santé publique).

5 La loi Caillavet de 1976 a prévu une **présomption de consentement** qui fait de toute personne un donneur potentiel d'organes après sa mort. Les lois plus récentes de bioéthique ont maintenu cette présomption de consentement dès lors que le défunt n'a pas fait de déclaration de refus de prélèvement d'organes de son vivant.

Ainsi tout individu est présumé avoir consenti au don de ses organes sauf s'il s'inscrit au registre national des refus.

Le don post-mortem reste gratuit et anonyme. L'opposition de son vivant au prélèvement demeure possible et peut changer à tout moment.

Le **décret du 11 août 2016** précise les modalités d'expression du refus de don : depuis le 1er janvier 2017, le **registre national des refus** reste le moyen principal d'expression mais il n'est plus exclusif ; un écrit daté et signé par une personne dûment identifiée et confié à un proche est aujourd'hui reconnu.

« Art. R. 1232-7. La demande d'inscription sur le registre est faite sur papier libre ou en remplissant le formulaire mis à disposition du public par **l'Agence de la biomédecine**. La demande d'inscription est adressée à l'Agence de la biomédecine par tout moyen permettant de lui conférer une date certaine de réception : elle **est datée, signée, accompagnée de la photocopie de tout document susceptible de justifier de l'identité de son auteur**, notamment de la carte nationale d'identité en cours de validité, du passeport périmé depuis moins de cinq ans, du permis de conduire ou d'un titre de séjour. »

6 **Réf. : décret du 20/7/2016.**

La **lettre de liaison** est un document imposé par la **Haute Autorité de Santé** rendant obligatoire l'échange d'informations entre professionnels de santé à **l'entrée et à la sortie d'une hospitalisation.**

Un patient adressé par son **médecin traitant** (ou par un autre praticien de ville) pour une prise en charge hospitalière sera porteur d'une lettre rédigée par le praticien qui comporte les **motifs de l'hospitalisation** ainsi que toute information à porter à la connaissance de l'établissement en vue d'une prise en charge optimale.

De la même façon, il s'agira de donner au patient à sa sortie les informations nécessaires à sa **prise en charge immédiate en ville** : le praticien hospitalier transmettra le **jour même de la sortie** ces informations à son confrère, elles feront office de compte rendu d'hospitalisation si aucune autre information n'est attendue. Cette lettre de liaison sera transmise par **messagerie sécurisée** lorsque cela est possible.

L'échange d'informations médicales entre professionnels de soins du secteur ambulatoire/ médecine de ville et hospitalier à l'occasion de l'hospitalisation d'un patient est un gage déterminant pour une **prise en charge coordonnée et sécurisée** tout au long du parcours de soins.

Sujet 4

Durée : 3 heures
Coefficient : 2

Épreuve écrite d'admissibilité – Centre Hospitalier Régional Universitaire de Lille - 2017

1. **Qu'est-ce que le secret médical ?**
2. **Qu'est-ce que l'A.R.S. ?**
3. **Quelle est la composition du conseil de surveillance ?**
4. **Comment est financée une consultation ?**
5. **Être ou ne pas être dans le parcours de soins : principes et effets ?**
6. **Citez 4 des 11 grands principes de la charte du patient hospitalisé ?**
7. **Où peuvent siéger des représentants des usagers en établissement de santé ?**
8. **Quels sont les droits du patient en fin de vie ?**

Éléments de réponse (non exhaustifs)

1 Le **secret médical** est un droit fondamental du malade que les médecins sont tenus de respecter depuis l'Antiquité. Aujourd'hui, il reste un fondement du respect du patient dans l'exercice des professions médicales. Il couvre tout ce qui est venu à la connaissance du médecin dans l'exercice de sa profession, c'est-à-dire non seulement ce que lui a confié son malade, mais aussi ce qu'il a pu comprendre (article 4 du code de déontologie médicale, article R.4127-4 du code de la santé publique). Le secret médical est une composante du secret professionnel qui concerne l'état de santé d'un malade et qui concerne l'ensemble des professionnels du secteur de la santé. Il est **général et absolu** et sa violation constitue un délit : art. 226-13 du code pénal. La loi prévoit que le secret peut être « partagé » par l'équipe soignante et liste également les dérogations autorisées (État-civil, accident du travail…).

2 **L'Agence Régionale de Santé** est une structure sanitaire instaurée par la loi du 21 juillet 2009 dont les compétences recouvrent la promotion de la santé, la veille et la sécurité sanitaires, l'organisation des soins hospitaliers et ambulatoires, les pratiques soignantes et les modes de recours aux soins ainsi que l'accompagnement médico-social. À sa tête, un directeur dont les compétences sont définies dans l'article L 1432-2 du CSP et concernent notamment le projet régional de santé, la signature du CPOM avec les établissements du territoire concerné.

3 Le **conseil de surveillance** est composé paritairement d'élus (collectivités territoriales), de représentants du personnel, de personnalités qualifiées et des usagers : 9 à 15 membres au total.

4 La **consultation externe** à l'hôpital est prise en charge par l'organisme de protection sociale du malade (CPAM, MSA…) qui joue le rôle du tiers payant ; il reste à charge du patient assuré social le ticket modérateur qui lui sera remboursé par son organisme de santé complémentaire (mutuelle). Si le patient est atteint d'une affection de longue durée (ALD) il sera totalement exonéré de reste à charge pour sa pathologie invalidante.

5 L'objectif du **parcours de soins** est de permettre à l'individu de bénéficier d'un suivi médical par un médecin qu'il aura choisi. Ce « médecin traitant » – généraliste ou spécialiste – est chargé de **coordonner** les soins : il est l'interlocuteur principal de son patient et l'oriente vers des spécialistes si besoin (dénommés médecins correspondants). Il s'agit d'éviter un nomadisme médical, des consultations inutiles ou des examens en doublon. Le patient choisit son médecin et le déclare nommément à sa caisse d'assurance maladie (formulaire en ligne ou télétransmission par le médecin choisi) ; il bénéficie à chaque fois d'un remboursement de ses consultations au tarif de responsabilité de la Sécurité sociale. Par contre, s'il ne respecte pas le parcours de soins coordonnés en consultant sans recommandation de son médecin un autre praticien, son remboursement sera moindre : 30% seulement du tarif. Ne sont pas concernées les consultations d'ophtalmologie, de psychiatrie, de gynécologie ou de stomatologie : le patient peut consulter en « accès direct spécifique ».

6 La **charte de la personne hospitalisée** est une présentation synthétique des **droits des patients** tels qu'ils sont affirmés par divers textes juridiques (notamment par la loi du 4 mars 2002 relative aux droits des malades et à la qualité du système de santé). L'objectif de cette charte, issue de la circulaire du 2 mars 2006, est de faire connaître de manière simple et concrète aux usagers **accueillis dans les établissements de santé** leurs droits essentiels. La Charte doit donc être portée à la connaissance de chaque personne hospitalisée. Vous deviez en citer quatre parmi les droits suivants :

– Toute personne est libre de choisir son établissement de santé (liberté de choix de l'établissement).

– Les établissements garantissent la qualité de l'accueil, des traitements et des soins (égalité dans l'accueil, le traitement et les soins).

– Le droit à la dignité. Le non-respect de la dignité d'un individu est considéré comme un acte de maltraitance.

– L'information donnée au patient doit être accessible et loyale, claire et appropriée à l'état du patient (droit à l'information).

– Le droit de participer aux choix thérapeutiques et de désigner une personne de confiance

– Le droit au consentement libre et éclairé et le droit au refus des traitements.

– Le droit de rédiger des directives anticipées afin de déterminer ses souhaits en fin de vie.

– La charte précise qu'il existe un régime spécifique en matière de recherche biomédicale.

– Le droit de quitter à tout moment l'établissement (liberté d'aller et venir).

– La personne hospitalisée est traitée avec égards, ses croyances sont respectées.

– Le droit au respect de sa vie privée et à la confidentialité des informations personnelles, administratives, médicales et sociales (droit au secret professionnel).

– Le droit à l'accès direct ou indirect à son dossier médical.

– Toute personne a droit d'être entendue pour exprimer ses griefs et demander réparation dans le cadre d'une procédure de règlement amiable des litiges et/ou devant les tribunaux.

7 La **Commission des usagers** est la principale instance de représentation dans les EPS. Elle remplace depuis 2016 la précédente commission des relations avec les usagers et de la qualité de la prise en charge. Il y a également représentation des usagers dans un des collèges du conseil de surveillance.

8 **La loi Léonetti** du 22 avril 2005 a été revue et complétée en 2016 (loi Léonetti-Claeys). Les médecins ne doivent pas faire subir **d'obstination déraisonnable** à leur patient (acharnement thérapeutique) ; le malade, capable d'exprimer sa volonté, doit être entendu dès lors qu'il est atteint d'une affection grave et incurable et qu'il souhaite arrêter tout traitement (droit au **refus de soins**) : il s'agit d'une forme de respect de la dignité du malade. L'article L.1110-5-2 est celui qui reste le plus significatif de l'évolution de la loi en ouvrant droit à une **sédation profonde et continue** jusqu'au décès afin de ne pas souffrir « *[…] une sédation profonde et continue provoquant une altération de la conscience maintenue jusqu'au décès, associée à une analgésie* ». Lorsqu'il est hors d'état de s'exprimer mais qu'il a rédigé des **directives anticipées**, celles-ci s'imposent au médecin (sauf urgence vitale). Le rôle de la personne de confiance est renforcé par la loi de modernisation du système de santé de 2016 puisque son témoignage prévaut sur toute autre décision non médicale lorsqu'un malade est dans l'incapacité d'exprimer ses souhaits.

Sujet 5

Durée : 3 heures
Coefficient : 2

Épreuve écrite d'admissibilité – Groupe hospitalier Paul Giraud Villejuif - 2017

Vous répondrez dans l'ordre à ces questions le plus précisément possible en fonction de vos connaissances. Vous citerez les textes de référence sur lesquels vous appuyez vos réponses.

1 **La loi du 21 juillet 2009 instaure deux nouvelles instances décisionnelles dans l'organisation des établissements publics de Santé. Vous les nommerez et définirez brièvement leurs missions en précisant la place qu'y occupe le président de la CME.** (3 points)

2 **Lors de sa dernière consultation avec l'oncologue, Monsieur Gusatve R. a fait part au médecin de son inquiétude quant à un éventuel acharnement thérapeutique. De quel(s) conseil(s) ce patient a-t-il pu bénéficier ?** (4 points)

3 **« La personne de confiance » : comment est-elle désignée et quel est son domaine d'intervention ? Sa désignation est-elle possible en établissement social ou médico-social ?** (3 points)

4 **En quelques phrases, définissez le principe de certification.** (2 points)

5 **Quelle(s) différence(s) faites-vous entre l'obligation de discrétion professionnelle et l'obligation de réserve du fonctionnaire ?** (3 points)

6 **En cas d'absence de réponse ou de refus d'un EPS à une demande d'accès à son dossier médical, de quel(s) recours dispose l'usager ?** (3 points)

7 **Définir les sigles ci-dessous :**
GHT, CHSCT, MCO, SDTU, SAMU, PMSI, CLUD, HAD. (2 points)

Éléments de correction (non exhaustifs)

1 La loi du 21 juillet 2009 a transformé le schéma classique des Établissements Publics de Santé au profit de deux autres instances décisionnelles : le conseil de surveillance qui a remplacé le conseil d'administration et le directoire, avec à sa tête le directeur, qui prend la place du conseil exécutif. Composé paritairement d'élus, de représentants du personnel et d'usagers, le conseil de surveillance exerce des missions centrées sur les orientations stratégiques et le contrôle permanent de l'EPS. Il délibère sur le projet d'établissement, le compte financier. Il donne un avis sur la politique d'amélioration de la qualité et la sécurité de soins dans l'EPS ainsi que sur le règlement intérieur.
Le directoire est une nouvelle instance collégiale (personnel médical, pharmaceutique, odontologique) qui appuie et conseille le directeur dans la gestion et la conduite de l'établissement. Le président de la CME en est de droit le vice-président. Le directoire approuve le projet médical préparé par le président de la CME en conformité avec le CPOM (art. L. 6143-7-3 CSP) et prépare le projet d'établissement.

2 Ici, vous devez citer les mesures de la loi Léonetti-Claeys du 2 février 2016 créant de nouveaux droits pour les patients en faveur des malades et des personnes en fin de vie :
– Interdiction d'une « Obstination déraisonnable »/ acharnement thérapeutique : art L 1110-5 CSP, avec depuis 2016 la possibilité d'une sédation profonde et continue avec analgésie jusqu'au décès.
– Personne de confiance au statut renforcé.
– Directives anticipées (révocables) que le patient peut écrire quand il le souhaite et qui sont devenues contraignantes pour le médecin.

3 La mention de personne de confiance apparaît dans la loi de 2002 (art. L 1111-6), sa désignation est libre et facultative mais toujours proposée lors d'une hospitalisation. Toute personne de l'entourage (parent, proche, médecin traitant, etc.) qui accepte de jouer ce rôle peut être désignée par le patient. Cette personne, révocable à tout moment, peut assister le malade lors de ses rendez-vous médicaux, elle sera consultée par les médecins pour rendre compte de ses volontés s'il n'est pas en mesure de les exprimer.
Le décret du 18 octobre 2016 instaure la désignation de la personne de confiance en établissement social ou médico-social.

4 La certification est une procédure d'évaluation des EPS. Elle concerne la qualité et la sécurité des soins. Des professionnels indépendants de l'établissement et mandatés par l'HAS effectuent les visites et évaluent le fonctionnement des établissements. La certification est obligatoire pour tous les établissements privés ou publics avec un renouvellement tous les 4 ans. L'autorité de tutelle/l'ARS est informée par le rapport de certification.

5 Les deux obligations visent à la protection des individus (ici patients) contre les manques ou imprudences verbales notamment à propos de leur dossier ou état de santé.
La discrétion professionnelle concerne les faits, informations, documents, (etc.) dont l'agent a connaissance dans l'exercice de ses fonctions.
L'obligation de réserve impose au fonctionnaire de ne pas exprimer ses propres opinions ou sentiments à l'intérieur, comme à l'extérieur, de son lieu de travail dès lors que ses propos porteraient préjudice ou discrédit sur l'administration, porteraient atteinte au patient ou au service.

6 La loi de 2002 permet à tout usager d'accéder directement à son dossier médical (art 1111-7 CSP). Les délais à respecter y sont mentionnés : délai de réflexion de 48 heures / communication sous 8 jours pour un dossier récent / sous 2 mois pour un dossier dont la dernière pièce remonte à 5 ans.
Si le dossier n'est pas transmis dans les délais légaux, ou si sa communication est refusée pour des motifs qui paraissent injustifiés au demandeur, celui-ci peut solliciter auprès de la direction de l'établissement une mise en relation avec le médiateur médecin, qui examinera sa demande et la présentera à la Commission des Usagers.
Le demandeur peut aussi saisir la commission d'accès aux documents administratifs (CADA) dans les deux mois à compter de la réception du courrier notifiant le refus de communication de son dossier.

7 GHT : groupement hospitalier de territoire.
CHSCT : comité d'hygiène, de sécurité et des conditions de travail.
MCO : médecine chirurgie obstétrique.
SDTU : soins psychiatriques à la demande d'un tiers en urgence.
SAMU : service aide médicale urgente.
PMSI : programme de médicalisation des systèmes d'information.
CLUD : comité de lutte contre la douleur.
HAD : hospitalisation à domicile.

Sujet 6

Durée : 3 heures
Coefficient : 2

Épreuve écrite d'admissibilité - Nancy - 2016

Épreuve écrite constituée d'une série de cinq à huit questions à réponse courte portant sur le programme.

1 **Définissez la notion de GHT et son fonctionnement.** (4 points)

2 **Expliquez les principes et objectifs d'une visite de certification.** (4 points)

3 **Expliquez les principaux acteurs d'une lettre de liaison.** (4 points)

4 **Définissez et distinguer les périmètres du secret professionnel et du secret médical.** (4 points)

5 **Décrivez la composition et le fonctionnement du conseil de surveillance.** (4 points)

Éléments de correction (non exhaustifs)

1 GHT : **le Groupement Hospitalier de Territoire est défini dans la loi Santé** de janvier 2016 (art. L6132). C'est un **dispositif de coopération conventionnel obligatoire** pour tous les EPS depuis juillet 2016. Il s'agit de favoriser le travail en réseau des 850 hôpitaux français en faveur de l'accès aux soins.

Les GHT sont fondés à partir d'une **convention collective** entre les établissements qui le constituent. Celle-ci doit définir :

– le **projet médical partagé** qui sera transmis aux **ARS territorialement compétentes** avant la création du GHT ;

– l'organisation **des activités et la répartition des emplois** médicaux résultant du projet médical partagé ;

– les **transferts d'équipements ou d'activités** de soins entre les établissements ;

– les **modalités d'organisation** et de fonctionnement du GHT.

L'établissement support du GHT est **désigné par les conseils de surveillance** des établissements du groupement. Ses missions sont définies par l'article L 6132-3-I du CSP :

– la stratégie, l'optimisation et la gestion commune d'un système d'information hospitalier convergent ;

– la gestion d'un département de l'information médicale de territoire ;

– la fonction achat ;

– la coordination des instituts et des écoles de formation paramédicales et la formation continue.

Deux instances sont obligatoires : **le comité stratégique** chargé de se prononcer sur la mise en œuvre de la convention et du projet médical partagé ; **le comité territorial des élus locaux** chargé d'évaluer les actions mises en œuvre par le groupement pour garantir l'égalité d'accès à des soins sécurisés et de qualité sur l'ensemble du territoire du groupement.

La loi prévoit la possibilité du renforcement des coopérations publiques/privées avec la création de **plateaux mutualisés d'imagerie** impliquant au moins un établissement public de santé.

2 La visite de Certification : la certification est une **procédure d'évaluation** des EPS. Elle s'intéresse à la **qualité et la sécurité** des soins. Des professionnels indépendants de l'établissement et mandatés par l'HAS effectuent les visites et évaluent le fonctionnement des établissements. La certification est obligatoire pour tous les établissements privés ou publics, renouvellement **tous les 4 ans** et autorité de tutelle informée par un rapport de certification (voir les pages 41 et 42).

3 Lettre de liaison : ce document fait le lien entre la **médecine de ville et l'établissement de soins** en cas d'hospitalisation. Le décret du 20 juillet 2016 en fixe les modalités. Les professionnels de Santé concernés ont

maintenant obligation d'échanger leurs informations à l'**entrée** et à la **sortie** d'une hospitalisation. Le médecin de ville qui adresse un patient à un établissement de Santé doit mentionner dans une lettre les motifs de l'hospitalisation, ainsi que toute autre information qui favorisera une prise en charge optimale du malade. La même obligation existe lors de la sortie du malade hospitalisé, le praticien hospitalier transmettra le même jour le compte rendu d'hospitalisation. La lettre de liaison sera remise au patient ou fera l'objet, à chaque fois que cela est possible, d'une transmission par messagerie sécurisée pour respecter des garanties de confidentialité d'autant qu'elle sera également intégrée au DMP du patient.
Cet échange d'informations se fait dans l'intérêt d'une **meilleure prise en charge et d'un meilleur suivi** du patient : la rupture d'informations entre les professionnels de santé s'estompe.

4 Secrets professionnel et médical : *pour répondre à cette question, vous devez définir le secret professionnel* (général et absolu) qui peut se résumer à l'interdiction de révéler, divulguer à un tiers des informations connues dans l'exercice de sa profession. Le secret professionnel repose sur le respect de la personne, c'est un devoir pour beaucoup de professionnels (avocat, architecte, prêtre, etc.). Le secret médical est un devoir du médecin et par extension des personnels médicaux (para-médicaux), c'est le secret professionnel du médecin.
Article 4 (article R. 4127-4 du Code de la Santé publique) : « *Le secret professionnel, institué dans l'intérêt des patients, s'impose à tout médecin dans les conditions établies par la loi. Le secret couvre tout ce qui est venu à la connaissance du médecin dans l'exercice de sa profession, c'est-à-dire non seulement ce qui lui a été confié, mais aussi ce qu'il a vu, entendu ou compris.* »
(Voir les pages 55 et 56, notamment l'extension au secret médical partagé.)

5 Le Conseil de surveillance est une instance hospitalière instaurée en 2009 en remplacement du Conseil d'administration. Il est composé paritairement d'élus (représentants des collectivités territoriales), des représentants du corps médical et des personnels hospitaliers, des personnes qualifiées et des représentants des usagers. Le nombre de ses membres, entre 9 et 15, dépend de l'importance de l'EPS.
Le Conseil de surveillance se prononce sur les orientations stratégiques de l'établissement, et exerce un contrôle permanent sur la gestion et la santé financière de l'établissement. Il délibère sur l'organisation des pôles d'activité et des structures internes. Il dispose de compétences élargies en matière de coopération entre établissements. Il donne son avis sur la politique d'amélioration de la qualité, de la gestion des risques et de la sécurité des soins.

L'entretien avec le jury

Concours interne et externe

Conseils méthodologiques

- Tout au long de cette épreuve, le jury évaluera votre **discours**, sa pertinence, le choix du **vocabulaire**, mais aussi vos connaissances du milieu de travail. Les situations proposées ne sont jamais neutres. Elles vous placent dans des conditions particulières qui font appel à un **savoir-faire**, un **savoir-être** ou une adaptabilité, au respect du patient mais aussi au respect de la déontologie, et à la connaissance des institutions et des activités de secrétariat qui constituent un bloc essentiel pour fournir des prestations professionnelles de qualité. N'oubliez jamais que le statut d'un secrétaire médical s'inscrit dans le cadre B de la fonction publique hospitalière, à l'identique des adjoints des cadres hospitaliers.

- Ce que vous montrez de vous au jury est important. Le jury entend vos propos mais il regarde aussi l'individu. **Votre aspect extérieur ne doit pas vous desservir.** Aussi évitez toute « provocation » vestimentaire, de coiffure ou de bijou : rappelez-vous que vous concourez pour un poste en milieu hospitalier, souvent face à un public. Exemples : porteriez-vous des piercings multiples sur le visage en présence de patients ? Apprécieriez-vous que l'on vous reçoive en mâchant du chewing-gum ? Non… or, devant vous, les membres du jury sont des cadres A de la fonction publique hospitalière, parfois soignants, toujours de potentiels supérieurs hiérarchiques ou fonctionnels qui doivent valider votre prestation orale ! La première chose qu'ils voient quand vous entrez, c'est votre **apparence**, donc soignez-la.

- **Saluez de manière audible le jury** en entrant (en sortant aussi) et pensez surtout à **vous présenter** lorsqu'il vous donne la parole : « *je m'appelle/je suis…, j'ai … ans, mon parcours scolaire/professionnel…, je me présente à ce concours car…* ». Ce dernier point vous permet de formuler d'emblée votre **motivation**, même si le jury peut revenir sur ce point ultérieurement.

- Vous aurez préparé votre réponse au cas pratique pendant 15 minutes pour l'oral externe. Votre exposé sera structuré. Le jury attend votre analyse du sujet et une proposition de réponse cohérente. Réfléchissez donc en termes de logique et en mobilisant vos connaissances sur les droits du patient, le devoir de réserve, les recommandations professionnelles. **Parlez distinctement**, regardez le jury, appuyez-vous sur vos notes mais **ne lisez pas** vos écrits préparatoires : ils constituent une aide, pas un devoir. Utilisez des **mots de liaison** (connecteurs logiques) pour donner de la force et de la structure à votre discours.

- Candidat externe : vous passez votre unique épreuve. 30 minutes vous sont accordées pour vous présenter et témoigner de votre motivation (5 minutes au maximum), de votre intérêt pour la profession, de vos connaissances et de votre potentiel investissement dans une structure de santé.

• Candidat interne : vous avez franchi une première étape en témoignant de vos connaissances ; il vous faut maintenant présenter et indiquer votre parcours au sein de la Fonction Publique (10 minutes au maximum) et faire preuve de vos compétences pour accéder au cadre B en exerçant la fonction de secrétaire médical, même si parfois vous faites déjà fonction. Le jury a à sa disposition votre RAEP, il pourra éventuellement s'appuyer sur vos déclarations pour vous interroger. Réfléchissez donc bien en le rédigeant. N'oubliez pas non plus qu'un secrétaire médical peut parfois être source de propositions pour améliorer/optimiser le fonctionnement d'un secrétariat.

• **Externe ou interne**, le candidat s'emploiera à montrer son professionnalisme, ses capacités dans la pratique et l'évolution technologique de l'information et de la communication, dans la mise en œuvre de techniques professionnelles réfléchies et de qualité.

IMPRIM'VERT
Votre imprimeur agit pour l'environnement

MIXTE
Papier issu de sources responsables
FSC® C022030
FSC
www.fsc.org

N° projet : 10271436 - Dépôt légal : Août 2021
Achevé d'imprimer en Italie par L.E.G.O. S.p. A., Lavis (TN)